AF558297

Kunst und Verbrechen

Stefan Koldehoff
Tobias Timm

Kunst und Verbrechen

Stefan Koldehoff
Tobias Timm

Galiani Berlin

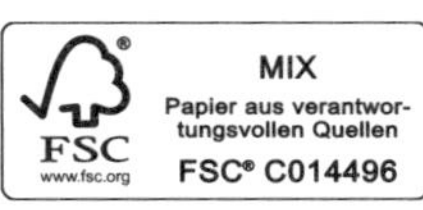

Verlag Kiepenheuer & Witsch, FSC® N001512

2. Auflage 2020

Verlag Galiani Berlin

Umschlaggestaltung: Manja Hellpap und Lisa Neuhalfen, Berlin
Umschlagmotiv: © The Andy Warhol Foundation
Lektorat: Wolfgang Hörner
Gesetzt aus der Rotation
Satz: Buch-Werkstatt GmbH, Bad Aibling
Druck und Bindung: GGP Media GmbH, Pößneck
ISBN 978-3-86971-176-8

Weitere Informationen zu unserem Programm finden Sie unter www.galiani.de

Inhalt

Licht und Schatten – ein Vorwort

Der internationale Kunstmarkt zwischen New York und Peking, London und Moskau, Berlin und Monaco hat zwei Seiten – eine helle und eine dunkle. Beide sind das Ergebnis einer Entwicklung der vergangenen zwei Jahrzehnte in Galerien, Auktionshäusern und dem Internet, in denen die Preise für Gemälde und Plastiken geradezu explodiert sind: 250 Millionen Dollar für Paul Cézannes *Kartenspieler* aus einer Privatsammlung in Genf, 300 Millionen Dollar für Paul Gauguins Tahiti-Bild *Nafea Faa Ipoipo*, 157 Millionen bei einer Auktion in New York für einen *Liegenden Akt* von Amedeo Modigliani, 141 Millionen für Alberto Giacomettis Skulptur *L'homme au doigt* – und natürlich die schon legendären 450 Millionen Dollar, die ein muslimischer Staatschef im November 2017 bei Christie's im Rockefeller Center an der Fifth Avenue für das Christusbild *Salvator Mundi* bezahlt hat – obwohl sich die Experten bis heute nicht darüber einig sind, ob die kleine Holztafel tatsächlich maßgeblich von Leonardo da Vinci bemalt worden ist. Insgesamt werden am internationalen Kunstmarkt laut *TEFAF Global Art Market Report* weltweit jährlich mehr als 60 Milliarden Dollar umgesetzt.

Und das sind nur die Preise, die an die Öffentlichkeit gedrungen sind – auf der hellen Seite des Marktes. Hier gibt es vornehme Auktionshäuser, die ihren Kundinnen und Kunden inzwischen Beratungsangebote machen, die denen der großen Investmentbanken in nichts nachstehen – selbstverständlich diskret und wenn es sein muss, auch über Off-Shore-Firmen in Steuerparadiesen, wie der Fall des geplünderten malaysischen Staatsfonds 1MDB zeigt. Von den Hunderten Millionen Dollar, die hier einer ganzen Nation gestohlen wurden, haben die Beteiligten unter anderem Kunstwerke von Pablo Picasso und Vincent van Gogh ersteigert. Die Geschäftsräume international agierender Großgalerien sehen wie Luxusboutiquen exklusiver Modehäuser aus – und sie haben auch genau diesen Anspruch: Hier wird für Millionenbeträge nicht Kulturgut, hier werden Lifestyle und Sozialprestige verkauft. Wer bei der nächsten Party im New Yorker Meatpacking District ein marktfrisches Bild von Jeff Koons an der Wand hängen hat, ist nicht nur reich: Er oder sie gehört nicht nur zu einer kleinen globalen Klasse von Wohlhabenden, deren Reichtum seit vielen Jahren extrem wächst, sondern auch zur vermeintlichen globalen Kulturelite, zu der man sich über Kunst den Zugang erkaufen kann.

Wer es sich leisten kann, bezahlt dafür einen »Art Advisor«, der gegen üppige finanzielle Entlohnung die Suche nach passenden Werken übernimmt – und praktischerweise auch gleich erklären kann, welche Künstlerinnen und Künstler in der aktuellen Saison gerade angesagt sind und was ihre Arbeiten wollen. Dass auch dieser Ansatz schiefgehen kann – weil Vereinbarungen nicht eingehalten werden und Künstler mit großen Namen wie Picasso, Kirchner oder Lichtenstein auch schlechte Bilder gemalt haben –, wurde im spektakulären Fall des Kunstberaters Helge Achenbach deutlich. »Der Eintritt der Investmentbanker, Börsenspekulanten und Broker in den Kunstmarkt führte zu einer kompletten Verrohung«, sagte er 2019 in einem Interview[1]: »An der Börse ist alles kontrolliert. Wenn du mit Insiderinformationen Aktien kaufst, dann steht sofort die Aufsichtsbehörde vor deiner Tür und nimmt dich fest. Der Kunstmarkt ist leichter zu manipulieren.« Achenbach weiß, wovon er redet: Bevor er 2015 wegen millionenschweren Betrugs bei Kunstgeschäften zu sechs Jahren Haft verurteilt wurde, hatte er als Kunstberater mit Banken zusammengearbeitet und versucht, einen Kunstfonds anzubieten.

Die dunkle Seite des Marktes

Das nämlich ist die andere, die dunkle Seite des lukrativen Geschäfts mit der Kunst: Wo so viel Geld zu verdienen ist wie am Kunstmarkt, sind schnell auch die vor Ort, die auf fragwürdige Weise beim großen Spiel mitmachen wollen.

Da wird dann in einer Villa im Rheinland eine ganze Sammlung angeblicher Russischer Avantgarde-Kunst mithilfe eines selbst gedruckten Katalogs angeboten, auf dessen Umschlag das Logo eines Internet-Fotobuchherstellers prangt. Und einen westdeutschen Unternehmer hält das ebenso wenig von teuren Käufen ab wie der Umstand, dass die mitgelieferten Expertisen mindestens Anlass zu Fragen gegeben hätten.

Da gibt es eine andere Expertin, die das Werkverzeichnis für einen der gesuchtesten und teuersten europäischen Künstler der Klassischen Moderne führt – und offenbar ganz selbstverständlich von einem deutschen Auktionshaus eine laut unabhängigem Prüfbericht inhaltlich nicht begründbare Provisionszahlung in Höhe von 91 000 Euro annimmt.

Und da findet ein Sachverständiger, der seit vielen Jahren naturwissenschaftliche Gutachten zu Kunstwerken erstellt, offenbar nichts merkwürdig daran, dass ihm auf Leinwand gemalte Kunstwerke, die eigentlich mehrere Millionen Dollar wert sein sollten, wie Poster in Rollen von Kurierdiensten ins Haus geschickt werden. Jedes Museum, jeder seriöse Kunsthandel würde solche Bilder selbstverständlich gerahmt und in hochsensiblen Klimakisten von Fachspeditionen transportieren lassen.

All das ist Folge der rasanten Entwicklung des Kunstmarktes im 21. Jahrhundert, über die schon viel gesagt und geschrieben wurde: über Hedgefonds-Milliardäre in Manhattan und auf Long Island, die das Kunstsammeln praktischerweise gleichzeitig zu ihrem Hobby und zum lohnenden Investment machten. Über immer neue Preisrekorde, über Kunst als neues Statussymbol der Superreichen, über neue Käufer- und Verkäufermärkte in Hongkong, Indien, Russland und Südamerika, über steigende Nachfrage und sinkendes Angebot durch leer gefegte Märkte.

Dass die sozialen und wirtschaftlichen Entwicklungen der vergangenen Jahrzehnte aber vor allem dazu geführt haben, dass Kunstwerke zu Investments geworden sind, und welche Folgen das für den seriösen Umgang mit diesen Kulturgütern hat, ist bislang kaum systematisch untersucht worden. Für diese Entwicklung, die niemand mehr ernsthaft leugnen kann, gibt es eine Reihe von Gründen, die – zusammen mit ihren Folgen – dieses Buch an konkreten Beispielen beschreibt.

- Nach wie vor ist der Kunstmarkt einer der zugleich globalisiertesten wie intransparentesten Märkte der Welt. Wechselt ein Werk von Leonardo da Vinci, Vincent van Gogh, Alberto Giacometti oder Jackson Pollock den Besitzer, erfahren davon meist nur die wenigen direkt Beteiligten. Wie der Preis zustande kam, von wem er an wen gezahlt wurde, welche Mittelsleute oder Briefkastenfirmen in Steuerparadiesen beteiligt waren, wird in aller Regel nicht bekannt.
- Nach wie vor beansprucht der Kunstmarkt für sich Sonderrechte, die wie vor über hundert Jahren mit der Einzigartigkeit der gehandelten Ware begründet werden. Während Bargeldtransfers ab einer relativ geringen Höhe ebenso wie Immobiliengeschäfte meldepflichtig sind, stellen Kunstwerke unter bestimmten Voraussetzungen nach wie vor eine Möglichkeit dar, Gewinne aus illegalen Geschäften wie Erpressung oder Drogenhandel in den legalen Geldkreislauf einfließen zu lassen.
- Und der Kunsthandel ist die reinste Form der Marktwirtschaft. Bei der Ware handelt es sich – jedenfalls im hochpreisigen Be-

reich – um Unikate, deren Wert objektiv nicht bestimmt werden kann. Der Preis eines Gemäldes von Rembrandt, Roy Lichtenstein oder Gerhard Richter wird nicht nach Gewicht, verwendetem Material und unter Umständen nicht einmal nach der Größe festgelegt. Es sind allein Angebot und Nachfrage, die schließlich zu einem Preis führen: Eine Künstlerin, ein Händler oder eine Sammlerin muss bereit sein, sich von einem Kunstwerk zu trennen. Und ein anderer Sammler – oder besser noch zwei – müssen dieses Werk unbedingt haben wollen. Wenn dann sehr wenige Menschen sehr viel Geld besitzen und bereit sind, es für Kunst auszugeben – sei es aus Leidenschaft, Kennerschaft, Prestigegründen oder als Investment –, ist zurzeit jeder noch so hohe Preis denkbar. Und es sieht nicht so aus, als würde sich daran bald etwas ändern.

Kein Generalverdacht

Geldwäsche, Steuerhinterziehung und Betrug mithilfe von Kunst, Folgen der Globalisierung, die Verbindung zwischen Kunstdelikten und Clankriminalität, Fälschungen in großen und kleinen Galerien, die geheimen Bilderverstecke in abgeschirmten, steuerbefreiten Zollfreilagern, der zweifelhafte Markt für echte und falsche Relikte aus der Zeit des Nationalsozialismus und Geschäfte mit gestohlenen und gefälschten Büchern, die erst durch die Möglichkeiten der Digitalisierung lukrativ geworden sind: Das sind einige der Themen dieses Buches. Es will nicht eine ganze Branche unter Generalverdacht stellen. Der überwiegende Teil des Kunsthandels agiert seriös, hält sich an Vorschriften und Regeln und setzt sich leidenschaftlich für die Sache der Kunst ein.

Das Interesse dieser Unternehmen müsste aber viel stärker als bisher sein, die schwarzen Schafe der Branche zu benennen, ihre Aktivitäten aufzudecken, zu beenden und für die Zukunft zu verhindern. Ein seltsamer Corpsgeist, wie er aus manchen

Verbandspapieren zu sprechen scheint, das Beharren auf überkommenen Traditionen wie Handschlaggeschäfte, Anonymisierung von Geschäftspartnern oder einem angeblichen branchenspezifischen Geschäftsgeheimnis wirkt nicht nur zweifelhaft. All dies schadet dem gesamten Markt und hat im Zeitalter der Digitalisierung und der weltweiten Vernetzung von Daten auch international keine Zukunft. Statt trotzig auf in Wahrheit längst Vergangenem zu beharren, statt hier die konstruktive Mitarbeit zu verweigern und immer wieder für Gutachten mit vermeintlichen Gegenargumenten zu bezahlen, wäre es so viel sinnvoller, genau diese Zukunft der Branche aktiv mitzugestalten.

Die Verbindung von *Kunst und Verbrechen,* für die in den folgenden Kapiteln einige besonders aufsehenerregende Beispiele beschrieben werden, betrifft aber bei Weitem nicht nur den Kunsthandel. Auch Museen auf der ganzen Welt müssen sich mit dem Thema befassen, weil sie – wie der Fall der gestohlenen Berliner 100-Kilo-Goldmünze und der Einbruch ins Grüne Gewölbe in Dresden zeigen – immer noch viel zu schlecht gesichert sind, technisch wie personell. Sogenannte »Inside Jobs« – Diebstähle, an denen das häufig von Fremdfirmen gestellte und viel zu schlecht bezahlte Hilfspersonal beteiligt war – gab es in der jüngeren Vergangenheit unter anderem in Rotterdam, Paris, Amsterdam, Istanbul, Kairo und möglicherweise in London.

Im Sommer 2006 wurde bekannt, dass aus der Russischen Abteilung der Eremitage in St. Petersburg 221 Objekte vermisst werden – vor allem Ikonen und Emailarbeiten aus dem 15. bis 18. Jahrhundert in einem geschätzten Gesamtwert von rund vier Millionen Euro. Man vermutet, dass sie Richtung Fernost und nach Südamerika verschwunden sind. Nach Recherchen der Moskauer Online-Tageszeitung *Gaseta* sind aus russischen Museen seit der wirtschaftlichen Öffnung des Landes 1990 angeblich insgesamt mehr als 50 Millionen Kunstgegenstände gestohlen worden, darunter 3,4 Millionen Gemälde und

37000 Ikonen. Den Gesamtwert der Werke aus ehemals russischem Museumsbesitz auf dem grauen Markt schätzt das Blatt auf mehr als eine Milliarde Dollar. Auch in vielen Bibliotheken, Archiven und Grafikabteilungen von Museen sind die Bestände nicht einmal inventarisiert, geschweige denn digitalisiert. Wenn – wie in Neapel geschehen – wertvolle Bücher gestohlen oder aus Folianten Illustrationen und frühe Landkarten herausgeschnitten werden, fällt das noch nicht einmal auf. Solange die privaten wie öffentlichen Träger von Kultureinrichtungen nicht bereit sind, auch für die Sicherheit der Bestände zu sorgen, wird sich an diesen Verhältnissen auch nichts ändern.

Globalisierung der Fälschung

Wie international die Täterinnen und Täter auch im Bereich Kunstfälschungen inzwischen vernetzt, wie global die Wege sind, die ihre Fakes innerhalb kürzester Zeit nehmen können, zeigten zwei spektakuläre Fälschungsfälle: Die New Yorker Galerie Knoedler hatte zwischen 1994 und 2011 Werke von weltberühmten und entsprechend teuer gehandelten Künstlern wie Jackson Pollock, Mark Rothko, Willem de Kooning, Barnett Newman, Clyfford Still und Franz Kline verkauft, die sich später als Fälschungen herausgestellt haben. Involviert waren ein spanischer Kunsthändler, Sammler aus Italien und Belgien und ein in New York lebender Maler aus China – der einer Festnahme durch die Ausreise in die Heimat zuvorkam.

Schließlich sind da die verschiedenen Altmeister-Gemälde, die in den vergangenen Jahren über Frankreich und Italien auf den Markt kamen und sich nach und nach als nicht authentisch herausstellten. Wegen der aufwendigen Beschaffung von Holz oder Leinwand als Malgrund, den passenden Pigmenten und Bindemitteln und den Alterungsspuren, die jahrhundertealte Bilder aufweisen müssen, gelten sie im Vergleich zu den Werken der Klassischen Moderne als deutlich schwerer zu kopieren. Vielleicht auch deshalb gelangte ein angebliches *Herrenbildnis* des gesuchten niederländischen Malers Frans Hals ohne allzu kritische Nachfragen über einen britischen Kunsthändler und einen 2011 von Sotheby's vermittelten Privatverkauf für 11,2 Millionen Dollar an einen Sammler. Expertinnen und Experten des Louvre in Paris und der königlichen Kunstsammlungen im Mauritshuis in Den Haag hatten das Bildnis vorher als eigenhändiges Meisterwerk bestätigt. Als sich nach Materialuntersuchungen herausstellte, dass es das nicht war, gab der Käufer, ein US-Immobilienunternehmer und Kunstsammler aus Seattle, das Gemälde zurück. Der Händler hatte es gemeinsam mit einer Londoner Firma erworben und 3,2 Millionen Dollar dafür bezahlt – an den französischen Händler Giuliano Ruffini. Seither stehen einige weitere Gemälde, die dieser verkauft hat, unter Fälschungsverdacht: Ein dem Umkreis von Parmigianino zugeschriebener und auf 1527 datierter *Heiliger Hieronymus* hing eine Zeit lang im New Yorker Metropolitan Museum of Art – und enthält das erst 1938 auf den Markt gekommene Pigment Phtalocyaningrün. Bei einer Auktion 2012 in New York erzielte er 842 000 Dollar. Eine angeblich 1531 von Lucas Cranach gemalte *Venus mit dem Schleier* hatte der Regent Hans-Adam Prinz von Liechtenstein für sieben Millionen Euro bei der Galerie Bernheimer erworben. Es wurde im März 2015 im französischen Aix-en-Provence als Fälschung beschlagnahmt; die französischen Gesetze lassen so etwas zu. Im September 2019 wurde ein mit Ruffini verbundener Maler aus Norditalien kurzfristig verhaftet, angeblich wurde auch gegen den Händler selbst ein Haftbefehl in Frankreich erlassen; beide beteuern ihre Unschuld, ein Gericht soll über die Auslieferung von Italien nach Frankreich entscheiden. Dem französischen Fälschungsexperten Vincent Noce sagte Ruffini, dass die Zuschreibungen zu den jeweiligen Malern nie durch ihn erfolgt seien: Er sei nur ein Sammler, kein Experte. Alle von ihm verkauften Bilder seien erst von Experten und Kuratoren den jeweiligen Künstlern zugeschrieben worden. Der

Verteidiger des Malers wiederum sagte vor Gericht, sein Mandant sei nur durch eine Leihgabe an ein Museum fälschlicherweise in den Skandal hineingezogen worden.[2]

Es ist aufschlussreich, nicht nur hier endlich auch einmal die internationalen Verflechtungen zu untersuchen: Auch die Kopien und Nachempfindungen, die der Fälscher Wolfgang Beltracchi jahrelang unerkannt verkaufen konnte, fanden sich in Privatsammlungen in den USA und in Ausstellungen in Frankreich. Die Expertisen stammten von Expertinnen und Experten aus ganz Europa. Und es gibt den Fall der Wiesbadener SNZ Galeries, in dem Spuren nach Israel, Großbritannien und Russland führen.

Außerdem sind da noch jene, die Spuren aufnehmen, die ins Spiel kommen, wenn das Verbrechen geschehen ist. Italien beispielsweise verfügt über eine hocheffektive Spezialabteilung, die Carabinieri Tutela Patrimonio Culturale (CTPC), die allein 2016 gestohlene Werke im Wert von 53 Millionen Euro wiedergefunden hat. Das Generalsekretariat von Interpol in Lyon sammelt Informationen zu Kunstdelikten aus allen Mitgliedsländern und veröffentlicht sie in einer Internet-Datenbank, die nach Anmeldung allgemein zugänglich ist. In den Vereinigten Staaten ist neben den Strafverfolgungsbehörden auch das Holocaust Claims Processing Office der Bankenaufsicht an der Suche nach gestohlener Kunst beteiligt. Und in Großbritannien gibt es nach wie vor die einst legendäre, inzwischen nach zahlreichen Reformen nicht mehr ganz so schlagkräftige Art and Antiques Unit, die schon an der Suche nach dem 1961 aus der Nationalgalerie gestohlenen Goya-Porträt des Duke of Wellington beteiligt war. Der Fall sorgte damals für so großes Aufsehen, dass er im Jahr darauf Eingang in den ersten James-Bond-Film *Dr. No* fand. Und er stand früh für das sogenannte »Artnapping«, den Versuch, gestohlene Kunst gegen Lösegeld zurückzugeben, der sich in kriminellen Kreisen seit einigen Jahren steigender Beliebtheit erfreut – weil beteiligte Versicherungsunternehmen in der Vergangenheit durchaus zahlungswillig waren. Auch auf diesen Aspekt geht dieses Buch ein.

Bei den deutschen Ermittlungsbehörden sind Fachabteilungen für Kunstkriminalität nach wie vor die Ausnahme. In gerade einmal drei Landeskriminalämtern und im Bundeskriminalamt gibt es sie überhaupt. Die Arbeit der speziell geschulten Ermittlerinnen und Ermittler dort, die immer den Schutz und das Bewahren von Kulturgut zum Ziel hat, endet allerdings nicht selten dann, wenn aus den Ermittlungen eine Anklage und dann ein Urteil werden soll. Häufig scheuen – das haben Fälle wie der Prozess gegen die Eigentümer der SNZ Galeries in Wiesbaden oder gegen den Kunstfälscher Wolfgang Beltracchi in Köln gezeigt – die Kammern Mühe oder haben spürbar wenig Interesse, tief in die Materie einzusteigen. Verfahren, in denen es um Hunderte oder Tausende von mutmaßlich gestohlenen oder gefälschten Kunstwerken gehen müsste, werden auf eine Handvoll reduziert – um den Prozess allein zeitlich nicht ausufern zu lassen. Und selbst dann gibt es häufig sogenannte »Verständigungen«: Deals zwischen Staatsanwaltschaft und Verteidigung, die nichts anderes besagen als Strafminderung gegen Geständnis. Kriminelle Strukturen, internationale Verflechtungen, das System »Kunst und Verbrechen« werden auf diese Weise immer wieder auf singuläre Einzelfälle reduziert. Ihren gesellschaftlichen und ökonomischen und vor allem globalen Strukturen will man offenbar nicht auf den Grund gehen.

Die Kunst als Geisel

Meist sind es einzelne Expertinnen, Rechtsanwälte, Galeristen, Auktionatorinnen oder Ermittler, die sich gegen große Widerstände und teilweise sogar unter persönlicher Gefahr für die Kunst einsetzen und die Betrüger und Fälscher entlarven. Betroffen sind von den Verbrechen, die in diesem Buch beschrieben werden, nicht nur Milliardäre aus Monaco und Long Island, sondern auch normalverdienende Angestellte aus Oberbayern. Manche Opfer stört die Tatsache, dass sie eine Fälschung gekauft haben, nicht weiter. Andere werden durch einen solchen Betrug in ihrer Existenz bedroht. Verliererin ist aber in jedem Fall immer die Kunst. Sie wird als Geisel genommen, in modernen Räuberhöhlen versteckt, durch Fälschungen beschmutzt.

Deshalb wäre über das Thema »Kunst und Verbrechen« noch viel mehr zu sagen und zu erzählen. Über jene Sammler zum Beispiel, deren Kollektionen mit Geld gekauft wurden, das aus mehr als fragwürdigen Geschäften stammte. Griechische Reeder etwa, deren Familien heute noch einige der weltweit bedeutendsten Sammlungen von impressionistischen und postimpressionistischen Werken besitzen, arbeitete eng mit dem faschistischen Obristenregime in seiner Heimat zusammen. Hauptwerke daraus von van Gogh, Picasso und anderen Klassikern der Kunstgeschichte sind seit Langem zum Beispiel im Kunsthaus Zürich zu sehen – mit Schildern, auf denen nur diskret »Privatsammlung« steht. Die Sammlung Thyssen-Bornemisza, die seit 1992 in einem eigenen Museum in Madrid gezeigt wird, stammt aus einer Unternehmerfamilie, die auch durch Rüstungsgeschäfte mit den Nationalsozialisten reich geworden ist. Und der Rechtsanwalt und Finanztreuhänder Herbert Batliner, der im Juni 2019 in seiner Heimat Liechtenstein gestorben ist, verwaltete nicht nur das Vermögen von zahlreichen Unternehmerinnen und Unternehmern, gegen die wegen Steuerhinterziehung in Millionenhöhe ermittelt wurde. Zu seinen Kunden zählten auch der US-Rohstoffhändler Marc R., der illegale Geschäfte mit dem Irak abgewickelt haben soll, das nicht eben demokratisch agierende saudische Königshaus, der togolesische Diktator Eyadéma und diverse deutsche CDU-Politiker, die über das Büro Batliner und die »Stiftung Zaunkönig« unter anderem schwarze Parteikassen im Rahmen der hessischen Spendenaffäre organisierten. Auch ein Drogenboss aus Ecuador, ließ Ermittlungsunterlagen zufolge durch seine Ehefrau bei Batliner vier Stiftungen einrichten. Er wurde inzwischen verhaftet und des Drogenschmuggels, der Geldwäsche, der Steuerhinterziehung und der Ermordung eines Richters überführt. Nach Herbert Batliner und seiner Sammlung ist ein ganzer Flügel im Wiener Museum Albertina benannt, dem er Kunstwerke stiftete. Darunter befinden sich auch sieben Werke der Russischen Avantgarde – die meisten in derselben Galerie in der Schweiz gekauft –, bei denen es sich nach Auskunft des Museums um Fälschungen handelt. Manchmal schließen sich Kreise.

Dieser Band konzentriert sich auf Verbrechen, die vor Augen führen, wie weit in der Kunstwelt Anspruch und Wirklichkeit oft auseinanderklaffen. Dass um das Gute, Schöne, Wahre häufig mit schmutzigen Methoden gekämpft wird. Dass oft nur noch der materielle und nicht mehr der ästhetische oder aufklärerische Wert im Vordergrund steht, wenn über Kunst gesprochen wird. Es will anhand von ausgewählten Fällen und beispielhaften Figuren versuchen, strukturelle Probleme der Kunst mit dem Verbrechen aufzuklären – und so auch eine Analyse liefern, was heute im System Kunstmarkt und Kunstbetrieb falsch läuft. Nur wer die Notwendigkeit einer solchen Analyse nicht verweigert, kann ernsthaft dazu beitragen, dass der Blick auf die Kunst selbst wieder frei wird.

Dezember 2019 Stefan Koldehoff / Tobias Timm

Kapitel 1

Gestohlen, geraubt, entführt

Von legendären Museumsdiebstählen, Artnapping und einer 100-Kilo-Münze aus purem Gold

Das Verschwinden der Mona Lisa

Museen wurden als Tempel für die Kunst gebaut – und mussten immer auch als deren Tresore dienen. Die Erzählungen von den großen Einbrüchen, Raubzügen und »art heists« in diesen Tempeltresoren sind Stoff für Legenden. Leonardo da Vincis *Mona Lisa* etwa wurde erst so richtig berühmt, nachdem sie im August 1911 aus dem Louvre gestohlen worden war.

Der Diebstahl war damals ein Inside-Job: Vincenzo Peruggia, ein italienischer Anstreicher, der im Museum als Glaser gearbeitet hatte und deshalb die Sicherheitsvorkehrungen kannte, ließ sich an einem Sonntagnachmittag mit zwei Kumpanen im Louvre einsperren. Die drei versteckten sich in einer kleinen Kammer, in denen Kopisten normalerweise ihre Malutensilien lagerten. Am Montagmorgen, als der Louvre für Besucher geschlossen war, betraten die drei Männer in weißen Kitteln den Salon Carré, nahmen die *Mona Lisa* einfach von der Wand und verschwanden mit ihr durch einen Seiteneingang. In ihren Kitteln fielen sie zwischen den Angestellten, die montags das Museum reinigten, nicht weiter auf.

Zwei Jahre lang blieb das Bild verschollen. Die Polizei fahndete, Privatdetektive versuchten, seinen Verbleib zu klären. Pablo Picasso und Guillaume Apollinaire wurden als Diebe verdächtigt, verhört – und wieder freigelassen. Eine französische Zeitung setzte schließlich sogar eine Belohnung von 5000 Franc für Hellseher aus. Die *Mona Lisa* aber blieb verschwunden.

Wer hinter dem Diebstahl steckte, blieb lange Zeit unbekannt. Die Medien glaubten die Geschichte, die der Dieb später erzählte: Er habe das Bild aus patriotischen Gründen gestohlen – um es nach Italien zurückzubringen, wo es schließlich hingehöre. Tatsächlich aber handelte Peruggia auf Anweisung. Der Mann, der ihn und seine Komplizen Vincenzo und Michele Lancelotti beauftragt und bezahlt hatte, war der gebürtige Argentinier Eduardo de Valfierno. Über diesen Auftraggeber, der sich »Marqués« nennen ließ, ist bis heute kaum etwas bekannt.

Zwei, drei, sechs Mona Lisas

Valfierno hat das Bild, das er aus dem Louvre stehlen ließ, nie wirklich interessiert. Was der Mann hinter dem größten Kunstcoup vor dem Krieg wollte, war nicht das berühmteste Gemälde der Welt, sondern nur die Schlagzeilen, die weltweit bewiesen, dass er es theoretisch haben könnte. Geboren in Buenos Aires, lebte der Sohn wohlhabender Eltern eine Zeit lang davon, jene Kunstgegenstände zu verkaufen, die er von seinen zahlreichen Verwandten geerbt hatte. Irgendwann aber begann er dann damit, Gemälde auf Bestellung zu beschaffen – ganz gleich, wem sie eigentlich gehörten. Oft erhielten seine Kunden dabei allerdings keine Originale; Valfierno verkaufte ihnen, ohne dass die es bemerkten, einfach Kopien, die der Restaurator Yves Chaudron für ihn angefertigt hatte.

In Buenos Aires unterhielten die beiden eine regelrechte Werkstatt für gefälschte Murillo-Gemälde. Der einzige Journalist, der es je schaffte, ein Interview mit Valfierno zu bekommen, war der Amerikaner Karl Decker. Ihm erzählte der Marqués, es gebe durch seine Aktivitäten in Argentinien inzwischen mehr Murillos als Kühe: »Ich habe dieses Land ungemein bereichert.«

Selbst wenn seine Kunden den Betrug bemerkten, bestand für Valfierno kein Risiko: Niemand, der einen Kunstraub in Auftrag gegeben hatte, würde ihn dafür schließlich anzeigen.

Und genauso verfuhr Valfierno auch mit dem berühmtesten Gemälde der Welt. Er bot die *Mona Lisa* schon vor dem Diebstahl gleich mehreren Sammlern an, von denen die meisten in den USA lebten, und ließ Chaudrons Fälschungen einzeln als Amateurkopien in die USA schaffen. Als dann die Schlagzeilen vom Raub der *Mona Lisa* kamen, verkaufte er dort seinen verschiedenen Kunden insgesamt sechs Kopien des Bildes, die Yves Chaudron bereits ab dem Winter 1910, also schon vor dem Diebstahl, wahrscheinlich im Louvre zu malen begonnen hatte, jeweils als Original und kassierte dafür angeblich je 300 000 Dollar – nach heutigem Kurs rund 40 Millionen Euro. Die echte *Mona Lisa* hatte Paris nie verlassen. Sie befand sich nach wie vor knapp fünf Kilometer vom Louvre entfernt bei Vincenzo Peruggia.

Valfierno genoss nach dem gelungenen Coup seinen Reichtum unter anderem in Nordafrika und im Nahen Osten. Als Karl Decker ihn zum Interview in Casablanca traf, beschrieb er den Argentinier als groß gewachsenen Mann mit weißer Löwenmähne und elegantem weißem Schnurrbart. »Die *Mona Lisa* zu stehlen«, erzählte Valfierno dort, »war so einfach, wie ein Ei zu kochen. Alles war eine Frage der Psychologie. Unser Erfolg hing von einer Sache ab: der Tatsache, dass ein Arbeiter in einem weißen Kittel im Louvre so unverdächtig ist wie ein ungelegtes Ei.« Als allerdings der Mann, der für Valfierno den weißen Kittel trug, auch zwei Jahre nach dem Coup gar nichts mehr von seinem Auftraggeber hörte, glaubte er zunächst an ein Versehen, dann an Tarnung – und begann schließlich, seine eigenen Pläne zu schmieden.

Peruggia fuhr mit dem Bild nach Florenz, bot es über einen Galeristen dem Direktor der Uffizien an und wurde bei der Übergabe am 12. Dezember 1913 verhaftet. In seinem Heimatland wurde er zu einer erstaunlich niedrigen Strafe von einem

Jahr und zwei Wochen Gefängnis verurteilt, nachdem ihm ein Psychiater »intellektuelle Defekte« attestiert hatte. Der Berufungsrichter setzte diese Strafe auf sieben Monate herab – diese Zeit hatte der Angeklagte allerdings vor Prozessbeginn schon in Untersuchungshaft gesessen. Am 29. Juli 1914 war Peruggia deshalb wieder ein freier Mann. Bei der Rückkehr in seine italienische Heimat wurde er als Nationalheld gefeiert.

Eduardo de Valfierno starb 1931, ohne jemals für den von ihm in Auftrag gegebenen Diebstahl der *Mona Lisa* belangt worden zu sein. Der »Marqués« hatte seine Spuren geschickt verwischt, Peruggia kannte nicht einmal seinen wahren Namen. Erst nach dem Tod des Argentiniers durfte Karl Decker die Gespräche veröffentlichen, die er mit Valfierno geführt hatte.

Mit abgesägtem Gewehr ins Munch-Museum

Der Klau der *Mona Lisa* gilt bis heute als der Kunstdiebstahl des Jahrhunderts. Das Verbrechen, das dem kleinen Arbeiter Peruggia und seinen Komplizen in einem der größten Museen der Welt gelungen war, der kriminelle Kampf des italienischen David gegen den französischen Goliath, hat allerdings mit heutiger Kunstkriminalität nicht mehr viel gemein. Die drei Gentleman-Täter hatten vorher genau ausgekundschaftet, wo sie sich verstecken konnten, welche Wege sie nehmen mussten, um die *Mona Lisa* zu klauen. Sie trugen keine Waffen bei sich, und niemand wurde verletzt. Ein mit schusssicherem Doppelglas gesicherter Klimatresor schützt inzwischen das Bild, dem sich die Museumsbesucher nur bis auf einen Sicherheitsabstand nähern dürfen.

Heute sind Kunstdiebe nämlich meist professionelle Kriminelle, die brutal und rücksichtslos ihr Ziel verfolgen und damit nach Schätzungen jährlich einen weltweiten Schaden von einigen Milliarden Dollar anrichten. Die Gewalt, mit der sie dabei vorgehen, hat in den vergangenen anderthalb Jahrzehnten kontinuierlich zugenommen. Als etwa 2004 eine Gruppe unbekannter Täter zwei Gemälde von Edvard Munch aus dem Munch-Museum in Oslo raubte, kam sie während der regulären Öffnungszeiten. Die maskierten Männer bedrohten die Besucher des Museums mit abgesägten Gewehren und riskierten dabei Verletzte oder sogar Tote.

Viele Täter scheitern allerdings dabei, ihre wertvolle Beute wieder loszuwerden. Durch vernetzte Polizeibehörden, vor allem aber durch elektronische Datenbanken, zu denen auch Auktionshäuser, Kunsthändler und Museen Zugang haben, ist heutzutage jeder Kunstkäufer innerhalb kürzester Zeit in der Lage festzustellen, ob das ihm angebotene Werk sauber ist oder ob es sich um heiße Ware handelt, die er selbst nie wieder loswerden würde.

Der Diebstahl aus Museen dient deshalb heute kaum noch dem Zweck, sich der Kunst ihrer selbst wegen zu bemächtigen. Die geraubten und gestohlenen Werke dienen vielmehr als Objekte der Erpressung von Versicherungen und Sammlungen. Andere Diebe wiederum sind nur noch an dem reinen Material der Objekte interessiert, an der Bronze von Skulpturen oder dem Gold von Münzen und Kunstwerken, die sich leicht einschmelzen und weiterverkaufen lassen. Denn nicht nur die Preise der Kunst sind in den vergangenen Jahren rapide gestiegen, sondern auch die von seltenen Metallen.

Artnapping – Erpressung mit Kunst

Der brutale Überfall auf das inzwischen geschlossene Privatmuseum der Stiftung Sammlung Bührle in Zürich, bei dem im Februar 2008 während der Öffnungszeiten wertvolle Hauptwerke von Cézanne, van Gogh, Monet und Degas im Schätzwert von 180 Millionen gestohlen wurden, gilt als bis dahin größter Kunstraub Europas. Vier Jahre später wurde Cézannes *Knabe mit der roten Weste* in Belgrad sichergestellt. Kurz darauf gab die Staatsanwaltschaft Zürich bekannt, dass ein weiteres Gemälde, Degas' Darstellung des Comte Lepic mit seinen beiden Töchtern, schon einige Monate vorher ins Museum zurückgekehrt sei. Ob dafür ein Finderlohn oder Lösegeld gezahlt wurde, ist nicht bekannt.

Auch die Spur der sieben Gemälde von Freud, Gauguin, Mejer de Haan, Matisse, Monet und Picasso aus dem Besitz der niederländischen Unternehmerfamilie Cordia, die im Oktober 2012 nachts aus der Kunsthal Rotterdam gestohlen wurden, führte auf den Balkan. Der Fall endete allerdings nicht so glimpflich: Die Mutter des Hauptverdächtigen, Radu D., verbrannte angeblich alle Werke aus Angst, ihr Sohn könne überführt werden. Bis auf einige Aschereste in einem Ofen gibt es dafür allerdings keine Beweise. Angeblich soll es auch hier Versuche gegeben haben, die Beute an die Eigentümer zurückzuverkaufen. Im Februar war es dann allerdings ein Versicherungskonsortium, das für den Verlust 18,1 Millionen Euro auszuzahlen hatte.

Das Geschäft mit dem Artnapping ist lukrativ. Der geheimnisvolle unbekannte Millionär, der Kunstdiebstähle in Auftrag gibt, um die Werke im geheimen Keller anzuschauen, existiert nach Meinung der meisten Kunstfahnder nicht. Jedenfalls wurde seit Jahrzehnten weltweit kein Einziger dingfest gemacht. Nicht nach den beiden Überfällen, bei denen in den letzten Stunden des Jahres 2009 in Südfrankreich gleich 30 wertvolle Kunstwerke von Degas, Picasso, Rousseau und anderen Klassikern der Moderne gestohlen und nie wieder gesehen wurden. Nicht nach dem Diebstahl von zwei Picasso-Gemälden aus dem Besitz des Sprengel-Museums in Hannover, die 2008 aus einer Ausstellung in Pfäffikon verschwanden. Nicht, nachdem Vjeran T. 2010 Werke von Picasso, Braque und Matisse aus dem Museum für Moderne Kunst in Paris stahl. Und nicht nach dem Verschwinden des Degas-Pastells, das Unbekannte trotz Alarmsicherung am Silvestertag 2009 aus dem Musée Cantini im Zentrum von Marseille von der Wand schrauben konnten. Die französische Polizei ging auch hier von einem sogenannten »Inside-Job« aus, bei dem Museumsmitarbeiter beteiligt gewesen sein sollen. Auch von den auf über hundert Millionen Dollar geschätzten Gemälden von Rembrandt, Vermeer, Degas und Manet, die falsche Polizisten schon im März 1990 aus dem Isabella Stewart Gardner Museum in Boston geraubt haben, fehlt bis heute jede Spur – obwohl für Hinweise auf den Verbleib inzwischen fünf Millionen Dollar ausgesetzt sind und die Tat längst verjährt ist. Am offiziellen Kunstmarkt lassen sich solche weltberühmten Werke nicht verkaufen. Und im digitalen Zeitalter werden Fahndungsbehörden, Flughäfen, Zollstationen und auch der Kunsthandel über Datenbanken in Sekundenschnelle über »heiße Ware« informiert.

Ein Goya fürs Fernsehen

Einer der frühesten bekannten Fälle von Artnapping sorgte für so viel Aufsehen, dass er sogar Eingang in den ersten James-Bond-Film fand. Der ehemalige Lastwagenfahrer Kempton Bunton aus Newcastle-upon-Tyne hatte das Porträt, das der spanische Maler Francisco de Goya im Sommer 1812 vom Duke of Wellington, dem späteren Napoleon-Bezwinger bei Waterloo, gemalt hatte, am 21. August 1961 aus der National Gallery in London gestohlen. Der damals 57-Jährige war mit einer Leiter über das offen stehende Fenster einer Herrentoilette ins Museum eingestiegen. Er wollte mit seiner Beute allerdings kein Geld erpressen, sondern eine politische Entscheidung: Er habe das Kunstwerk gestohlen, erklärte Bunton, nachdem er sich gestellt hatte, um einen Fonds gründen zu können, aus dem die Fernsehgebühren für bedürftige Menschen bezahlt werden sollten: »Ich hatte niemals vor, irgendetwas für mich selbst zu behalten. Mein einziges Ziel war, dass armen und alten Menschen, die in unserer Überflussgesellschaft vernachlässigt zu werden scheinen, die Fernsehlizenzen bezahlt werden.« Er selbst sah nach eigenen Angaben immer nur die damals in Großbritannien existierenden privaten Programme, sollte aber trotzdem auch für die öffentlich-rechtliche BBC bezahlen.

Zunächst einmal blieb das Goya-Gemälde aber fast vier Jahre lang verschwunden. In dieser Zeit kam der erste James-Bond-Film *Dr. No* in die Kinos. Seine Autorinnen und Autoren erklärten den spektakulären Diebstahl damit, dass der Filmbösewicht das Gemälde habe stehlen lassen: Millionen Kinobesucher sahen das Bild, nach dem Scotland Yard seit Monaten intensiv fahndete, auf der Leinwand. Das Gemälde, 64 mal 52 Zentimeter groß, steht auf einer Staffelei am Treppenaufgang in der unterirdischen Kommandozentrale des Schurken Dr. No.

Aufgeklärt wurde der Fall erst Jahre später. Am 5. Mai 1965 brachte ein großer schlanker Mann mit blondem gewelltem Haar ein sorgfältig geschnürtes Paket mit der Aufschrift »Glass. Handle with care« zur Gepäckaufbewahrung im Bahnhof New Street in Birmingham. Er stellte sich als Mr. Bloxham vor, bezahlte beim diensthabenden Beamten, Ronald Lawson, sieben Shilling Gebühr und erhielt dafür, nachdem er das Paket mit den Worten »Seien Sie sehr vorsichtig damit« übergeben hatte, den Gepäckschein Nummer F 24458. Sechzehn Tage lang blieb das mit Pappe und Holzwolle geschützte Paket neben Koffern und anderen Gepäckstücken in einem Regal liegen. Am 21. Mai erhielt dann die Redaktion der Tageszeitung *Daily Mirror* einen Brief, der unter anderem einen Gepäckschein mit der Nummer F 24458 des Bahnhofs von Birmingham enthielt. Detective Inspector John Morrisson und Detective Sergeant Jack Ion machten sich mit einem Streifenwagen sofort auf den Weg dorthin. Sie klingelten den Bahnhofsvorsteher aus dem Bett und hielten am Morgen des 22. Mai um zwei Uhr nachts Goyas rahmenloses Porträt des Herzogs von Wellington wohlbehalten in den Händen. Nach ausführlichen Untersuchungen hing es fünf Tage später wieder bei den anderen Gemälden spanischer Künstler in Raum XVIII der National Gallery am Trafalgar Square.

Kempton Bunton stellte sich der Polizei und wurde zu milden drei Monaten Haft verurteilt – wegen des Diebstahls des zerstörten Bilderrahmens. Dass er das Gemälde jemals hätte behalten wollen, konnte ihm nicht nachgewiesen werden.

Heute werden die Kunstwerke von gut organisierten Banden gestohlen, die häufig aus gut ausgebildeten, aber schlecht bezahlten ehemaligen Soldaten aus dem ehemaligen Ostblock oder vom Balkan stammen. »Seit sie am Geschäft beteiligt sind«, sagt Charles Hill, der ehemalige Leiter der Kunstabteilung bei Scotland Yard, »ist es auch zunehmend brutaler geworden. Dass Museen heute während der Öffnungszeiten überfallen, dass die Besucher mit Schusswaffen bedroht oder den Aufsehern ein Messer an den Hals gehalten wird, hat es früher nicht gegeben.« Die Täter bleiben aber – mag der Diebstahl selbst wegen schlechter Sicherheitsvorkehrungen auch noch so einfach gewesen sein – häufig auf den Werken sitzen.

Zwar gibt es seit vielen Jahren, vor allem seit der Öffnung des »eisernen Vorhangs«, einen grauen Markt für teure bunte Bilder. Nicht über seriöse Galerien oder Auktionshäuser wird mit ihnen gehandelt, sondern in Hinterzimmern, unter der Ladentheke und über das Internet. Mit gestohlenen Kunstwerken wurde in Luxemburg bereits Geld gewaschen, versuchten Kriminelle in der Türkei Heroin zu bezahlen, wurden teure Immobilien finanziert. Selbst über Kleinanzeigen auf den Kunstmarktseiten seriöser Blätter wie der *Süddeutschen Zeitung*, der *FAZ*, der *Welt* oder des *Handelsblatts* wurden schon Werke zweifelhafter Herkunft angeboten, die sich im legalen Kunsthandel nicht absetzen lassen. In der Regel ist dieser Vertriebsweg für jene, die aus den gestohlenen Bildern Geld machen, aber viel zu öffentlich. Deshalb wechselt die wertvolle Beute nicht selten mehrfach den Besitzer, dient als Zahlungsmittel bei illegalen Geschäften – oder sie wird irgendwann wieder den ursprünglichen Besitzern angeboten, gegen Lösegeld oder einfach nur gegen die Zusicherung von Straffreiheit. »Das ist nicht die Regel«, bestätigt eine leitende Mitarbeiterin eines großen Versicherungskonzerns im Rheinland gegen Zusicherung von Vertraulichkeit. »Aber Sie würden sich trotzdem wundern, wie oft solche Deals vorkommen. Wir zahlen doch lieber einen kleinen Prozentsatz als Finderlohn als den vollen Marktwert, zu dem ein Kunstwerk bei uns versichert wurde.«

Schatten und Dunkelheit im Rotlichtviertel

»Wir standen bei Scotland Yard natürlich sehr unter Druck«, erinnert sich der damalige Polizeioffizier Charles Hill. Aus der Schirn-Kunsthalle in Frankfurt hatten unbekannte Täter am Abend des 28. Juli 1994 zwei wertvolle Gemälde von William Turner und eines von Caspar David Friedrich aus der Ausstellung *Goethe und die Kunst* gestohlen. Offiziell führte die Frankfurter Polizei die Ermittlungen in einem der spektakulärsten deutschen Kunstraubfälle, aber Hills Londoner Kunstdezernat war, weil die Turner-Bilder der Londoner Tate Gallery gehörten, unmittelbar nach dem Raub ebenfalls aktiv geworden: »Ich habe den Chief Superintendent der Polizeistation Belgravia gebeten, uns Jurek Rokoszynski auszuleihen«, erinnerte sich Hill zehn Jahre später. »Er sprach Deutsch, und die Tate Gallery lag im Bezirk Belgravia. Der Chief Superintendent stimmte zu, meine Chefs bei Scotland Yard auch. Also übernahm Rocky den Job und blieb auch dabei, als er und Micky Lawrence die Polizei verließen und sich selbstständig machten.«

Der Kunstraub mitten in der Frankfurter Innenstadt, zwischen Römer und Dom, machte weltweit Schlagzeilen. Der letzte Wächter hatte in der Schirn an dem lauen Sommerabend im Juli 1994 das Licht ausmachen sollen. Nachdem um 22 Uhr alle Besucher die Ausstellungssäle verlassen hatten, waren auch die vierzehn Aufseher und das Kassenpersonal nach Hause gegangen. Nur ein 28-jähriger Wachmann drehte noch seine letzte Runde. Als er die Räume verschließen und die Alarmanlage aktivieren wollte, überwältigten ihn zwei maskierte Männer, die sich irgendwo in der Ausstellungshalle versteckt gehalten hatten. Sie zogen ihm eine blickdichte Stoffhaube über den Kopf und fixierten sie mit

Klebeband. Dann legten sie dem Mann Handschellen an, nahmen ihm seine Schlüssel ab und sperrten ihn in eine Abstellkammer.

Sekunden später schraubten sie drei Gemälde von der Wand, die im Obergeschoss in der Ausstellung hingen. Mit den Bildern, die zusammen für rund 62 Millionen D-Mark versichert waren, stiegen sie in den Lastenaufzug, um die Kunsthalle durch einen Hinterausgang an der Domseite zu verlassen. Dort wartete ein Fahrer. Ein Ehepaar sah noch, wie die Bilder in einen Kleinlaster verladen wurden. Als sie aber, weil ihnen die Angelegenheit seltsam vorkam, die Polizei verständigen wollten, blockierten Dutzende wütende Autofahrer die einzige Telefonzelle in der Nähe: Rund um Schirn-Kunsthalle und Römer waren an diesem Abend besonders viele Falschparker abgeschleppt worden.

Die drei Einbrecher wurden schnell geschnappt. Sie hatten am Tatort an einer Tür Fingerabdrücke hinterlassen, die die Polizei ins Rotlichtviertel hinter dem Frankfurter Bahnhof führten. Die Bilder aber blieben lange verschwunden: zwei 78 mal 78 Zentimeter große Ölgemälde des britischen Malers Joseph Mallord William Turner: *Schatten und Dunkelheit – Der Abend der Sintflut* und *Licht und Farbe – Der Morgen nach der Sintflut*. In furiosem Farbwirbel markieren die beiden Bilder, die zu den letzten vollendeten Werken Turners zählen, den Übergang von der gegenständlichen zur ungegenständlichen Malerei und zur Wiedergabe des reinen Lichtes. Ebenso spurlos verschwunden blieb das Gemälde *Nebelschwaden* von Caspar David Friedrich, das die Hamburger Kunsthalle für die Frankfurter Ausstellung ausgeliehen hatte.

Ein Polaroid für eine Million Pfund

Nach dem Raub meldeten sich immer wieder angebliche Mittelsmänner und behaupteten, sie hätten Zugang zu den Bildern – ein »Mr. Rothstein« zum Beispiel, der sich als Betrüger aus Nigeria entpuppte. Oder zwei Männer aus Essen, die dem im Januar 2001 in Antwerpen als Strohmann fungierenden niederländischen Privatdetektiv Ben Zuidema zwei plumpe Fälschungen verkaufen wollten. Immer wieder hofften die beiden geschädigten Museen, ihre Schätze zurückzubekommen. Und immer wieder wurde ihre Hoffnung enttäuscht.

Die Sensation kam erst Jahre später: Im Dezember 2002, acht Jahre nach dem Raub, gab die Tate bekannt, dass sie ihre beiden Turners zurückerhalten hatte – das eine Bild nur Tage zuvor, das andere schon im Juli 2000. Sandy Nairne, damals Programmdirektor der Tate, erinnerte sich später in einem Buch zum Fall[3] an ergebnislose Ermittlungen unmittelbar nach der Tat, ans Warten in Hotellobbys in Bad Homburg bei Frankfurt und in Restaurants in Rüdesheim am Rhein. Und an jenen 22. Juli 1999, an dem es zum ersten Mal so schien, als könnte es doch noch gelingen, Kontakt zu jenen Männern zu bekommen, in deren Besitz sich die Bilder auch Jahre nach der eigentlichen Tat noch befanden.

Die ehemaligen Polizisten Rokoszynski und Lawrence erfuhren von einem Häftling, der bis heute nur »D« genannt wird, dass der Frankfurter Rechtsanwalt und Notar Edgar Liebrucks einen solchen Kontakt möglicherweise herstellen konnte. »Einem Informanten von uns war es gelungen«, so Lawrence, »Zugang zu der Bande zu bekommen, die die Bilder ursprünglich gestohlen hatte. Dabei wurde, als es um die Rückgabe der Bilder ging, ständig der Name Liebrucks genannt, weil er einen der Täter in der Vergangenheit vertreten hatte. Der Informant hat dann ein Treffen zwischen Liebrucks und Jurek Rokoszynski vermittelt. Ein Ergebnis dieses Treffens war, dass er mit uns zusammenarbeiten wollte.« Abgesichert durch entsprechende Zusagen des höchsten britischen Gerichtshofs, verschiedener Behörden und der Frankfurter Staatsanwaltschaft legte die Tate ein Sonderkonto bei der Deutschen Bank in Frankfurt an. Darauf wurden zehn Millionen Pfund aus jenem Betrag von 24 Millionen Pfund geparkt, den die Versicherung der Schirn nach London an die Tate hatte überweisen müssen.

Einen Vertrauensvorschuss im Gegenwert von einer Million Pfund kostete es angeblich allein, von den Hintermännern des Kunstraubs ein Polaroid zu bekommen, das deren tatsächlichen Zugang zu einem der Turner-Gemälde belegte. Vier weitere Millionen flossen, als nach zahlreichen frustrierenden Absagen, Terminverschiebungen und immer wieder neuen Bedingungen das *Schatten und Dunkelheit*-Bild am 19. Juli 2000 in Frankfurt übergeben wurde. Nicht als Lösegeld wollen alle Beteiligten und auch Sandy Nairne bis heute diese Summe verstanden wissen, sondern als »Belohnung für Hinweise zur Wiederauffindung der wertvollen Bilder«. Dass »Artnapping« – der Diebstahl von Kunstwerken zur Erpressung der Eigentümer – ein äußerst lukratives und erfolgreiches Geschäft ist, ist in einschlägigen Kreisen allerdings seit Langem kein Geheimnis mehr.

Um die Verhandlungen über den zweiten Turner nicht zu gefährden, vereinbarten alle Beteiligten Stillschweigen über die erste Rückgabe. Von den zwölf Mitgliedern des Museumsvorstandes waren nur zwei informiert worden. Ob die Täter von 1994 dieselben Personen waren, die die Rückgabe der Gemälde abwickelten, wollte Edgar Liebrucks nicht kommentieren: »Dazu sage ich gar nichts.« Es dauerte noch einmal fast zweieinhalb Jahre, bis im Frankfurter Büro des Juristen auch *Licht und Farbe* an Sandy Nairne und seinen Kollegen Roy Perry übergeben wurde. Mehrere frühere Übergabetermine seien zunächst geplatzt, erinnert sich Nairne an den erneuten Nervenkrieg.

Edgar Liebrucks berichtete einmal an anderer Stelle, er sei im Herbst 2002 in seiner Kanzlei abgeholt und zu einer Hütte im Wald gefahren worden: »Dort wurden mir der zweite Turner und der Caspar David Friedrich gezeigt.« Nach ausführlicher Prüfung wurde das Bild dann am 14. Dezember 2002 ebenfalls in Frankfurt an die Vertreter der Tate Gallery übergeben. Und wieder flossen dafür fünf Millionen Pfund in bar. »Das Geld«, erzählte Liebrucks vor einigen Jahren, »habe ich dann in einer Plastiktüte über die Frankfurter Zeil zu denen gebracht, von denen das Gemälde kam.«

Den Schirn-Raub beschreibt Sandy Nairne in seinem Buch über den Fall als Geschichte aus den Abgründen der Museumswelt. Darf man, um wertvolle Kulturgüter zu retten, mit Kriminellen zusammenarbeiten, die wahrscheinlich aus der serbischen Mafia kommen und möglicherweise Morde auf dem Gewissen haben? Heiligt in diesem Fall der Zweck die Mittel? Diese Frage, lautet Nairnes Fazit, könne immer nur für den konkreten Einzelfall beantwortet werden. Er sei froh gewesen, dass die höchsten Instanzen seines Landes den Weg, den er gegangen sei, ausdrücklich genehmigt hatten.

Dass die gesamte Aktion für die Tate sogar mit einem Plus enden würde, ahnte Nairne damals nicht. Ein Jahr nach dem Diebstahl hatte der betroffene Versicherungskonzern Hiscox im April 1995 die Versicherungssumme in Höhe von 24 Millionen Pfund überwiesen. Drei Jahre später erwarb die Tate Gallery dann aber mit Zustimmung des Finanz- und des Kulturministeriums für nur acht Millionen Pfund das Besitzrecht an den beiden Gemälden wieder zurück – für den Fall, dass sie jemals wieder auftauchen sollten. Das Geschäft war riskant, weil zu jenem Zeitpunkt niemand mehr ernsthaft mit einer Rückgabe rechnen konnte. Als sie schließlich doch erfolgte, konnte sich das Museum nicht nur über seine wertvollen Gemälde freuen. Es war zusätzlich auch um 16 Millionen Pfund reicher.

Nebelschwaden in Hamburg

Bei der Rückführung der Hamburger *Nebelschwaden* unterscheiden sich die Darstellungen. Im Januar 2003 meldete sich Liebrucks nach Angaben des Museums bei der Hamburger Kunsthalle, um die Rückführung der *Nebelschwaden* von Caspar David Friedrich vorzubereiten. Polaroidfotos, auf denen das Gemälde zusammen mit aktuellen Tageszeitungen zu sehen war, belegten auch diesmal die Ernsthaftigkeit des Angebotes. Als Lösegeld forderten die Besitzer 1,5 Millionen Euro, so teilte der Anwalt mit, dazu käme eine Vermittlungsgebühr von 250 000 Euro. In Absprache mit der Frankfurter Staatsanwaltschaft ging Kunsthallen-Geschäftsführer Tim Kistenmacher nach eigenen Angaben zum Schein auf das Angebot ein. Man habe, so stellte es die Hamburger Kunsthalle dar, dem Vermittler mitgeteilt, dass sich das Museum nicht erpressen lassen werde und das Gemälde auf dem Kunstmarkt nicht zu verkaufen sei. Trotzdem wolle man weiterhin Kontakt halten. Der Anwalt habe danach seine Forderungen immer weiter reduziert und schließlich nur noch eine »Aufwandsentschädigung« von 250 000 Euro verlangt. Als Liebrucks später mitteilte, er habe das Gemälde nun selbst in Besitz genommen, um das Geschäft abzuschließen, forderte Kistenmacher die unverzügliche Herausgabe und drohte Liebrucks straf- und zivilrechtliche Konsequenzen an.

Edgar Liebrucks gibt eine völlig andere Darstellung der Ereignisse: Er selbst habe die Forderung der Bilderhehler auf 500 000 Euro hinuntergeschraubt. Daraufhin sei ihm von Kunsthallen-Geschäftsführer Kistenmacher bedeutet worden, für die Hälfte dieser Summe gebe es einen Mäzen: »Ich habe kurz darauf der Staatsanwaltschaft und der Kunsthalle mitgeteilt, dass ich nun im Besitz des Bildes sei. Kistenmacher sagte mir, es dauere eine Woche, bis er das Geld locker hat. Als ich ihn sieben Tage später wieder anrief, hieß es, der Mäzen sei nun im Urlaub und nicht zu erreichen. Wir haben dann trotzdem für einen Montag eine Übergabe Geld gegen Bild vereinbart. Am Wochenende davor erhielt ich dann aber ein Fax, in dem Kistenmacher schrieb, sein Mäzen sei abgesprungen und er wisse nicht, was er nun tun solle. Ich habe daraufhin sofort die Staatsanwaltschaft in Frankfurt und die Axa-Versicherung angerufen und gesagt, dass ich das Bild loswerden wolle. Man hat aber abgelehnt, es zu übernehmen. Kurz darauf traf ein Fax einer Hamburger Anwaltskanzlei ein, in dem man mir strafrechtliche Sanktionen androhte, falls ich das Gemälde nicht unverzüglich zurückgebe. Gleichzeitig wurde die Frankfurter Staatsanwaltschaft aufgefordert, meine Räume zu durchsuchen – was sie aber abgelehnt hat. Ich habe daraufhin in Hamburg angerufen und bin gemeinsam mit einem Kollegen zur Schirn gefahren. Vor dem Haus habe ich per Handy den Verwaltungsdirektor der Schirn angerufen und ihm das Caspar-David-Friedrich-Gemälde übergeben.«

Am 28. August 2003 verkündete die Hamburger Kunsthalle in einer Pressekonferenz stolz die Rückkehr ihres gestohlenen Bildes. Über die Rolle, die das Museum selbst gespielt hatte, wurde an jenem Tag nicht gesprochen. Die Entschädigung für den Diebstahl hatte die Kunsthalle schon ausgegeben, damit sie sie nicht in den städtischen Haushalt einzahlen musste.

Der Bruch im Bode-Museum und die Riesengoldmünze

Montags hat das Bode-Museum in Berlin geschlossen, doch das störte die drei Besucher nicht. Sie suchten nicht den Haupteingang. Am 27. März 2017 stiegen sie Punkt drei Uhr morgens die Treppen des S-Bahnhofs Hackescher Markt hinauf, alle drei schwarz gekleidet, die Kapuzen ins Gesicht gezogen, die Köpfe so tief gesenkt, als hätten sie bereits eine schwere Schuld auf sich geladen. Oder wollten sie ihre Gesichter vor den Überwachungskameras der S-Bahn-Station verbergen? Eine der Gestalten hielt sich immer wieder die Hände vors Gesicht. Auf den Videos sahen die Hände sehr weiß aus, sie steckten wahrscheinlich in Handschuhen. So früh morgens fuhren unter der Woche keine Züge; der Bahnsteig war leer, die Männer liefen zielstrebig bis zu seinem Ende. Einer von ihnen, er trug einen schwarzen Rucksack, hatte einen recht auffälligen Gang. Ein Gehfehler? Ein Tick? Oder war in seinem Hosenbein etwas versteckt?

Die Männer sprangen vom Bahnsteig aufs Gleisbett und liefen die Gleise entlang über die nachtschwarze Spree bis auf die Museumsinsel. Dort, wo die Gleise zwischen den monumentalen Bauten des Pergamonmuseums und des Bode-Museums hindurchführen, gab es einen sonderbaren Vorsprung. Es waren die Überreste einer Brücke, die früher über die Bahntrassen führte und das Bode-Museum mit dem Pergamonmuseum verband. Die Brücke existierte schon lange nicht mehr, man kann sie nur noch auf historischen Fotografien sehen, doch die drei nutzten den übrig gebliebenen Vorsprung wie einen Brückenkopf; mithilfe einer Leiter gelangten sie von den Gleisen zu einem Fenster des Bode-Museums. Hätten die Täter hier laut »Hallo« gerufen, die Wache schiebenden Polizisten vor Angela Merkels Privatwohnung in der Nähe hätten sie freundlich zurückgrüßen können. So nah liegen die beiden Orte beieinander.

Die drei Männer waren nicht zum ersten Mal hier, sie wussten genau, wo sie hinwollten. Schon zehn Tage zuvor hatten zwei Personen diesen Weg ins Museum ausgespäht, sechs Tage vorher noch einmal drei Personen, das beweisen die Kameraaufnahmen der S-Bahn-Station. Bei dem zweiten Besuch in den frühen Morgenstunden des 21. März 2017 waren die Täter bereits zu dem Fenster hochgeklettert und hatten eine schwere Sicherheitsscheibe, die 2005 vor das Fenster montiert worden war, zu entfernen versucht. Sie zerstörten einen der Sicherheitsbolzen, die Scheibe sprang, blieb aber an den restlichen Bolzen hängen. Dieser Teil der Museumsfassade wird schon seit einiger Zeit nicht mehr videoüberwacht.

Zum Ziel ihrer Aktion hatten die Täter wahrscheinlich einen Tipp bekommen, womöglich von einem Mann, der erst seit wenigen Wochen im Bode-Museum arbeitete: als Aufseher, tagsüber, von einem Subunternehmen angestellt. Irgendwie hatten sie jedenfalls von diesem sagenhaften Schatz erfahren: einer Münze fast so groß wie ein Autoreifen, 100 Kilogramm schwer, aus dem reinsten Gold, das es auf der Welt gibt. Feingehalt: 999,99/1000.

Eine Münze aus weichem Gold

Big Maple Leaf heißt die Münze. Die Royal Canadian Mint in Ottawa hatte sie 2007 nicht geprägt, das wäre technisch kaum möglich gewesen, sondern gefräst. Es gibt sie nur sechsmal, zwei der Riesengoldstücke wurden auf dem freien Markt verkauft. Ein Exemplar ist noch immer im Besitz der Royal Canadian Mint, die sehr stolz ist, eine so große Münze solchen Reinheitsgrads herstellen zu können. Das Gold ist so fein und weich, dass es sich für die Schmuckherstellung nicht mehr gut eignet. Gold dieses Feinheitsgrades wird vor allem in der Produktion hochsensibler Technik eingesetzt, etwa für die Raumfahrt.

Das Berliner Exemplar der *Big Maple Leaf* war im zweiten Stock ausgestellt, in einer Vitrine aus Panzerglas, als Leihgabe eines Immobilienunternehmers aus Düsseldorf. Der Mann hatte die Münze ersteigert – in Wien, es gab nur ein Gebot. Für eine Sonderausstellung war sie dann ins Berliner Münzkabinett im Bode-Museum gekommen, zuvor war sie auch schon im Kunsthistorischen Museum in Wien ausgestellt gewesen. Ende März 2017 lag allein der Materialwert bei rund vier Millionen Euro. Man könnte die Münze aber auch – rein theoretisch – als Zahlungsmittel in Kanada einsetzen, sie dort zum Bezahlen auf eine Ladentheke wuchten: zu ihrem Nennwert von einer Million kanadischer Dollar, einem Bruchteil ihres Materialwerts also.

Das Museum wollte mit der Riesenmünze, so sagte der Direktor des Münzkabinetts später, ein Publikum ansprechen, das nicht zu den regulären Besuchern des Museums gehörte. Der Wunsch sollte sich auf ungeahnte Weise erfüllen.

Mit Axt und Rollbrett

Die drei Männer öffneten an jenem frühen Morgen im März das Fenster über dem Vorsprung an der Fassade des Museums. Es gehört zu einem Umkleideraum für das männliche Personal, in dem auch der mutmaßliche Tippgeber seinen Spind hatte. Der Alarm blieb stumm, weil dies das einzige Fenster war, das nicht durch den äußeren Alarmkreislauf des Museums gesichert wird. Die Täter durchtrennten nun auch die restlichen Bolzen der bereits gesprungenen Sicherheitsglasscheibe.

Der Nachtwächter des Museums machte zum Zeitpunkt des Einbruchs gerade seinen Kontrollgang durch das Museum. Alle zwei bis drei Stunden sollte er diesen Rundgang machen, für dessen Dauer die Alarmanlage im Inneren des Hauses, die Bewegungsmelder und die Sensoren an den Türen, ausgeschaltet wurden. Für Menschen, die das Museum nachts von außen beobachten, wurde der Moment der Deaktivierung durch den Schein des sogenannten Wächterlichts sichtbar: Schwache Lampen erleuchteten nun das Museum von innen. Womöglich hatten die Täter diesen Lichtschein für ihren Einstieg abgewartet. Oder sie hörten den Funk ab, mit dem der Wächter um 3:20 Uhr bei der Leitstelle des Sicherheitsdienstes seinen Rundgang ankündigte.

Der Wächter, 61 Jahre alt, ging jetzt in die unteren Geschosse. Er ahnte und hörte nichts, so sagte er später aus, von den Besuchern im zweiten Stock, die durch die Flure liefen, vorbei an kunsthistorischen Schätzen, an einem marmornen Bacchus und an Gemälden, die Friedrich den Großen als griechischen Heroen zeigen, bis sie das Kabinett mit der Riesenmünze erreichten. Die Türen konnten sie in Richtung der Münze einfach öffnen, denn diese sind mit einer sogenannten Panikfunktion für den Fall eines Brandes ausgestattet. Nur für den Weg zurück hätten die Täter einen Schlüssel gebraucht, wenn sie die Türen nicht vorsorglich mit Plastikkeilen blockiert hätten.

In der Mitte des Saals 243 stand das Objekt, das sie suchten. Mit einer Axt, Modell Tomahawk, hackten sie auf die Vitrine ein – mit so viel Kraft, dass nicht nur das 10 Millimeter dicke Sicherheitsglas, sondern auch der mit Glasfasern verstärkte Stiel der Axt brach. Auch im Grünen Gewölbe in Dresden sollten Einbrecher gut zwei Jahre später mit einer Axt hantieren.

Als die Riesenmünze 2010 in dem Museum installiert wurde, mussten vier Helfer die Leihgabe mithilfe eines Tragebalkens bewegen. Auch weil das Goldstück zu schwer ist, um es einfach in eine Tasche oder einen Rucksack zu packen, wurde die Vitrine nicht mit einem Alarm, sondern nur mit Sicherheitsglas geschützt. Das Gewicht der Goldmünze selbst sollte der Diebstahlschutz sein. Die Täter hatten aber genug Kraft; sie wuchteten die Münze auf einen sogenannten Transporthund, ein Brett mit Rollen, und schoben sie durch die Gänge und Hallen zurück zu dem Fenster, durch das sie in das Museum eingestiegen waren. Überall hinterließen sie mit der schweren Last Spuren, rammten gegen Wände und Türrahmen.

Als der Wächter im Museum in jener Montagnacht nach seinem Rundgang die Alarmanlage um vier Uhr wieder scharf stellen wollte, meldete das System einen Fehler: Einige Türen im zweiten Obergeschoss schienen nicht richtig geschlossen zu sein. Der Wächter, der gerade erst ins Bode-Museum versetzt worden war und zuvor an anderen Standorten des Museumsverbunds Stiftung Preußischer Kulturbesitz seinen Dienst tat, meldete sich bei der Sicherheitszentrale und fand bei einem erneuten Rundgang die mit den Plastikkeilen blockierten offenen Türen. Um 4:33 Uhr kamen zwei weitere Wachmänner zu Hilfe und durchstreiften das Gebäude. Einer von ihnen entdeckte schließlich die zerschlagene Vitrine. Erst um 5:28 Uhr wurde über den Notruf die Polizei alarmiert, die wenige Minuten später am Tatort eintraf.

Die Polizisten vermuteten, dass sich die Täter eventuell noch im Gebäude befinden könnten; weitere Einheiten wurden alarmiert, um das gesamte Museum zu durchsuchen. Erst als einer der Polizeibeamten, die als Erste im Museum waren, das Schild an der zerschlagenen Vitrine las, auf dem das Gewicht der Münze hervorgehoben war, wurde klar, welche Dimension dieser Diebstahl hat. Die Polizisten fanden den Umkleideraum mit dem kaputten Fenster. Doch die Täter waren längst verschwunden. Von dem Fenster landete die Münze im Gleisbett – hier fand die Polizei später Goldspuren –, dann wurde sie mit einer Schubkarre Richtung S-Bahn-Station Hackescher Markt geschafft. Später meldete sich ein Zugführer, dem die dort deponierte Schubkarre schon einige Tage vor dem Einbruch im Gleisbett aufgefallen war.

Die drei Täter mieden auf dem Rückweg den Bahnsteig, so später die Rekonstruktion der Ermittler. Sie warfen die Münze kurz vor der Station Hackescher Markt von der Trasse in den darunterliegenden Monbijou-Park. Auch hier fanden sich am Boden Spuren des weichen Goldes. Die Einbrecher seilten sich mit einer Leine ab, mit der sie zuvor wahrscheinlich die Schubkarre und das andere schwere Werkzeug auf das Gleisbett gehievt hatten. Die Überwachungskamera einer nahe gelegenen Baustelle zeichnete um 3:52 Uhr ein auf dem Fußweg parallel zur Spree wegfahrendes Auto auf; der Fahrer ließ zunächst die Scheinwerfer ausgeschaltet. Details sind wegen der Distanz auf dem Film aber nicht zu erkennen. Es gab keine Augenzeugen und auch keine weiteren Videokameras, die die Täter aufgezeichnet haben. Selbst die eingesetzten Spürhunde fanden nichts.

Eine Tat von Banausen?

Es war einer der aufsehenerregendsten Coups der Kriminalgeschichte in einem Museum, ein Fall, über den die Fernsehnachrichten in der ganzen Welt und auch Zeitungen wie die *New York Times* berichteten. Doch wo ist die Münze? Und wer sind die Täter?

Man könnte das Trio als Banausentrio bezeichnen, weil es – zum Glück für die Kunstwelt – die wichtigen kulturellen Schätze der Bode-Sammlung, etwa den von Tilman Riemenschneider aus Holz geschnitzten Evangelisten Lukas, den aus Marmor geschlagenen barocken Satyr mit Panther von Pietro Bernini und die Tänzerin von Antonio Canova, stehen gelassen und nur das schlichteste Symbol des Reichtums gestohlen hat: die wie aus einem Wunschtraum Dagobert Ducks stammende Riesenmünze. Ein Spielzeug für sehr reiche Angeber.

Die Münze mag zwar nicht das wertvollste Objekt im Museum gewesen sein, doch die Wahl der Täter war trotzdem nicht dumm: Gold lässt sich sehr viel leichter zu Geld machen als ein kunsthistorisches Unikat, dessen Herkunft jeder Experte kennt, das auf Fahndungslisten und in Datenbanken gespeichert wird. Anders als ein berühmtes Gemälde muss man die Münze nur zersägen und für den Verkauf zu handlichen Barren schmelzen.

Die Kunst war in diesem Fall nicht das Ziel des Verbrechens, das Museum für die Täter wohl nur zufällig Hort eines besonders großen Klumpens Gold. Wenn man diesen Einbruch als kunstvoll bezeichnen will, dann vor allem wegen seiner scheinbaren Schlichtheit. Der Coup mutet so einfach an wie ein Werk der Minimal Art.

Die Täter hatten nicht nur sehr schnell sehr viel Geld gemacht, sondern sich auch enormen Respekt unter Gleichgesinnten verschafft. Sie wurden in Rap-Videos besungen, von den Jugendlichen auf den Straßen Berlins gefeiert. Im Internet kursierten Legenden, wer alles mit dem Bruch zu tun haben könnte. Und das Landeskriminalamt machte sich auf die Jagd.

Ein verdächtiger Museumsflyer und Tipps von V-Leuten

Schon bald meldete ein Polizist, dass ihm bei einer Kontrolle einige Wochen vor dem Einbruch etwas aufgefallen sei: Nach einem Tankbetrug mit einem geklauten Kennzeichen hatte er den Wagen des Verdächtigen durchsucht. Der junge Mann hatte in seinem Auto auch ein Faltblatt des Bode-Museums mit handschriftlichen Notizen liegen lassen.

Dieser junge Mann war der Polizei nicht ganz unbekannt. Die Ermittler fanden heraus, dass er einige Wochen vor dem Einbruch im Bode-Museum dort angefangen hatte, als Aufseher zu arbeiten, als temporärer Angestellter eines Subunternehmens des Sicherheitsdienstes. Sein Spind befand sich in dem Umkleideraum, durch dessen Fenster die Täter eingestiegen waren und aus dem sie später die Münze abtransportiert hatten. Der Mann wurde überwacht, sein Telefon abgehört. Die Beamten konnten mithören, wie der Verdächtige sich mit Kumpels und seinen Eltern über den Kauf eines Cafés oder eines Kiosks unterhielt.

Weitere Hinweise kamen von sogenannten V-Personen, also Vertrauenspersonen der Polizei. Angeblich, so die Hinweise, seien junge Mitglieder einer Großfamilie an dem Einbruch und der Verwertung der Münze beteiligt. Einer Großfamilie, die auf den Straßen der Stadt und in den Dienststellen der Polizei einen klingenden Namen hat. Familie R. stammt von den Mhallami ab, einer Volksgruppe, deren Ursprünge auf dem heutigen Gebiet der Türkei liegen. Die Vorfahren der R.s waren in den Libanon geflohen, von wo aus einzelne Familien während des libanesischen Bürgerkriegs nach Berlin weitergezogen waren, darunter auch die Großeltern jener Männer, die nun verdächtigt wurden. Es ist eine weitverzweigte Familie, deren Mitglieder in Deutschland lange nur einen Duldungsstatus hatten, kein anerkanntes Asyl bekamen und deshalb keiner geregelten Arbeit nachgehen durften. Heute sind die meisten Mitglieder der Familie R. unbescholtene Bürger der Stadt, weshalb hier auch nicht der volle Familienname genannt werden soll. Zu oft wird die Großfamilie mit all ihren Mitgliedern als verbrecherischer Clan stigmatisiert. Einer der Männer, die nicht zu den Verdächtigen gehören, betreibt eine Shisha-Bar und betätigt sich als Manager und Beschützer bekannter Berliner Rapper, die ihn dafür wiederum öffentlich rühmen. Andere Verwandte fallen immer wieder durch Straftaten auf.[4]

So stieg ein Familienmitglied der R.s am 19. Oktober 2014 mit Komplizen in eine Sparkasse im Berliner Stadtteil Mariendorf ein. Vorsorglich hatten sie in einem Schacht vor der Bank alle Telefonleitungen durchtrennt, die Alarmanlage war tot. Durch ein Fenster gelangten sie in die Bank und begaben sich in das Untergeschoss, wo sie rund 300 Schließfächer aufbrachen und leerten. Die Beute: Schmuck, Gold und Bargeld im Wert von über neun Millionen Euro. Um ihre Spuren zu verwischen, nahmen die Täter nicht nur den Server mit den Videoaufzeichnungen der Bank mit; sie verschütteten am Tatort auch Benzin und zündeten es an. Anders als geplant, kam es allerdings zu einer Verpuffung, zu einer Explosion, die ungeahnte Zerstörung anrichtete. Eine Wand brach ein, schwere Schaufensterscheiben wurden samt Rahmen meterweit auf den Gehweg geschleudert, die gesamte Bank war danach eine Ruine. Ein Mitglied der Familie R. wurde bei der Explosion verletzt und hinterließ Blut am Tatort. So kamen die Ermittler auf die Spur des knapp 30-Jährigen. Am Flughafen von Rom wurde er verhaftet, nach einem längeren Verfahren schließlich zu acht Jahren Gefängnis verurteilt. Die Millionenbeute aber blieb verschwunden.

Die Verdächtigen, die im Goldmünzen-Fall von den V-Leuten genannt wurden, sind Verwandte des verurteilten Bankeinbrechers. Und der junge Mann, der als Aufpasser im Museum gearbeitet hatte, war mit einem von diesen zur Schule gegangen, sie scheinen zumindest Bekannte zu sein. Für die Ermittler ergab sich eine mögliche Tatabfolge, die auch den Untersuchungsrichter überzeugte.

Zugriff in Neukölln und ein langer Prozess

Dreieinhalb Monate nach dem Einbruch ins Bode-Museum erfolgte der Zugriff. Am 12. Juli 2017 durchsuchten 300 Polizisten – darunter das Sondereinsatzkommando und fast alle Beamte des LKA 4, der Abteilung für schwere und organisierte Kriminalität – zeitgleich ab sechs Uhr morgens mehrere Wohnungen und mutmaßliche Verstecke in der ganzen Stadt. Weitere Durchsuchungsbefehle kamen im Laufe des Tages hinzu, nachdem die Beamten bei ihren Maßnahmen auf neue Hinweise gestoßen waren. Auf einen Juwelierladen in der Neuköllner Sonnenallee etwa, von dem aus Teile der Münze verkauft worden sein sollten. Am Ende wurden 30 Objekte inspiziert, die Polizei nahm vier Männer, damals alle zwischen 18 und 20 Jahre alt, fest. Sie beschlagnahmte vier scharfe Schusswaffen, auch einen niedrigen sechsstelligen Eurobetrag und fünf Autos. Die Münze aber fanden die Beamten nicht. Nur winzige Spuren wurden später in einem Auto und an der Kleidung eines der Verhafteten festgestellt. Die mutmaßlichen Täter seien Teil eines kriminellen Clans, gab die ermittelnde Staatsanwältin anschließend bekannt.

Erst eineinhalb Jahre später, im Januar 2018, begann der Prozess gegen die vier Angeklagten im trutzigen Bau des alten Kriminalgerichts Moabit, des größten Strafgerichts Europas. Ein riesiger Medienauftrieb begleitete die Verhandlung, auch zahlreiche Journalisten aus dem Ausland berichteten. Beim Gang in den großen Saal 700 hielten sich die Angeklagten Magazine oder Ordner vor das Gesicht, schauten durch kleine Löcher, um nicht gegen den Vordermann zu laufen oder zu stolpern. Einer von ihnen benutzte die Zeitschrift *Wissen & Staunen* als Schutzschild. Die Angeklagten vor der Jugendkammer des Berliner Landgerichts sahen gesund aus und waren ordentlich gekleidet. Einige von ihnen hatten nach dem Zugriff monatelang in Untersuchungshaft gesessen, doch nun waren sie alle in Freiheit. Einer von ihnen war Student an einer technischen Hochschule, zwei Schüler oder Auszubildende, einer arbeitete als Kurierfahrer. Sie vermieden jede Geste der Arroganz oder des Gefährlichen, schauten mit offenen Augen staunend ins Publikum und auf die Richter in dem hohen Saal mit seinen altertümlichen Holzeinbauten.

Die Strafverteidiger führten an, dass es trotz der immensen Aufklärungsarbeit der Ermittler keinen echten Beweis für die Tatbeteiligung ihrer Mandanten gebe. Die Ermittlungen seien einseitig geführt worden, der Wachmann des Museums sei zu früh als Täter ausgeschlossen worden. Weil er in der Tatnacht in der Nähe der Münze gewesen sei, hätte er das Zerschlagen der Vitrine hören müssen. Mit der Presse wollten die Anwälte während des Prozesses nicht sprechen. Auch auf Nachfragen auf dem Flur reagierten sie an den kommenden Verhandlungstagen nicht.

Die Staatsanwaltschaft stützte sich in ihrer Anklageschrift auf DNA-Spuren, die an einem Seil gefunden wurden, das nach der Tat vom Bahnsteig herunterhing. Einige der Angeklagten hatten sich außerdem im Internet über aktuelle Goldpreise informiert.

In der Wohnung von zweien von ihnen fand sich bei den Durchsuchungen ein Stück Papier, das die Ermittler von nun an den »Goldzettel« nannten. Darauf fanden sich verschiedene Grammzahlen und Summen, die mit dem Goldpreis korrespondieren, so die Staatsanwälte. Obwohl das Fotografieren dort strengstens verboten ist, habe der mutmaßliche Tippgeber vor der Tat in dem Museum Selfies von sich gemacht. Auf zwei Selfies soll man auch seinen Kopf sehen, vor allem aber den Weg, den die Diebe mit der Münze gehen mussten. Seine DNA fand sich laut der Staatsanwaltschaft in einer sogenannten Mischspur an dem Fenster, durch das die Täter gekommen waren. Hatte der junge Mann dort nach Dienst nur für frische Luft im Umkleideraum sorgen wollen? Oder hatte er den Weg für die Täter ausgekundschaftet oder vorbereitet?

Auch ein sogenanntes bioforensisches Bildidentifikationsgutachten wurde in Auftrag gegeben, für das ein Professor aus Mittweida die Größen der Tatverdächtigen mit den Bewegungen der von der Überwachungskamera aufgenommenen Männer verglich. Dabei kam Software zum Einsatz, die sonst zur Produktion von digitalen Effekten in der Filmindustrie verwendet wird.

Die neun Verteidiger der vier Angeklagten, darunter einige der bekanntesten Strafverteidiger Berlins, machten ihre Aufgabe in dem Prozess sehr gut – im Sinne ihrer Mandanten: Zeugen und Sachverständige wurden unerbittlich mit Nachfragen auseinandergenommen, winzige Details ihrer Aussagen so lange klein geschreddert, dass am Ende der Befragungen – etwa beim Bewegungsgutachten – oft nur vage Wahrscheinlichkeiten übrig blieben. Immer neue Termine für die Verhandlungen mussten gefunden werden. Am 20. Februar 2020 wurde schließlich das Urteil gesprochen: Der älteste Angeklagte wurde freigesprochen, der Tippgeber zu drei Jahren und vier Monaten, die beiden des Einbruchs überführten Familienmitglieder zu jeweils vier Jahren und sechs Monaten Jugendstrafe verurteilt. Außerdem sollen von dem Tippgeber ein Beuteanteil von 100 000 Euro, von den beiden anderen Verurteilten Einbrechern der Goldwert der Münze, also 3,3 Millionen Euro, eingezogen werden. Womöglich habe es noch weitere Tatbeteiligte gegeben, so die Richterin. Die Verteidiger der Verurteilten legten gegen das Urteil Revision ein, über die bei Drucklegung dieses Buches noch nicht entschieden war.

Neben den DNA-Spuren am Tatort wurde die Reinheit des Goldes den Angeklagten zum Verhängnis, denn der Feingehalt von 999,99/1000 ist extrem selten. Handelsübliche Goldmünzen und Schmuck sind längst nicht so rein. Der Goldstaub fand sich an Handschuhen und an einer Jacke, die bei einem der mutmaßlichen Täter gefunden wurde. Dessen DNA wiederum haftete auch an dem Seil, das am Tatort hinterlassen wurde. Goldspuren fanden sich auch noch auf der Rückbank eines Mercedes-Benz aus dem Täterumfeld. Die Hoffnung, die Münze als Ganzes zu finden, ist inzwischen fast erloschen. Denn zu den Goldspuren zählen auch winzige Späne, die beim Zerteilen der Münze entstanden sein müssen.

Ein Chemiker, der als Goldsachverständiger im Prozess aussagte, identifizierte das Gold der gefundenen Spuren vor allem auch wegen seines minimalen Silbergehalts als jenes, das von der Canadian Mint für die Produktion ihrer *Maple-Leaf*-Münzen verwendet wurde. Die von der Polizei gefundenen Partikel, so wies der Sachverständige anhand von Mikroskopaufnahmen nach, zeigen auch auffällige Deformationen: Schleifspuren, wie sie bei einem Trennprozess entstehen. Im Gerichtssaal erzählte er den staunenden Richtern, Angeklagten und Zuschauern, dass die erste Goldraffination unter dem König Krösus im sechsten Jahrhundert vor Christus eingeführt wurde. Und dass es inzwischen eine sehr viel schwerere Goldmünze gebe: 2011 schuf die Perth Mint eine *Australian Kangaroo One Tonne Gold Coin* mit einem Gewicht von 1000 Kilogramm. Einer der Angeklagten massierte sich beim Vortrag dieser Information den Nacken.

Der kulturpolitische Skandal

Der Einbruch in das Bode-Museum war kein schicksalhaftes, unvermeidliches Ereignis. Die Staatlichen Museen zu Berlin hatten es, so macht es nach den Ermittlungen von Polizei und Staatsanwaltschaft den Eindruck, den Dieben, wer auch immer sie waren, etwas zu leicht gemacht.

Wie sich erst kurz vor dem Prozess herausstellte,[5] wussten die Verantwortlichen im Museum bereits seit 2013 oder 2014 von einem kaputten Alarmsensor an dem Fenster, das zum Ein- und Ausstieg genutzt wurde. Repariert wurde er in den folgenden Jahren dennoch nicht – auch nicht, als der Schaden an der Sicherheitsscheibe nach dem ersten Einbruchsversuch festgestellt worden war. Im Prozess sagte der stellvertretende Sicherheitschef der Staatlichen Museen zu Berlin aus, dass er einen Steinschlag durch einen vorbeifahrenden Zug als Ursache für den Schaden am Fenster vermutet hatte. Es gebe ein strukturelles Sicherheitsproblem, so der in der Tatnacht für die Bewachung des Museums Verantwortliche: Seit Jahren finde man kaum noch geeignetes Personal.

Die mangelnden Sicherheitsvorkehrungen sind der Skandal hinter dem Diebstahl, wenn man den kulturhistorischen Schaden bedenkt, der hier durch einen noch größer angelegten Diebstahl hätte entstehen können. Auch der *Big Maple Leaf* hatte einen kulturhistorischen Wert, der zerstört wurde, als die Täter und ihre Helfer die Münze mutmaßlich zerlegten. Teurer wurden durch diesen Akt der Zerstörung aber die restlichen fünf Exemplare der kanadischen Riesenmünze. Sie sind jetzt noch seltener. Und Seltenheit sowie eine gute Geschichte sind oft die wichtigsten Wertfaktoren auf dem nach seinen sehr eigenen Regeln funktionierenden Kunstmarkt.

Die »Meltdown Mobs« gegen die Kunst

Der Diebstahl der Riesengoldmünze reiht sich ein in einen Trend der Kunstkriminalität, die nur mehr an dem Rohstoff interessiert ist, aus dem die Kunst geschaffen wurde. So wurde im Dezember 2005 Henry Moores zwei Tonnen schwere Bronzeskulptur *Reclining Figure* vom Anwesen der Moore Foundation in Much Hadham in England gestohlen. Die Täter waren mit einem Tieflader gekommen, um die Plastik des 1986 gestorbenen Bildhauers zu demontieren und in ein Lager zu schaffen, wo sie zersägt wurde. Später wurden die Skulpturteile dann über einen Schrotthändler in Essex mutmaßlich via Rotterdam nach China verschifft, wo das Metall für die Elektronik-Produktion immer stärker nachgefragt ist. Der Wert des Kunstwerks war auf drei Millionen Pfund geschätzt worden, die Diebe hatten vom Schrotthändler nur rund 1500 Pfund ausgezahlt bekommen. Ian Leith von der britischen Public Monuments and Sculpture Association sagte dem *Guardian* 2009, dass die Diebstähle von öffentlichen Skulpturen innerhalb von nur drei Jahren um sagenhafte 500 Prozent gestiegen seien.[6]

Doch das Problem der »Meltdown Mobs« existiert nicht nur in Großbritannien, auch in Deutschland wird vermehrt Kunst geklaut, um sie einschmelzen zu lassen: René Allonge, der Leiter des Kunstdezernats beim Landeskriminalamt Berlin, spricht von fünf bis zehn Kunstwerken, die in Berlin jährlich aus dem öffentlichen Raum entwendet werden: Die *Schwimmerin* der DDR-Künstlerin Gertrud Claasen etwa, die ein Dieb 2018 im Bezirk Treptow klaute und für 184,80 Euro an einen Schrotthändler verkaufte, oder *Die große Liegende* von Siegfried Kropp, die 2013 aus dem Park am Obersee verschwand.[7] Auch der Hamburger Friedhof Ohlsdorf ist bei Buntmetalldieben beliebt, hier wurde 2014 der Diebstahl einer 1,80 Meter hohen *Venus in der Muschel* und eines Brunnens des Künstlers Auguste Moreau festgestellt. Auf dem Friedhof war im selben Jahr schon ein 250 Kilo schwerer Bronzelöwe von dem Familiengrab der Zoo-Gründer Hagenbeck verschwunden. Die Polizei vermutete, dass die Diebe mit Kleintransportern kamen und es auch hier nur auf das Metall abgesehen hatten.[8] Der Diebstahl von wertvollem Edelsteinschmuck im November 2019 aus dem ›Grünen Gewölbe‹ passt in dieses Muster. Auch hier ging es den Tätern wahrscheinlich nur um den Materialwert. Die Kulturgüter selbst spielten mutmaßlich keine Rolle. Wenige Wochen zuvor war der Versuch, den Goldschatz aus dem Landesmuseum Trier zu stehlen, gescheitert. Dort hielten die Vitrinen stand.

Das Berliner Münzkabinett war übrigens vor langer Zeit schon einmal Opfer von Dieben geworden, die ihre Beute allerdings nicht eingeschmolzen hatten – und gerade deshalb schließlich überführt werden konnten. Auch dieser Diebstahl war – wie so oft – ein Inside-Job: Im Berliner Schloss, in dem das Münzkabinett damals noch residierte, stahlen 1718 der Kastellan Valentin Runck und der Hofkleinschmied Daniel Stief aus dem Staatsschatz im Keller neben Schmuck und anderen Pretiosen 176 Goldmünzen. Der Vorsteher der königlichen Sammlung, der Bibliothekar Mathurin Veissière de la Croze, überführte die Täter schließlich, indem er bei ihnen gefundene Münzen wiedererkannte.[9]

Die Wiederholung als Farce: der Diebstahl der goldenen Toilette von Maurizio Cattelan

Wie Karl Marx mit Bezug auf einen Satz von Hegel feststellte, ereignen sich wichtige weltgeschichtliche Tatsachen immer zweimal: einmal als Tragödie, das zweite Mal als Farce. Zweieinhalb Jahre nach dem Einbruch im Berliner Bode-Museum wurde auch in England ein Kunstwerk aus reinem Gold gestohlen, das, wie die Riesenmünze, ebenfalls einen Zentner wog – und noch drei Kilo mehr.

Die Menschen hatten in langen Schlangen angestanden, Tag für Tag, um dieses Kunstwerk zu benutzen. Eine neue Form von

Erhabenheit ließ sich hier erfahren – auf der Toilette, die der Künstler Maurizio Cattelan 2016 im Guggenheim Museum in New York installiert hatte: einmal im Leben auf pures Gold wortwörtlich scheißen dürfen. Rund 100 000 Besucher nutzten bis zum Ende der Ausstellung 2017 diese Chance. Mehr als hundert Kilo 18-karätiges Gold waren nötig gewesen, um damit die voll funktionsfähige Kopie eines typischen amerikanischen Wasserklosetts mit Spülhebel herstellen zu lassen. Cattelans Skulptur mit dem Titel *America* war selbstverständlich anspielungsreich, gilt doch ein 1917 in New York von Marcel Duchamp ausgestelltes Urinal als eine der bedeutendsten Wegmarken der Avantgardekunst. Von dessen Original, das Duchamp damals ausstellte, fehlt heute jede Spur, dafür existieren mehrere, später angefertigte Kopien.

Im September 2019 verschwand auch die britische Goldtoilette kurz vor der Eröffnung einer Ausstellung in dem englischen Schloss Blenheim bei Oxford. Die Diebe kamen in den frühen Morgenstunden eines Samstags, rissen das Becken anscheinend ohne größere Klempner-Kenntnisse heraus und verursachten so auch einen Wasserschaden im Schloss. Das Anwesen gehört seit drei Jahrhunderten der Familie Winston Churchills. Das Toilettenkunstwerk war gleich neben dem Raum installiert worden, in dem der ehemalige Premierminister zur Welt gekommen war. Zurück blieb von der Kunst nur ein goldenes Wasserrohr mit dem Spülhebel. Die Täter seien wahrscheinlich mit zwei Fahrzeugen gekommen, so die Polizei. Man habe einen 66-jährigen Verdächtigen festgenommen, der später auf Kaution wieder freigelassen worden sei. Einige Zeit danach wurden vier weitere Verdächtige identifiziert. Anders als im Fall der Riesengoldmünze gab es zunächst keine Hinweise, dass ein Museumsmitarbeiter an dem Diebstahl beteiligt war.

»Es sind schon viele meiner Werke beschädigt worden oder aus Versehen im Müll gelandet, aber ich musste noch nie einen solchen Verlust eines Werks erleben«, sagte der 1960 in Padua geborene Cattelan auf Anfrage.[10] Viele seiner Freunde vermuteten ihn selbst hinter der Tat. Er habe auch zuerst an einen Streich gedacht: »Ich mochte schon immer Kriminalfilme, jetzt stecke ich selbst in einem. Sind die Diebe dieses Werks die wahren Künstler? Von der Geschwindigkeit her, mit der sie den Bruch begangen haben, sind sie auf jeden Fall große Performer.«

Die Toilette, die der Galerie Marian Goodman in New York gehört, ist sechs Millionen Dollar wert, viel mehr als die gut vier Millionen Euro, die das Gold kostet, aus dem es gemacht ist. Allein die Produktion in einer Florentiner Gießerei war ein hochkomplexes und teures Unterfangen. Hinzu kommt der künstlerische Wert, den das Werk inzwischen erworben hat. Als Präsident Trump bei seinem Amtsantritt ein Gemälde von Vincent van Gogh aus dem Guggenheim Museum für seine Privatgemächer im Weißen Haus ausleihen wollte, beschied die Chefkuratorin Nancy Spector, dass dieses Gemälde unabkömmlich sei. Aber die Goldtoilette von Cattelan könne man gerne installieren lassen – woran wiederum das Weiße Haus nicht interessiert war.

Wenn die Diebe kriminell schlau waren, betätigten sie sich als Ikonoklasten und schmolzen das Becken sofort ein. So wie es nach Ansicht der Staatsanwaltschaft ja auch die Täter mit der 100-Kilo-Münze gemacht haben. Manche Altmeistergemälde aus Schloss Blenheim haben womöglich einen höheren Marktwert als *America*. Doch kann man berühmte Unikate eben nur schwer so anonym und schnell zu Geld machen wie einen Klumpen geschmolzenes Gold.

Maurizio Cattelan hofft sehr, dass seinem *America* das Einschmelzen erspart bleibt. Die Diebe, sagte er, sollten es besser weiter als Toilette benutzen. Der letzte Nutzer sei offensichtlich er selbst nach der Installation gewesen. Aber für die Tatzeit, sagte er, habe er ein Alibi.

Kapitel 2

Das Verschwinden des Originals

Der zweite Niedergang der Avantgarde

Es war ein unglaublicher Schatz, den Polizisten 2013 in einem Wiesbadener Möbellager entdeckten. Hunderte von Gemälden waren hier verstaut, die zukunftsfrohsten Kompositionen der russischen Moderne aus den ersten Jahrzehnten des 20. Jahrhunderts. Unglaublich an diesem Fund war schon die schiere Masse. In der Halle am Wiesbadener Ostring waren mehr Meisterwerke aus dieser für die Kunstgeschichte so wichtigen, ja revolutionären Epoche versammelt als in den meisten Museen innerhalb und außerhalb Russlands: Gemälde im Stil von Malewitsch, Jawlensky, Rodtschenko, Lissitzky, Gontscharowa, Popowa, Kandinsky. Hunderte Millionen Euro, wenn nicht sogar einen Milliardenbetrag wären solche Mengen dieser Kunst auf dem Markt wert. Dennoch war die Sammlung von ihrem Eigentümer wie altes Mobiliar eingelagert: nicht besonders gesichert oder klimatisiert, nur gegen Frost geschützt, Rahmen gegen Rahmen gelehnt.

Die Durchsuchung des Möbellagers und die Beschlagnahmung der wertvoll scheinenden Sammlung am 12. Juni 2013 war Teil eines der größten international orchestrierten Schlages gegen den Handel mit Kunstfälschungen. Mehr als einhundert Beamte des Bundeskriminalamts (BKA) durchsuchten an zwei Tagen 28 Wohnungen, Galerien, Lager und Geschäftsräume nicht nur in Wiesbaden, sondern auch in Mainz, Stuttgart, München, Hamburg, Köln und anderen Städten. Auch in der Schweiz gab es Razzien; Konten wurden beschlagnahmt, und in Israel nahm die Polizei kurzzeitig acht Verdächtige fest. Im Visier der Polizeibehörden: ein global verzweigtes Netzwerk von angeblichen Fälschern und Hehlern, unterstützt von Kunstexperten, die für die entsprechenden Expertisen gesorgt haben sollten. Nur knapp zwei Jahre nach dem Fälschungsfall Beltracchi hatte die deutsche Kunstszene ihren nächsten Skandal.

Seit Monaten war das BKA auf den Spuren dieses angeblichen Fälscherrings gewesen. Ausgelöst worden waren die Ermittlungen durch die National Fraud Investigations Unit der israelischen Polizei. Sie glaubte, Kunstfälschern aus Russland auf die Spur gekommen zu sein, die ihre Geschäfte über Israel abwickelten – unter anderem in Richtung Deutschland, so die Ermittlungen. In Wiesbaden wurden zwei mutmaßliche Führungsfiguren wegen gewerbsmäßigen Betrugs in Untersuchungshaft genommen: der damals 67 Jahre alte, aus Israel stammende Itzhak Z. und ein jüngerer, in Mainz geborener Mann, der hier Mohammed W. heißen soll. Auf Anfragen der Presse reagierten die beiden Beschuldigten damals nicht. Sie sollten noch gut zwei, im Fall von Mohammed W. sogar drei Jahre in Haft sitzen, während die Ermittler nach Beweisen suchten und die Anklage vorbereiteten.

Von einem italienischen Gericht in Mailand waren Itzhak Z. und Mohammed W. bereits im Februar 2013, wenige Monate vor ihrer Festnahme, wegen eines Geschäfts mit einem gefälschten Gemälde von Kandinsky verurteilt worden. Das Urteil zu jeweils einem Jahr Haft auf Bewährung und der Zahlung von Geldstrafen wurde zwar rechtskräftig, später aber beantragte zumindest Z. die Wiederaufnahme des Verfahrens. Während der Arbeit an diesem Buch verliefen Kontaktversuche zu Itzhak Z. über seinen ehemaligen PR-Berater erfolglos; auf eine gesonderte Anfrage reagierte sein Frankfurter Anwalt nicht.

In Deutschland begann schließlich im Februar 2015 ein Prozess, der zu einem der längsten am Wiesbadener Gericht werden sollte. Am Ende, nach gut drei Jahren, waren rund 150 Prozesstage zusammengekommen – und die beiden Angeklagten zu

Haftstrafen verurteilt. Viele Geschäfte mit den verdächtigen Bildern waren längst verjährt. Da aber auch die Anzahl der noch verhandelbaren Fälle zu den beschlagnahmten 1500 Werken jedes Verfahren gesprengt hätte, wurden die Vorwürfe reduziert. Die Staatsanwaltschaft hatte schließlich nur in 19 Fällen Anklage erhoben, in denen die Ermittlungen besonders vielversprechend schienen, einen Betrug belegen zu können.

Warum die russische Moderne Fälscher lockt

Das mehr als hundert Seiten umfassende Urteil[11] liest sich wie eine Grundlagenarbeit zum Phänomen des durch Fälschungen verseuchten Marktes für die Kunst der russischen Moderne. Die Richterinnen und Richter beschreiben darin den Beginn moderner Strömungen in der russischen Kunst, die Erfolge von Malern wie Malewitsch unter Lenin, die Gründung eines Museums nur für die suprematistischen und konstruktivistischen Künstler der Sowjetunion im Jahr 1921. Und sie referieren den Niedergang dieser Avantgarde, nachdem 1922 Stalin an die Macht gekommen war: wie der Diktator faktisch die Abstrakte Kunst verbieten ließ und den Sozialistischen Realismus zur einzig wahren Staatskunst erhob. Mit Stalins Verbot der Avantgarde wurde diese Kunst aus den sowjetischen Museen aussortiert. Viele Werke wurden auch vernichtet oder verschwanden für immer. Andere wurden in privaten Sammlungen, auf Dachböden und in geheimen Depots versteckt – und sollten dadurch Jahrzehnte später den Stoff für zahlreiche Legenden zu ihrer Wiederauffindung liefern.

Wiederentdeckt wurde die Kunst in den 1950er-Jahren vor allem von dem 1913 in Moskau als Sohn einer griechischen Kaufmannsfamilie geborenen George Costakis. Er arbeitete in Russland in verschiedenen Botschaften und Konsulaten – und sammelte privat die Bilder von Wassily Kandinsky und Ljubov Popowa. Irgendwann war er als Abnehmer für Bilder dieser vergessenen Kunstepoche aus den Anfängen der Sowjetunion bekannt. Wer noch welche besaß, kam zu ihm – und es gelang Costakis, eine große Sammlung mit mehreren tausend Kunstwerken zusammenzustellen. Als er 1977 mit seiner Familie nach Griechenland zog, übergab Costakis im Rahmen eines Deals mit dem sowjetischen Staat den Großteil seiner Sammlung der staatlichen Tretjakow-Galerie in Moskau. Dafür durfte er circa 1200 seiner Kunstwerke ausführen und mitnehmen. Wenige Jahre nach Costakis' Tod im Jahr 1990 kaufte der griechische Staat die Kunstwerke aus dieser importierten Sammlung. Heute ist sie im Museum für Moderne Kunst in Thessaloniki beheimatet.

Costakis war der Pionier bei der Wiederentdeckung der Konstruktivisten, doch auch im Westen fanden sich mit den Sammlern und Museumsgründern Peter und Irene Ludwig kaufkräftige Freunde dieser Kunst. Legenden ranken sich darum, wie die Schokoladenfabrikanten diese Werke in den 1970er- und 1980er-Jahren aus der noch kommunistischen Sowjetunion herausbekamen. Von wirtschaftlicher Unterstützung und Lebensmittellieferungen hinter den »Eisernen Vorhang« ist die Rede. Es gibt aber auch Zeitzeugen, die von hochrangigen Mitarbeiterinnen und Mitarbeitern der russischen Botschaft in Bonn berichten. Sie sollen regelmäßig Kunstwerke im Diplomatengepäck in den Westen geschmuggelt haben. Als offizielle Verkäufer dienten dann Galerien in der Bundesrepublik. Heute sind die russischen Werke der Sammlung Ludwig in den 26 von der Ludwig Stiftung unterstützten Museen von Köln bis Budapest zu sehen. Eine wissenschaftliche Publikation zu ihrer Herkunft wird seit Jahrzehnten angekündigt. Fest steht inzwischen immerhin, dass sich die Ludwigs auch Fälschungen andrehen ließen. So wie viele andere Sammler und Museen auch, in Berlin, London und anderswo.

Mit der Öffnung der Sowjetunion, der »Perestroika« Mitte der 1980er-Jahre, gelangten immer mehr Werke in den Westen und wurden für immer höhere Preise verkauft. Was wiederum, da sind sich maßgebliche Kunsthistorikerinnen einig, auch die

Fälscher in den Staaten der ehemaligen UdSSR und im Ausland auf den Plan rief. Was Stalin einst verfemt hatte, war zur lukrativen Handelsware geworden. Und die wechselvolle Geschichte des Herkunftslandes machte es leicht, Provenienzen zu erfinden.

Das Urteil im Wiesbadener Prozess erläuterte auch das allseits bekannte Vorgehen von Kunstfälschern: Geschulte Malerinnen oder Restauratoren besorgen sich alte Leinwände und Farben, die es schon zu Lebzeiten der Künstler gab. Daraus entstehen neue Werke im Stil der gesuchten Künstler, für die die Fälscher Versatzstücke aus anerkannten Originalen nachahmen und zu einer neuen Komposition, einem Pasticcio, zusammensetzen. Oder sie kopieren einfach die Originalwerke, zuweilen auch in ein neues Medium: aus einer Zeichnungsvorlage wird ein Gemälde, aus einer Grafik ein Aquarell. Die Bilder werden dann künstlich gealtert, in Öfen getrocknet, mit Staub von Dachböden eingerieben oder mit Tee bearbeitet. Macht der Fälscher sein Handwerk gut, sehen sie aus, als hätten sie schon Jahrzehnte überdauert. Das sogenannte Kraquelée in der Oberfläche der Gemälde – die feinen Risse in den sichtbaren Farbschichten, die sich normalerweise erst nach vielen Jahren bilden – können durch das Zusetzen bestimmter Chemikalien beim Malen forciert werden – oder ganz einfach mechanisch, durch Einrollen und Ramponieren der Leinwände und Erwärmung im Backofen.

Jetzt muss nur noch eine passende Geschichte für die Herkunft des Gemäldes gefunden werden, eine seriös anmutende Liste von Vorbesitzern, Ausstellungen, Katalogbeiträgen. Oder eine sehr gute Begründung für die Leerstellen in der Provenienz, warum also dieses neu aufgetauchte Kunstwerk so lange verschwunden war. Bei den Arbeiten der russischen Moderne war es einfach, das Verschwinden und das plötzliche Wiederauftauchen der Werke ohne Papiere, Ausstellungshistorie, bekannte Eigentümer zu erklären: mit dem Chaos zu Zeiten der russischen Revolution nämlich, mit den Verboten unter Stalin und dem Niedergang alter Institutionen beim Auseinanderfallen der Sowjetunion.

Ein Antiquitätenjäger eröffnet seine Galerie

Der angeklagte Kunsthändler Itzhak Z. erzählte im Laufe des Wiesbadener Verfahrens und auch noch danach eine Geschichte über das Zustandekommen seiner riesigen Bildersammlung, mit der er sich wohl in die Tradition des großen Sammlers George Costakis stellen wollte. Vor Gericht bezeichnete Z. sich sogar als »Retter« der Russischen Avantgarde.[12] Die Massen von Kunstwerken, die von der Bundeskriminalpolizei im Möbellager beschlagnahmt worden waren, habe er keineswegs fälschen lassen, sondern im Laufe von drei Jahrzehnten unter teilweise abenteuerlichen Umständen zusammengetragen: Seit Mitte der 1980er-Jahre sei er im Ostblock als Antiquitätenjäger auf die Suche gegangen, dabei auch in Gefahr geraten, bestohlen und betrogen worden, habe Kontakt zu Künstlererben gepflegt und in ehemaligen sowjetischen Teilrepubliken geheime Lager aufgefunden. Manche Gemälde seien aus dem Land geschmuggelt worden, indem sie mit einem schwarzen Schmierstoff übermalt wurden, sodass sie für den Zoll nicht mehr erkennbar waren. Später seien die Leinwände mit einem speziellen Spiritus abgewaschen worden, damit die Malerei wieder zum Vorschein kam. Er habe noch mehr als die 1500 beschlagnahmten Bilder besessen, sagte Z. aus, aber viele davon im Verlauf der vergangenen dreißig Jahre verkauft. Mehrere Bilder befänden sich heute im Museum Ludwig in Köln, wohin sie über eine französische Galerie gelangt seien. Zu einer solchen Galerie in Paris mit Filiale in Israel unterhielt ein ehemaliger Direktor des Museums gute Beziehungen – auch als Kunde.

Auf einem Trödelmarkt lernte Z. nach eigenen Angaben Ende der 1990er-Jahre Mohammed W. kennen, jenen Mann, der für ihn zunächst alte Uhren gekauft hatte, dann aber die Vermittlung von Bildern übernahm. Zunächst ging es etwa um einzelne Gemälde des russischen Künstlers Ivan Puni, doch Mohammed W. riet zur Professionalisierung. Also gründete Itzhak Z. im Jahr 2002 mit zwei Mitgesellschaftern die Firma SNZ Galeries in Wiesbaden, als deren Geschäftsführer Mohammed W. firmierte. Später stieg einer der drei Gesellschaftsgründer wieder aus, und W. übernahm dessen Anteile. Itzhak Z. wiederum gründete im Jahr 2005 in Panama eine Off-Shore-Firma, Art Society Inc., über die er von nun an viele seiner Geschäfte mit den Bildern abwickelte. Sie taucht auch in den sogenannten Panama Papers auf, jenen Unterlagen der auf die Gründung von Briefkastenfirmen spezialisierten Kanzlei Mossack Fonseca, die im Frühjahr 2016 öffentlich wurden.

In den Wiesbadener Galerieräumen, die sehr repräsentativ hergerichtet wurden, gab es weder die für alte Bilder erforderliche Klimatisierung noch eine Alarmanlage. Die Galerie bekam Bilder aus der Sammlung Z. durch Paketdienste wie UPS statt durch spezialisierte Kunstspeditionen angeliefert – in Rollen verpackt, kaum versichert und beim Zoll regelmäßig nur mit einem Wert von ein paar Hundert Euro deklariert.

Die Bilder wurden dann an das Labor Dr. Jägers in Bornheim bei Köln geschickt, wo über die Jahre insgesamt Hunderte Werke aus dieser einen Quelle überprüft worden waren. Mit Erhard Jägers hatte Z. auch schon vor der Gründung der SNZ Galeries zusammengearbeitet. Einmal hatte er den Chemiker sogar nach Israel eingeladen, um dort einige Bilder untersuchen zu lassen. Jägers nahm üblicherweise Pigmentproben und analysierte diese daraufhin, ob sie zum angegebenen Alter des Werkes passten. Sein Labor sortierte zwar durchaus zahlreiche Bilder aus der Quelle Z. wegen Farbpigmenten, die nicht in die angebliche Entstehungszeit passten, als Fälschungen aus. Ein großer Teil der ins Rheinland geschickten Kunst jedoch bestand die Prüfung. Nach Aussage des Chemikers machten die Werke aus der Quelle der SNZ Galeries jährlich zwischen 30 und 70 Prozent der von seinem Labor untersuchten Bilder aus. Und auch diesmal wieder wurden beispielsweise angebliche Werke von Kasimir Malewitsch, deren Wert, wenn sie echt wären, im zweistelligen Millionenbereich lägen, in Rollen per Kurierdienst versendet.

Jägers' positive Expertisen bedeuteten jedoch keineswegs, dass die Bilder echt waren, darauf wies er selbst auch immer wieder in seinen Expertisen hin. Er hatte nur an den von ihm untersuchten Stellen keine Hinweise gefunden, die gegen die Entstehung zum angegebenen Zeitpunkt sprachen.

Experten in Gefahr

Die Authentifizierung eines Gemäldes bedarf neben der materialtechnischen auch einer kunsthistorischen Begutachtung, bei der die Provenienz und die stilistische Stimmigkeit überprüft werden. Viele Betrügerinnen und Betrüger statten ihre Werke deshalb zusätzlich mit kunsthistorischen Expertisen aus, die deren Echtheit nachweisen sollen. In Russland, aber ebenso in Deutschland, Frankreich und England, finden sich zahlreiche Expertinnen und Experten, oft Kunsthistorikerinnen und Kunsthistoriker, die sich auf das Zertifizieren Russischer Avantgarde-Bilder spezialisiert haben. Auch viele der von SNZ Galeries angebotenen Bilder hatten solche kunsthistorischen Gutachten, manche von gleich mehreren Experten. Und etliche Käufer ließen sich davon offenbar blenden, obwohl sich diese Prüfberichte nicht selten als bloße kunsthistorische Beschreibungen herausstellten, die jede juristisch verwertbare Eindeutigkeit vermeiden.

So sind auch im Fall der gefälschten Kunst der Russischen Avantgarde – neben den willfährigen oder betrügerischen Händlern – die sogenannten Expertinnen und Experten der Kern des Problems. Einige von ihnen scheinen so naiv oder aber so korrupt zu sein, dass sie selbst für abstrus anmutende Fälschungen Gutachten aufsetzen. Andere entleihen die suspekten Werke für Ausstellungen in von ihnen geleiteten zweit- oder drittklassigen

Museen, nobilitieren sie auf diese Weise und verhelfen ihnen zu Glaubwürdigkeit. Kritische Experten hingegen werden durch Betrüger mithilfe von Rechtsanwälten und massiven Drohungen derart unter Druck gesetzt, dass sie lieber keine Kunstwerke mehr für falsch erklären. »Nach Moskau muss ich im Urlaub nicht fahren«, sagte ein Experte, der Hunderte Fälschungen entlarvt hat, im Sommer 2013[13]. Ein anderer berichtete – ebenfalls nach der Zusage von Anonymität –, dass eines Tages sein Auto demoliert war. Wenn die Kunst zum Spekulationsobjekt gerät, dann wird die wissenschaftliche Beschäftigung mit der Echtheitsfrage nicht nur zum Geschäft, sondern auch zur Gefahr.

Wie Händler eine Gutachterkammer finanzieren

Im Fall der SNZ Galeries wurden die meisten Kunstwerke vor den Verkäufen oder Verkaufsversuchen von Kunsthistorikerinnen begutachtet, mit denen Z. auch schon früher gute Erfahrungen gemacht hatte. Viele von ihnen standen in Verbindung mit einer Organisation, die sich im April 2007 in Paris gegründet hatte: das ab 2008 als Non-Profit-Organisation anerkannte International Committee of Russian Modernism, das sich 2009 in International Chamber of Russian Modernism (Incorm) umbenannte. Laut Statuten handelt es sich um eine Vereinigung von Kunsthistorikerinnen und wissenschaftlichen Experten, die sich die Stärkung der Sache der Russischen Avantgarde zur Aufgabe machen soll: Experten der Incorm, so hieß es in einem Schreiben der Präsidentin Patricia Railing, würden die höchsten ethischen Standards einhalten. Das sei besonders wichtig in einem gegenwärtigen Klima der unregulierten kunsthistorischen Praxis ohne Standards. Die Mitglieder der Incorm, so steht es im »Code of Good Practice« der Organisation, dürften deshalb auch nicht beraten, wenn es einen Interessenkonflikt oder kommerzielle Verbindungen gebe.

Erst im Laufe der Ermittlungen des BKA und des Prozesses

stellte sich heraus, dass die Gründung von Incorm auch auf die Initiative der beiden Angeklagten Galeriebetreiber Itzhak Z. und Mohammed W. und eines kunstinteressierten Franzosen zurückging. Die Gründungsveranstaltung sei im Wesentlichen von den SNZ Galeries finanziert worden, eine Mitarbeiterin der Wiesbadener Galerie habe als eine Art Generalsekretärin gedient. Die Angeklagten verfolgten damit auch wirtschaftliche Interessen, so stellte das Wiesbadener Gericht fest. SNZ hatte sich also eine eigene Organisation geschaffen, deren Mitglieder die Verkaufsware zertifizierten und zugleich sich selbst den Anschein besonderer Tugendhaftigkeit gaben. Wie zweifelhaft dabei vor allem die Präsidentin der Incorm, die britische Kunsthistorikerin Patricia Railing, vorging, sollte sich im weiteren Laufe des Prozesses zeigen.

Erfundene Provenienzen

Die SNZ Galeries versuchten Anfang der 2000er-Jahre auch in die höheren Kreise des internationalen Kunstmarkts vorzudringen – ohne Erfolg. Bilder wurden nach Auskunft einer Person aus dem Umfeld der Galerie auch international führenden Auktionshäusern wie Sotheby's, Christie's und Bonhams angeboten, seien aber aufgrund fehlender Provenienzen zurückgewiesen worden. Trotz alledem gelangten Bilder aus Wiesbaden in kleinere Auktionshäuser in Deutschland, Frankreich und der Schweiz. Marktexperten wunderten sich hier bereits 2007 über einen plötzlichen Boom der Russischen Avantgarde: Auktionshäuser in München oder in Stuttgart, die zuvor alle in diesem Segment kaum engagiert gewesen waren, veranstalteten fast zeitgleich plötzlich Spezialauktionen. Einzelne Werke der russischen Moderne wurden auch bei anderen Häusern in München, Hamburg oder Zürich angeboten. Besonders fiel dabei die Auktion des Auktionshauses Nagel vom 26. April 2007 auf. Gleich 56 Werke konnte die Stuttgarter Firma in einem Sonderkatalog anbieten. Die darin präsentierten Provenienzen suggerierten, dass Werke von einem Mitglied der KPdSU um 1946 an einen italienischen Genossen verkauft worden seien, mal wurden deutsche Privatsammlungen als Quelle angegeben.

»Totalen Blödsinn« nannte das der unabhängige russische Kunsthistoriker Konstantin Akinsha in der *ZEIT:* »Ausländer wurden damals in der Sowjetunion strengstens überwacht. Ihnen wäre es niemals möglich gewesen, von Stalin verfemte Kunst außer Landes zu bringen.«[14] Akinsha hatte für das US-Magazin *ARTnews* auch über einige der angeblichen Vorbesitzer recherchiert und herausgefunden, dass sie nicht existierten. Und er entdeckte für mehrere Dutzend der angebotenen Werke konkrete Vorbilder in Museen auf der ganzen Welt, denen sie offenbar nachgemalt worden waren.

Den im Katalog des Auktionshauses Nagel zitierten Experten, die ihre Gutachten zum Teil innerhalb nur weniger Tage in Paris und Berlin schrieben, war das entweder nicht aufgefallen, oder sie hielten es im Katalog nicht für erwähnenswert. Für das angebliche Larionow-Gemälde *Stillleben mit Hummer* steht zudem fest, dass es ein Experte an einem Tag begutachtet haben will, an dem es sich bereits seit acht Tagen im Lager des Auktionshauses befand. Von einem Besuch des Experten in diesem Lager ist aber nichts bekannt. Rund 1,4 Millionen Euro bekam SNZ nach der Auktion für die eingelieferten Werke in mehreren Tranchen zumeist in bar ausgezahlt.

Die Ermittlungen ergaben, dass auf einer im Auktionshaus Nagel angebotenen Papierarbeit, die angeblich von der Künstlerin Alexandra Exter stammen sollte, ein Frauenhut mit dem falschen Pigment gemalt worden war: »Orange 62« wurde erst 1960 von der Firma Hoechst patentiert – weshalb es die 1949 verstorbene Exter nicht verwendet haben kann. Schon vor der materialtechnischen Untersuchung hatte der Exter-Experte Andrei Nakov das Werk aus stilistischen Gründen als Fälschung entlarvt. Verurteilt wurden die beiden Angeklagten für diese Fälschung, die von Mohammed W. mit einer falschen Provenienz ausgestattet worden war, allerdings nicht. Ihnen konnte in diesem Fall nicht nachgewiesen werden, dass sie wissentlich mit einer Fälschung handelten. Möglicher Betrug mit den anderen Bildern, die in der Auktion bei Nagel – etwa mit der falschen Provenienz eines italienischen Barons – versteigert worden waren, stellten sich im Verfahren als strafrechtlich verjährt heraus. Auch vergleichbare Russen-Versteigerungen in einem Münchner Auktionshaus, bei denen Konstantin Akinscha viele der angebotenen Gemälde für nicht authentisch hält, spielten im Wiesbadener Prozess keine Rolle.

Das Ende der SNZ Galeries

Ursprünglich hatte die Anklage Z. und W. vorgeworfen, mit einem Dritten beim Betrug als Bande agiert zu haben – was die Verjährungsfrist im Betrugsfall von fünf auf zehn Jahre erhöht hätte. Doch der dritte Mann wurde entlastet; das Gericht sah keine Bande am Werk, alle Betrugsfälle, die länger als fünf Jahre zurücklagen, konnten deshalb strafrechtlich nicht mehr verfolgt werden.

Zum Problem wurden den Angeklagten jedoch neben anderen Bildern zwei Papierarbeiten: ein *Entwurf für Farbdynamiken* (1917–18) von Alexandra Exter, der angeblich in einer Pariser Galerie und dann in einer belgischen Privatsammlung gehangen haben soll; und Alexander Rodtschenkos *Aquarell zur Konstruktion* (1919), das laut der erfundenen Provenienz Stationen in einem sowjetischen Museum und einer Privatsammlung hinter sich hatte. Beide Papierarbeiten wurden einem Privatsammler, der beim Flanieren durch die Wiesbadener Innenstadt am Schaufenster der SNZ Galeries vorbeigekommen war, verkauft: das Aquarell zu einem Preis von 43 500, die Exter-Arbeit für 29 000 Euro.

Mit dem Bild von Rodtschenko erhielt der Sammler ein Exposé zur ausgedachten Provenienz sowie eine Expertise von

Patricia Railing. Am 7. Januar 2008 hatte sie die Echtheit kunsthistorisch positiv begutachtet, die Provenienz bestätigt und in ihrem Schreiben auch auf eine positive technische Analyse von Pigmenten und Papier hingewiesen. Dabei war gerade dieses Bild eines der wenigen Werke, die Erhard Jägers nach der Untersuchung als Fälschung aussortiert hatte. Bereits am 4. Dezember 2007 hatte der Chemiker dem Geschäftsführer der SNZ Galeries mitgeteilt, dass er in einer Probe des Bildes Phthalocyaninblau gefunden habe. Mit diesem Blau-Pigment hätte der Künstler frühestens nach der Einführung Mitte der 1930er-Jahre malen können – also gut ein Jahrzehnt nach dem angeblichen Entstehungsdatum von Rodtschenkos *Konstruktion* im Jahr 1919. Das Bild von Exter war auf einem Papier gemalt worden, das laut Gutachten zum angegebenen Entstehungsdatum noch gar nicht hergestellt werden konnte.

Trotz zahlreicher Verkäufe liefen die Geschäfte der SNZ Galeries offenbar nicht so gut wie gedacht. Um die Jahreswende 2009/2010 wurde das Ladengeschäft in der Wiesbadener Innenstadt geschlossen. Nach der Auflösung versuchte Mohammed W. laut Urteilsbegründung weiter im Auftrag von Itzhak Z., Kunstwerke aus dem sagenhaften Lager zu veräußern. Nun arbeitete man auch mit Sammlern und Zwischenhändlern zusammen, deren Geschäftsgebaren sich teilweise abenteuerlich anhört. Billig wirkende private Kataloge, die angebliche Provenienzen und tatsächliche Gutachten von Incorm-Mitgliedern zitieren, wurden gedruckt, um damit in Privathäusern Verkaufsausstellungen zu veranstalten.

Am Ende der dreijährigen Aufarbeitung im Prozess blieben nach langen Gefechten zwischen Staatsanwälten, Verteidigerinnen, Gutachtern und Zeuginnen schließlich sechs der neunzehn Werke aus der Anklage übrig, für die Itzhak Z. und Mohammed W. verurteilt wurden. Anderthalb Stunden lang begründete Richterin Ingeborg Bäumer-Kurandt am 15. März 2018 im Wiesbadener Landgericht ihr Urteil: Die Kammer sah die beiden Angeklagten des vollendeten gewerbsmäßigen Betrugs als überführt an. Verschiedene Bilder seien naturwissenschaftlich als Fälschungen identifiziert worden, an ihren Herkunftsgeschichten seien Zweifel angebracht. Die Angeklagten hätten dies gewusst und die Werke trotzdem als Originale verkauft. Deshalb verurteilte das Gericht Itzhak Z. zu zwei Jahren und acht Monaten Haft. Sein Mitangeklagter Mohammed W. erhielt sogar drei Jahre Haft – bei Drucklegung war sein Urteil allerdings noch nicht rechtskräftig. Zwei Gemälde aus dem Besitz von Z. wurden als sogenannte Tatmittel eingezogen, zusätzlich sechsstellige Eurosummen von beiden Verurteilten. Dass Mohammed W. die Provenienzen gefälscht hatte, hätten auch abgehörte Telefonate und seine eigenen Einlassungen im Rahmen eines »Deals« mit dem Gericht, durch den seine Strafe milder ausfiel, belegt. Unklar blieb im Prozess allerdings, wer die Werke gefälscht hatte. Spuren, die in diesem wie in anderen Fällen mit gefälschter Kunst nach Israel und Russland führten, verfolgte die Kammer nicht weiter.

Itzhak Z. schien, obwohl er auf der Anklagebank saß, das Urteil der Richterin nicht gehört zu haben – oder er ignorierte deren Ausführungen einfach. Denn noch im Gerichtssaal ließ sein britischer PR-Berater eine vorbereitete Erklärung verteilen: »Ich freue mich, dass sich die gegen mich und meine Bilder erhobenen Behauptungen als haltlos erwiesen haben.« Die zweite Mitteilung folgte noch am selben Abend per E-Mail: »Mehr als 1800 Werke, die 2013 von deutschen Behörden beschlagnahmt worden waren«, seien nun vom Gericht »als authentisch akzeptiert worden«. Außerdem habe das Gericht »die Existenz eines internationalen Kunstfälscherrings zurückgewiesen«.

Auf Anfrage schrieb eine Sprecherin des Wiesbadener Gerichts, dass man keineswegs 1800 Bilder für echt erklärt habe. Gegenstand des Verfahrens seien schließlich lediglich 19 Werke gewesen. Über die Echtheit der restlichen Bilder könne man nichts sagen. Im Herbst 2019, so berichtete ein Experte, seien viele der Bilder in London wieder angeboten worden. Auf Fragen auch zu dem Verbleib der Werke reagierte der Frankfurter Anwalt von Itzhak Z. bis zur Drucklegung dieses Buches nicht.

Das Verschwinden der Originale

Die Richter in Wiesbaden hatten in ihrem Urteilsspruch auch einige der Gutachter und Experten gerügt, die im Prozess als Zeugen aufgetreten waren. Deren Urteile, so die Kammer, schienen oft interessengeleitet zu sein. So habe ein Sachverständiger nach eigener Aussage gegen Erkenntnisse aus naturwissenschaftlichen Untersuchungen ausnahmslos jedes ihm vorgelegte Werk für echt erklärt. Bei manchem kunsthistorischen Sachverständigen seien durchaus Zweifel an der Seriosität und professionellen Vorgehensweise angezeigt, heißt es weiter im Urteil: Der Einschätzung der Angeklagten und der Verteidigung, bei der Sachverständigen Patricia Railing handele es sich um eine besonders seriöse kunsthistorische Expertin, hätten die Richterinnen so nicht folgen können.

»Das Original, es ist am Verschwinden«, hatte schon nach den Festnahmen der beiden Männer Andrei Nakov gesagt,[15] der in den vergangenen Jahrzehnten unter anderem für Werkverzeichnisse zu Kasimir Malewitsch und Alexandra Exter recherchiert hat – und bei manchen Experten selbst als umstritten gilt. Täglich bekomme er Fotos von angeblich neu aufgefundenen Werken dieser Künstler per E-Mail zugeschickt, die Zahl der Fälschungen sei schier unendlich. Die E-Mails mit all den Fotos industriell produzierter suprematistischer Kompositionen lösche er meist schon nach dem ersten Blick darauf. Er versuche, sich seine Freude an den Bildern nicht von Fälschungen verschmutzen zu lassen.

Der Modigliani-Mythos – wie die Klassische Moderne systematisch gefälscht wird

Maria und *Céline* gaben den Ausschlag – obwohl sie eigentlich noch niemand hatte sehen können. Trotzdem schien irgendjemand schon 44 Tage vor der offiziellen Ausstellungseröffnung zu wissen, dass ihre Porträts ab März 2017 im Palazzo Ducale in Genua zu sehen sein würden – und dass sie mit großer Wahrscheinlichkeit gefälscht sind. Der oder die Unbekannte schickte dem Kunstsammler und Modigliani-Kenner Carlo Pepi die Abbildung *Célines,* eines angeblichen Modigliani-Gemäldes: eines jener berühmten liegenden Akte, für die heute auf Auktionen mehr als 100 Millionen Dollar gezahlt werden. Dieser allerdings schien Pepi seltsam: das Gesicht war ausdruckslos, die Frisur wirkte wie angeklebt, der hinter den Kopf gelegte linke Arm war anatomisch ebenso falsch wiedergegeben wie das angewinkelte linke Bein. »Fälschung«, antwortete der damals 72-Jährige über seine Website zum Gemälde *Liegender Akt (Céline Howard)*. Als die Ausstellung eröffnet und der Katalog veröffentlicht war, benannte Pepi, ein ehemaliger Unternehmer, der in Crespina bei Pisa ein Privatmuseum betreibt, weitere zweifelhafte Gemälde: ein weiteres Frauenporträt mit dem Titel *Maria* zum Beispiel, das wie *Céline* nicht zum ersten Mal als angeblicher Modigliani ausgestellt wurde.[16] Wenig später bestätigte der französische Modigliani-Experte Marc Restellini den Verdacht, indem er weitere Fälschungen identifizierte. 21 Gemälde beschlagnahmte die Polizei schließlich, als die Ausstellung drei Tage vor ihrem eigentlichen Ende vorzeitig geschlossen wurde. Ein halbes Jahr später wies die von der Staatsanwaltschaft mit naturwissenschaftlichen Analysen beauftragte Restauratorin

Isabella Quattrocchi nach, dass weder die malerische Handschrift noch die verwendeten Farbpigmente zu Modigliani passten: »Es handelt sich um unbeholfene Fälschungen.« Gegen mindestens sechs Verdächtige leitete die italienische Polizei Ermittlungen ein – unter ihnen Ausstellungskurator Rudy Chiappini, der Direktor der zu einem bekannten Kunstbuchverlag gehörenden Ausstellungsfirma Mondo Mostre Skira, Nicolò Sponzilli, der Präsident des Unternehmens, Massimo Vitta Zelman, und der in New York lebende, in Ungarn geborene Kunsthändler Joseph Guttmann. Vor Genua war die Ausstellung bereits an anderen Orten zu sehen gewesen. Im Herbst 2019 hatte die Staatsanwaltschaft noch nicht entschieden, ob die Beweise für eine Anklage wegen Betrugs und des Inverkehrbringens von Kunstfälschungen ausreichten.[17] Bislang galten die Verdächtigen deshalb als unschuldig.

Wenn es einen Künstler der Klassischen Moderne gibt, dessen Auktionspreise in den vergangenen Jahren in geradezu astronomische Höhen emporgeschnellt sind, so ist es der Italiener Amedeo Modigliani (1884–1920). Für die Preise, die seine Gemälde bei Auktionen, aber auch bei den diskreten »Private Sales« zurzeit erzielen können, scheint es nach oben keine Grenzen zu geben. Im November 2015 ersteigerte der chinesische Sammler Liu Yiqian bei Christie's in New York Modiglianis Aktgemälde *Nu couché* von 1917/18 für 170,4 Millionen Dollar. Im Mai 2018 erzielte ein anderer *Liegender Akt (auf der linken Seite)* bei Sotheby's 157,2 Millionen Dollar. Der irische Pferdezüchter John Magnier hatte 15 Jahre zuvor 26,9 Millionen Dollar dafür bezahlt. Seither stiegen die Preise für Modiglianis Gemälde kontinuierlich. November 2010: 68,9 Millionen Dollar für den sitzenden Akt *La Belle Romaine* und 19,1 Millionen Dollar für ein Bildnis von Modiglianis Geliebter Jeanne Hébuterne. Im Juni desselben Jahres hatte eine seiner nur 26 erhaltenen Sandsteinskulpturen in Paris 43,2 Millionen Euro erzielt. Ein weiteres Exemplar wechselte im Mai 2019 für 34,3 Millionen Dollar den Besitzer. 2014 hatte der Schweizer Kunsthändler Yves Bouvier für 118 Millionen Dollar in einer privaten Transaktion das Aktbild *Nu couché au coussin bleu* von 1916 an den russischen Sammler Dmitri Rybolowlew verkauft.

Das Leben des Italieners – ähnlich wie das seines Kollegen Vincent van Gogh – taugt bestens dazu, dem Kunstmarkt jene Mythen zu liefern, mit denen sich so wunderbar Kunstwerke verkaufen lassen: ausschweifendes Leben in der Pariser Künstler-Boheme am Montmartre, Skandale um seine Aktbilder, wechselnde Beziehungen, Alkohol und Drogen, tragische Erkrankung an Tuberkulose – schließlich der frühe Tod mit nur 35 Jahren und dadurch nur relativ wenig verfügbare wichtige Werke. Wer ein teures Bild erwirbt, bezahlt immer auch dafür, Teil der Kunstgeschichte zu sein. Und je dramatischer sich deren Episoden erzählen lassen, desto höhere Preise lassen sich bei geschicktem Marketing erzielen. Steigende Preise bringen aber immer auch die Gefahr mit sich, dass auch die Zahl der Fälschungen einer Künstlerin oder eines Künstlers steigt.

Wer eine Ausstellung mit Werken von Amedeo Modigliani verantwortet, geht deshalb schon seit vielen Jahren ein hohes Risiko ein. Das gilt nicht für die zu erwartenden Besucherströme: Modiglianis seltsam unwirkliche Porträts, die so viel vom Wesen des Gemalten zu verraten scheinen, ziehen auch fast einhundert Jahre nach dem frühen Tod des Malers die Massen an. Wenn dann auch noch einige jener großformatigen Akte zu sehen sind, die schon 1917 in der Galerie Berthe Weill in Paris einen Skandal und fast die Schließung der Ausstellung auslösten, gibt es gar kein Halten mehr, und neue Besucherrekorde rücken in greifbare Nähe. Modiglianis Porträts – seine Landschaftsbilder lassen sich an den Fingern einer Hand abzählen, Stillleben sind gar nicht bekannt – wurden vor Langem schon zu einer Marke mit hohem Wiedererkennungswert. Sie psychologisieren zwar, sie polarisieren aber nicht, weil ihr Maler immer das Ziel der

Wiedererkennung verfolgte. Die Bilder Modiglianis verstören den Betrachter nicht allzu sehr, man kann sie nicht verspotten – sie sind auf angenehme Weise mehrheitsfähig, ohne nur glatt oder allzu gefällig zu sein.

Ein Risiko ist Modigliani seit vielen Jahren aber in kunsthistorischer Sicht. Kaum ein Maler der Klassischen Moderne ist so häufig gefälscht worden wie er – und immer noch gibt es keinen verbindlichen Kanon seiner authentischen Werke. Mindestens fünf Werkverzeichnisse konkurrieren miteinander. Ein sechstes ist in Arbeit, der Erscheinungstermin wurde bereits mehrfach verschoben; außerdem plant ein Onlineprojekt die Veröffentlichung aller authentischen Werke – und natürlich beansprucht jede Autorin und jeder Autor für sich, den definitiven Catalogue raisonné vorgelegt zu haben. In den vergangenen Jahren wurden Ausstellungen geschlossen, Bücher und Kataloge als unseriös kritisiert, Gemälde in letzter Sekunde von Auktionen zurückgezogen, hohe Bestechungsgelder angeboten und sogar Morddrohungen ausgesprochen – weil immer wieder der Verdacht geäußert wurde, dieses oder jenes Bild und diese oder jene Zeichnung seien bestenfalls eine zeitgenössische Kopie, um nicht das böse Wort Fälschung in den Mund zu nehmen. Vor Modigliani zittert die Kunstwelt ebenso stark wie der Kunsthandel, und nicht selten sind beide in der Vergangenheit ungute Allianzen eingegangen. Vergleichbar häufig ist das im 20. Jahrhundert sonst eigentlich nur bei Plastiken. Um Auguste Rodin und Edgar Degas gab es entsprechende Fälschungsskandale; vor allem aber um den Schweizer Bildhauer Alberto Giacometti. 2015 gestand der Niederländer Robert Driessen vor dem Landgericht Stuttgart, mehr als 1000 Giacometti-Skulpturen gefälscht zu haben. Seine Komplizen – von denen sich einer als »Reichsgraf von Waldstein«, ein angeblicher Freund des Künstlerbruders Diego, ausgab – behaupteten, die Plastiken seien von den Giacometti-Erben heimlich zurückbehalten worden. Sie fälschten nicht nur Zertifikate, sondern ließen sogar eigens ein Buch mit dem Titel *Diegos Rache* produzieren. Der Gesamtschaden betrug 4,75 Millionen Euro.

Bei Modigliani ist es sinnvoll, dessen anhaltende Mythisierung zu untersuchen. Er ist weder der erste noch der einzige Künstler des ausgehenden 19. und beginnenden 20. Jahrhunderts, bei dem Legenden die historische Wirklichkeit und den Werkprozess so stark überlagerten, dass in biografischer wie in künstlerischer Hinsicht Dichtung und Wahrheit seit Langem verschwommen sind. Dass der Mythos das Marketing der Klassischen Moderne war,[18] beschrieb der amerikanische Kunsthistoriker Robert Jensen sehr pointiert: »Um moderne Künstlerinnen und Künstler am Markt zu positionieren, mussten ihre Händler, Kritiker und Kunsthistoriker erst einmal deren historische Legitimität etablieren. Dieses historiografische Unternehmen war ebenso Teil des Handels mit Impressionisten wie die stetig verfeinerten Techniken der Kunsthändler, nicht nur einzelne Bilder, sondern ganze Laufbahnen zu promoten. Und das nicht nur durch konventionelle Öffentlichkeitsarbeit, sondern durch sorgfältig zusammengestellte Ausstellungen und eine Art von persönlicher Überzeugungskraft, die mal die Spekulationslust und mal die Kennerschaft des möglichen Kunden ansprach, des *Amateurs.*«[19]

Es galt, den Künstler, um ihn aus der Masse des Angebotes herauszuheben, entweder als bereits historische Figur zu etablieren – oder als absolut singuläre Erscheinung seiner Zeit. Die biografische und soziologische Darstellung gewann damit, als der bürgerliche Kunstmarkt entstand, zunehmend an Bedeutung – und in einigen Fällen sogar die Überhand. So wichtig wie das Œuvre eines Künstlers wurde in vielen Fällen seine Vita – vorausgesetzt, sie konnte den jeweiligen Künstler aus der Masse der Kunstproduzenten herausheben.

Es gibt diese Handvoll Künstler, zu denen jeder eine Geschichte erzählen kann. Renoir gehört zu ihnen, der sich in seinen letzten Schaffensjahren die Pinsel mit Mullbinden an die arthritisch verkrüppelten Hände binden lassen musste. Oder Monet, dessen Augenlicht so stark nachließ, dass er kaum noch die großen Seerosenbilder für das Pariser Orangerie-Museum vollenden konnte. Vincent van Goghs angeblich abgeschnittenes Ohr zählt zu den Künstleranekdoten, die sich im Laufe der Jahrzehnte tief ins kollektive Mythengedächtnis eingegraben haben. Und das tragische frühe Ende von Amedeo Modigliani, dem seine schwangere Geliebte Jeanne Hébuterne einen Tag später in den Tod folgte.

Es ist kein Zufall, dass das Aufkommen dieser nach wie vor populären Legenden zeitlich zusammenfällt mit dem Aufstieg des internationalen Kunstmarktes. Als es sich das aufgeklärte Bürgertum leisten konnte, die Wände der eigenen Wohnungen mit Gemälden zu dekorieren, mussten die Galeristen Argumente finden, um die neuen Käufer von den jeweils durch sie vertretenen Künstlern zu überzeugen. Das konnte über die Qualität der angebotenen Werke geschehen. Eine zusätzliche Möglichkeit bot die am Ende des 19. Jahrhunderts rasant ansteigende Zahl von Kunstzeitschriften. In ihnen ließen sich Geschichten erzählen, die potenziellen Kunstkäufern die Möglichkeit boten, auch am Leben der Maler teilzuhaben. Je tragischer, romantischer, mythischer die Geschichten über sie ausfielen, desto stärker schienen auch ihre Werke an Bedeutung zu gewinnen.

In der Kunstgeschichte beginnen Mythen und Legenden häufig mit einem Stück Papier und einer authentischen Erinnerung – daran hat sich auch in den vergangenen 100 Jahren nicht viel geändert. Weil schon damals ein gutes Bild die Wirklichkeit weder wiedergeben wollte noch konnte, bedurfte es schon zu Beginn des vergangenen Jahrhunderts hin und wieder eines handfesten Dokumentes, um wenigstens seinem Schöpfer die Aura des Realen zu verleihen. Gäbe es heute keinen schriftlichen Beleg seiner Existenz, wäre der eine oder andere Maler sonst vielleicht längst in der von ihm gemalten irrealen Welt verschwunden.

Es gibt einen klaren Zusammenhang zwischen diesen Mythen, die einen Künstler meist schon bald nach seinem Tod verklärten, und dessen zunehmendem Markterfolg und dem Bedarf nach Fälschungen, die nötig wurden, um die systematisch gesteigerte Nachfrage decken zu können. Um diesen Zusammenhang zu verstehen, ist es aufschlussreich, die Parallelen zwischen Modigliani und der anderen großen mythifizierten Künstlerpersönlichkeit der Klassischen Moderne, Vincent van Gogh[20], etwas genauer zu untersuchen.

Beide Künstler starben jung und unter tragischen Umständen: Modigliani war 35 Jahre alt, als er an einer tuberkulösen Hirnhautentzündung starb, van Gogh 37 Jahre alt, als er sich eine Kugel in den Leib schoss, die ihn zwei Tage später tötete. Beide Maler führten ein ausschweifendes Leben mit Bordellbesuchen und Drogenkonsum. Beide erhielten zu Lebzeiten nur eine einzige publizierte Kritik. Der Italiener erlebte eine einzige Soloausstellung seiner Gemälde 1917 in der Pariser Galerie Berthe Weill, bei der er nur zwei Zeichnungen für jeweils 30 Franc verkaufte. Bei van Gogh lassen sich die Verkäufe zu Lebzeiten – es waren mehr als nur das immer wieder zitierte angeblich eine Gemälde – an den Fingern zweier Hände abzählen. Beiden Männern wird ein Desinteresse an Erfolg und materiellen Angelegenheiten unterstellt. Bei beiden setzten künstlerische Anerkennung und damit materieller Erfolg kurz nach dem Tod ein. Die angebliche Erfolglosigkeit beider Maler zu Lebzeiten lässt sich damit begründen, dass sie gerade in ästhetischer Hinsicht absolute Einzelgänger waren. Zwar absolvierten sowohl van Gogh als auch Modigliani eine kurze akademische Ausbildung. Relativ schnell fanden aber beide zu ihrem jeweils eigenen Malstil mit hohem Wiedererkennungswert. Keiner von beiden hinterließ Schüler, die diesen Stil fortgesetzt hätten. Unter anderem deshalb gelten beide Œuvres bis heute als einzigartig. Und schließlich begann auch die Verklärung beider Künstlerpersönlichkeiten schon unmittelbar nach ihren Begräbnissen – mit persönlichen Erinnerungen, die dieses Ziel gar nicht bewusst verfolgten.

Mit jenen des Malers Émile Bernard zum Beispiel, der das Begräbnis seines Freundes Vincent van Gogh im Juli 1890 in Auvers bei Paris beschrieb. So sachlich und doch so bewegend schilderte Bernard die Szene, dass sie der Hollywood-Regisseur Vincente Minelli 66 Jahre später fast unverändert in das Drehbuch seiner Van-Gogh-Verklärung *Ein Leben in Leidenschaft* übernehmen konnte, der den Van-Gogh-Mythos in der Nachkriegsgesellschaft festschrieb: »Um drei Uhr wurde der Körper emporgehoben. Seine Freunde trugen ihn zum Leichenwagen. Verschiedene Menschen weinten – Theodorus van Gogh, der seinen Bruder bewundert hatte, der ihn in seinem Kampf für die Kunst und die Unabhängigkeit immer unterstützt hatte, hörte nicht auf, schmerzlich zu schluchzen. Die Sonne draußen war schrecklich heiß. Wir stiegen den Hügel von Auvers hinauf und sprachen über ihn, über den starken Vorwärtsschub, den er der Kunst gegeben hatte, über die großartigen Projekte, die ihn immer beschäftigt hatten, über das Gute, das er jedem von uns gab. An die Wände des Zimmers, in dem er aufgebahrt lag, waren all seine letzten Gemälde genagelt worden, sie formten eine Art Heiligenschein um ihn herum und machten – durch die Brillanz des Genies, das aus ihnen leuchtete – diesen Tod für uns Künstler noch schmerzhafter. Auf dem Sarg lag ein einfaches weißes Tuch, dann Unmengen von Blumen, Sonnenblumen, die er so sehr liebte, gelbe Dahlien, gelbe Blumen überall. Das war seine Lieblingsfarbe, Symbol des Lichtes, von dem er in den Herzen wie in den Bildern träumte. Nahe bei ihm hatte man auch seine Staffelei, seinen Klappstuhl und seine Pinsel auf den Boden vor seinem Sarg gelegt.«[21]

Über den Tod von Amedeo Modigliani gibt es einen ähnlich bewegenden Brief, der als Gründungsdokument seines Mythos gelten kann. Der polnische Dichter Léopold Zborowski, der auch Modiglianis Kunsthändler war, schrieb ihn am Tag des Künstlerbegräbnisses, dem 31. Januar 1920, an Modiglianis Bruder Emmanuel. Der Anlass war profan: Zborowski musste den in Italien lebenden Verwandten des Verstorbenen davon überzeugen, dass er sich künftig um Modiglianis Tochter Jeanne zu kümmern habe. Tatsächlich aber legte er damals unbewusst den Grundstein für ein mythisches Modigliani-Mausoleum, dessen Grundfeste trotz neun Jahrzehnten kunsthistorischer Forschung bis heute unerschüttert blieben:

»Seit heute ruht Amédée, mein teuerster Freund, auf dem Friedhof Père Lachaise, nach Ihrem und unserem Wunsch bedeckt mit Blumen. Die gesamte künstlerische Jugend hat unserem teuren Freund und einem der begabtesten Künstler unserer Epoche ein bewegendes und triumphales Geleit gegeben.

Es ist einen Monat her, dass Amédée große Sehnsucht hatte, mit seiner Frau und seinem Kind nach Italien aufzubrechen. Er wartete nur auf die Entbindung seiner Frau – das Kind, das erwartet wurde, wollte er in Frankreich bei der Amme lassen, bei der im Augenblick auch seine Tochter Giovanna [d.i. Jeanne Modigliani, Anm. d. Verf.] ist.

Seine Gesundheit, die immer fragil war, begann in dieser Zeit beunruhigend zu werden. Meine Ratschläge, sich sofort in ein Sanatorium in der Schweiz zu begeben, blieben ohne Folgen. Wenn ich ihm sagte: ›Deine Gesundheit ist schlecht, gib auf sie Acht‹, behandelte er mich in diesen Momenten wie einen Feind und sagte: ›Werde nicht moralisch.‹ Er war ein Kind der Sterne, und die Wirklichkeit existierte nicht für ihn. Trotzdem ließ nichts erahnen, dass die Katastrophe so nah war. Er hatte Appetit; er ging spazieren und war guter Laune. Er klagte niemals über eine versteckte Krankheit.

Zehn Tage vor seinem Tod musste er sich ins Bett legen und bekam plötzlich starke Nierenschmerzen. Der Arzt, der kam, diagnostizierte eine Nierenentzündung (vorher wollte er niemals einen Arzt sehen). Er litt an diesen Nieren, sagte aber, das werde bald vorbeigehen. Der Arzt kam jeden Tag. Am sechsten Tag seiner Krankheit bin ich selbst krank geworden, und meine Frau hat ihn am Morgen besucht. Als sie zurückkam, erfuhr ich, dass Modigliani Blut spuckte. Man holte schnell den Arzt, der erklärte, man müsse ihn schnell in ein Krankenhaus bringen, damit das Bluten aufhöre. Zwei Tage später hat man ihn in ein Krankenhaus gebracht – ohne Bewusstsein. Man hat alles getan, was möglich war, seine Freunde und ich haben mehrere Ärzte angerufen. Aber eine tuberkulöse Hirnhautentzündung war ausgebrochen, die ihn seit Langem schon ausgezehrt hatte, ohne dass ein Arzt sie hätte feststellen können. Modigliani war verloren.

Zwei Tage danach, am Samstag um 8 Uhr 50 am Abend, ist Ihr Bruder gestorben – ohne zu leiden und ohne Bewusstsein.

Sein letzter und großer Wunsch war es, nach Italien aufzubrechen. Er hat oft und viel von Ihnen und seinen Eltern gesprochen. Seine unglückselige Frau hat ihn nicht überlebt. Am Tag nach seinem Tod, um vier Uhr am Morgen, hat sie sich bei ihren Eltern aus dem Fenster in der fünften Etage gestürzt und war sofort tot.

Welche Tragödie, mein teurer Modigliani. Ich kann kaum glauben, dass ich noch gerade mit den beiden zusammen gewesen bin, dass wir geredet und gelacht hatten und ich sagte, ich würde sie in Italien besuchen.

Seine wundervolle Tochter, die nun 14 Monate alt ist, bleibt, nicht weit entfernt von Paris, bei der Amme, zu der Modigliani und seine Frau sie gegeben hatten. Drei Wochen vor seinem Tod stand Modigliani, als hätte er seinen Tod geahnt, um sieben Uhr am Morgen auf. Das war für ihn sehr ungewöhnlich. Er wollte seine Tochter sehen. Als er zurückkehrte, war er sehr glücklich. Inzwischen bin ich es, der sich um sie kümmert. Aber um die Eltern zu ersetzen, sind Sie die einzigen. Meine Frau und ich nähmen sie freiwillig als Tochter an – aber Amédée hat immer den Wunsch geäußert, dass sie in Italien in seiner Familie aufwachsen solle.

Seien Sie wegen der Kleinen ganz unbesorgt. In einigen Tagen werde ich sie mit meiner Frau sehen. Sie ist in jedem Fall bei guter Gesundheit und beginnt zu laufen. (...)

Als Hommage an Modigliani hat sich ein kleines Komitee gegründet, das Bilder von verschiedenen Malern zusammenträgt, um sie zugunsten seiner Tochter zu verkaufen. Das wird wahrscheinlich zwischen 25 und 30 000 Franc ergeben, die Sie im Namen der Kleinen annehmen können. Weil das eine Huldigung der Maler an ihren Vater ist.

Ihr sehr ergebener
Léopold Zborowski
3 rue Joseph Bara
Paris VI«

Aus diesem Stoff werden jene Mythen gemacht, die der internationale Kunstmarkt bis heute benötigt, um über das Leben eines Künstlers auch dessen Werke verkaufen zu können. Es gab noch keine Illustrierten, in denen Homestorys aus den Ateliers der Malerstars hätten erscheinen können, keine massenwirksam vermarkteten Auktionen, über deren Rekordergebnisse man hätte berichten können, kein Fernsehen und kein Internet, über die sich die Kunde vom neuen Stern am Kunsthimmel in Windeseile weltweit hätte verbreiten lassen können. Was bei Damien Hirst und Jeff Koons heute professionelle Marketingagenturen übernehmen, mussten Verwandte und Freunde liefern: die PR, die schon damals nötig war, um den einzelnen Maler aus der Masse seiner Kollegen hervorzuheben und verkäuflich zu machen. Ein tragisches Leben, das früh geendet hatte, war dafür nicht die schlechteste Voraussetzung.

Frühe Fälschungsflut

Fast schien es im Falle Amedeo Modigliani, als könnte sein Werk vergessen werden. Einen Tag nach seinem Tod hatte sich auch seine Frau, die das Werk hätte bekannt machen können, aus Verzweiflung das Leben genommen. Die Tochter Jeanne lebte bald darauf, nicht einmal anderthalb Jahre jung, in der italienischen Provinz bei Verwandten, die zu den führenden Kunstmärkten in Paris, Berlin und New York überhaupt keine Verbindung hatten. Was also blieb, waren die Pariser Künstler- und Malerfreunde und die beiden Händler, die Modiglianis Werk hauptsächlich vertraten. Schon 1914 hatte der Kunsthändler und -sammler Paul Guillaume, der in seiner kleinen Pariser Galerie anfangs vor allem afrikanische Stammeskunst anbot, Modigliani unter Vertrag genommen. Seine Galerie wurde in Paris schnell zu einem der wichtigsten Orte für zeitgenössische Kunst,[22] weil es dem Händler nicht allein darum ging, mit dem Verkauf von Kunstwerken Geld zu verdienen. Guillaume wollte auch die von ihm vertretenen Künstler – unter ihnen André Derain, Henri Matisse, Chaim Soutine – finanziell und moralisch unterstützen. Auf einem Porträt, das Modigliani 1915 von seinem Galeristen malte, bezeichnete er seinen Händler als »Novo Pilota« – als »neuen Steuermann«.[23] Guillaume war es auch, der Modigliani mit dem in Paris lebenden bulgarischen Plastiker Constantin Brâncuşi bekannt machte und ermunterte, selbst ebenfalls als Bildhauer zu arbeiten. Wegen seiner schlechten Lungen und der Staubbelastung beim Steinhauen gab Modigliani den Versuch aber bald wieder auf. Später kündigte Guillaume seinen Vertrag mit Modigliani, und Léopold Zborowski übernahm die Aufgabe, Käufer für dessen Bilder zu finden.

Gerade Modiglianis Pariser Umfeld war es allerdings auch, das sich ganz aktiv an der wundersamen Vermehrung von dessen

Werken beteiligte. Kurz nach Modiglianis Tod geschah dies, um den Ruhm des Freundes zu mehren und dessen Tochter wirtschaftlich abzusichern. Dass seine Bilder schon Jahre vorher von seinen Freunden kopiert wurden, lässt sich dagegen nur mit deren eigener desolater finanzieller Situation im Paris der 1910er-Jahre erklären. Erst nach dem Zweiten Weltkrieg beteiligten sich dann auch andere mit durchaus hoher krimineller Energie am lukrativen Geschäft mit den Bildern des toten Malers.

Freundschaftsdienste

Ausgerechnet Léopold Zborowski, der Modigliani zu Lebzeiten nach Kräften zu unterstützen versucht hatte, gilt einigen Kunsthistorikern als der Erste aus dem Umfeld des Malers, der dafür verantwortlich ist, dass schnell zweifelhafte Werke in Umlauf kamen. Der Freund und Händler soll andere Freunde und Kollegen von Modigliani dafür bezahlt haben, dessen unvollendet gebliebene Bilder einfach weiterzumalen. Später habe er sie auch gebeten, eigene Werke in Modiglianis Stil zu malen und mit dessen Namen zu signieren. Der französische Maler Fernand Léger, der zu dieser Zeit mit Daniel-Henry Kahnweiler bereits einen festen Galeristen hatte, erinnerte sich nach dem Krieg in einem Gespräch mit der Kunsthistorikerin und Kritikerin Dora Vallier daran, dass das Vollenden und Fälschen von Werken populärer Maler in Pariser Künstlerkreisen schon zu Modiglianis Lebzeiten gängige Praxis und eine gute und selbstverständliche Möglichkeit zum Geldverdienen war[24]: »Eines Tages sagte ein Kollege zu mir: ›Willst Du Geld verdienen?‹ – ›Natürlich!‹, sagte ich, ›aber wie?‹ Der andere wurde geheimnisvoll: ›Ich kann's dir nicht sagen.‹ – ›Los, sag's!‹ Er zögerte. ›Also hör zu, ich retouchiere alte Bilder, Corot … Wenn du willst, kann ich dich einmal vorstellen.‹ Zwei Tage später führte er mich in einen dreckigen Laden, dreckig ist gar kein Ausdruck dafür. Ich verstehe nicht, dass es Kunstliebhaber gibt, die in einem solchen Staub Bilder kaufen. Man könnte sogar sagen, je mehr Staub es hat, je dreckiger es ist, umso zufriedener sind sie. Ein altes Mannchen empfing uns. Es war der Besitzer. Er zeigte mir ein paar ganz düstere Landschaften, mit kleinen Figuren, die man fast nicht mehr sah, und er fragte mich, ob ich die Figuren mit ein paar Retouchen wieder hervorheben könnte. ›Es ist ein Bild von Corot, das sehr gelitten hat, geben Sie mir aber gut acht‹, sagte er mir, als er es mir anvertraute. Anderntags brachte ich ihm das Bild: die Figuren waren schön ordentlich am Platz. Er schien mit mir zufrieden, er bezahlte mich sofort. Ein paar Tage später sagte mir mein Kollege, der Händler wolle uns wieder sprechen. ›Ich sah sofort, dass Sie Talent haben‹, meinte er, ›diesmal will ich Ihnen eine heiklere und natürlich auch besser bezahlte Arbeit anvertrauen. Sehen Sie dieses Bild? – es war wiederum ein Bild in der gleichen Art – Sie müssen hier rechts eine Figur hinstellen.‹

Doch diesmal stieg mir etwas auf. Ich nahm das Bild und verschwand, ohne ein Wort zu sagen. In meinem Kopf arbeitete es ununterbrochen. Früh am andern Morgen ging ich zum Händler. Er hatte mich nicht erwartet. Er kam ganz erstaunt aus dem hintern Ladenraum, und mit einem Schlag hatte ich alles verstanden. Ein schrecklicher Geruch von verbranntem Öl erfüllte den Laden. Es gab keinen Zweifel mehr. Hier wurden Bilder gefälscht, und er war eben damit beschäftigt, das Bild auf einem Gasrechaud zu braten, um den Farben Patina zu geben. ›Sie hätten mir sagen können, dass es Fälschungen sind!‹ – ›Was? Wie?‹ Er schien aus den Wolken zu fallen. ›Sie braten doch nicht Schaffleisch!‹ Ich war wütend. Er hatte keine Ausrede mehr. Er erklärte mir, mein Kollege fabriziere die ›Corot‹-Landschaften, aber sei nicht geschickt genug, um die Figuren zu machen. Er offerierte mir acht Francs täglich, wenn ich ihm ›Corot‹ machen wollte. Und so machte ich fünfundzwanzig, vielleicht sogar dreißig falsche Corot … Vielleicht existieren sie heute noch. Ich habe sie jedenfalls nie mehr gesehen.

Dagegen sah ich die falschen Modigliani, die Kollegen von mir gemacht hatten, in Amerika wieder. Ich musste früher einmal beurteilen, ob diese Fälschungen gut gemacht seien, und ich muss sagen, sie waren sehr gut gemacht. Meine Kollegen entlehnten bei Modigliani ein Bild, ›um es anzuschauen‹, wie sie sagten, und wenn sie es dann im Atelier hatten, machten sie eine Kopie. Wenn sie damit fertig waren, stellten sie die Kopie neben das Original und riefen mich dazu. Ich konnte so gut hinschauen, wie ich wollte, ich wusste nicht, welches gefälscht und welches echt war. Deshalb sagte ich zu ihnen: ›Hört doch, Ihr müsst immerhin ein Zeichen machen, damit man sie unterscheiden kann.‹ Und sie machten einen kleinen Bleistiftpunkt ins Chassis der Fälschung. Diesen Bleistiftpunkt traf ich in Amerika wieder an … So war das Leben!«[25]

Neuanfang nach dem Krieg

Gefälscht allerdings wurde schon damals nur der Künstler, für den es auch einen Käufermarkt gab. Der Umstand, dass die von Léger zitierten Freunde sich schon, als er noch lebte, bei Modigliani Werke aus dem Atelier holten, um sie – sicher gegen Honorar – zu kopieren und weiterverkaufen zu lassen, deutet also darauf hin, dass dieser keinesfalls so erfolglos geblieben war, wie es zahlreiche Biografen nach seinem Tod behaupteten.

Léopold Zborowski erwarb aus Modiglianis Nachlass alle Skizzen, Zeichnungen, Skulpturen und Gemälde, die zu finden waren.[26] Dadurch hatte er in den folgenden Jahren das Monopol auf einen Künstler, dessen Bekanntheitsgrad rasant anstieg. Im Winter 1922/23 kam der amerikanische Pharmamillionär Albert C. Barnes nach Paris, um für sein Privatmuseum in Merion Station bei Philadelphia einzukaufen. Bei Zborowski erwarb er neben 52 Arbeiten von Chaim Soutine auch ein Konvolut von 16 Modigliani-Gemälden. Sie bilden bis heute eine der größten zusammenhängenden öffentlichen Modigliani-Sammlungen weltweit. Unter anderem durch diesen spektakulären Ankauf, der schnell bekannt wurde, stiegen die Preise für Modiglianis Werke dramatisch an, und Léopold Zborowski wurde zu einem wohlhabenden Mann. Seinen Reichtum allerdings konnte der Kunsthändler nicht lange genießen. Im Zuge der Weltwirtschaftskrise verlor er 1929 fast sein gesamtes Vermögen. Als Zborowski 1932 in Paris, auch nur 43 Jahre alt, starb, musste er in einem Armengrab bestattet werden.

Der Zweite Weltkrieg unterbrach alle weiteren Verkäufe. In Deutschland und im zeitweise von den Deutschen besetzten Frankreich galt Amedeo Modigliani offiziell als nicht mit den NS-Kunstvorstellungen konform. Aus der Berliner Nationalgalerie wurde eines der schönsten Porträts, das er von seiner Frau Jeanne Hébuterne gemalt hatte, von einer Beschlagnahmekommission entfernt. Am 30. Juni 1939, acht Wochen vor Beginn des Zweiten Weltkrieges, ließ es die deutsche Regierung in der Galerie Fischer in Luzern zusammen mit 124 anderen Gemälde und Plastiken versteigern.[27] Alle angebotenen Werke waren zuvor aus deutschem Museumsbesitz beschlagnahmt worden. Den höchsten Preis erzielte mit 175 000 Franken ein Gauguin gewidmetes spätes Selbstbildnis von Vincent van Gogh. Modiglianis Porträt erwarb für 6600 Franken der Berner Cellist Lorenz Lehr.[28] Beide Künstler zählten damit für das anwesende internationale Publikum zu den am höchsten bewerteten Malern der Klassischen Moderne.

Als nach dem Krieg der internationale Kunsthandel wieder zu arbeiten begann, behielt Modigliani seinen Platz an der Spitze der gefragten Künstler. Schon 1952 erzielte eines seiner Aktbilder bei einer Auktion in Paris einen Preis von einer Million Franc. Den verkaufsfördernden Mythos rief zugleich ab 1957 ein Buch wieder in Erinnerung, das innerhalb weniger Jahre auf Französisch, Italienisch und Deutsch erschien. In dem kleinen

Bändchen hielt der französische Dichter und Kritiker André Salmon seine Erinnerungen an Modigliani fest und ergänzte sie mit Gedichten und Briefen. 1939 war sein Text schon in der Pariser Zeitschrift *Les œuvres libres* erschienen. Nun knüpfte er an die große Tradition der École de Paris an und erhob Modigliani noch einmal pathetisch zu ihrem ungekrönten König.

Natürlich weckten die Summen, die nach dem Krieg für Modiglianis Werke bezahlt wurden, schnell auch bei Fälschern Begehrlichkeiten – zumal es schien, dass die typisierten flachen Gesichtsporträts mit langen Hälsen und Nasen, kleinen Mündern, meist leeren Augenhöhlen und der charakteristischen Signatur leicht imitiert werden konnten. Zu den bekanntesten Modigliani-Fälschern in der unmittelbaren Nachkriegszeit gehörte der ungarische Maler Elmyr de Hory. Selbst sein Lebenslauf, den 1969 der amerikanische Journalist Clifford Irving als Buch veröffentlichte[29] und später der Regisseur Orson Welles unter dem Titel *F for Fake* verfilmte[30], ist mit Vorsicht zu genießen. Demnach studierte de Hory, Sohn eines österreichisch-ungarischen Diplomaten und einer Bankierstochter, in Budapest, München und Paris klassische Malerei – unter anderem bei Fernand Léger –, wurde wegen Kontakten zu einem Spion inhaftiert, von den Nationalsozialisten in ein Konzentrationslager und später in ein Berliner Gefängniskrankenhaus deportiert, aus dem er nach Frankreich fliehen konnte. Als er dort angeblich 1946 seine erste Kopie, die eines Picasso-Gemäldes, verkaufte, entdeckte der 40-Jährige, dass er von Fälschungen deutlich besser als vom Verkauf seiner eigenen Werke leben konnte. Elmyr de Hory alias Louis Cassou, Joseph Dory, Joseph Dory-Boutin, Elmyr Herzog, Elmyr Hoffman und E. Raynal siedelte ein Jahr später in die USA über und begann von Miami aus einen schwunghaften Handel mit gefälschten Werken der Klassischen Moderne – darunter häufig mit von amerikanischen Sammlern nach dem Krieg sehr gesuchten angeblichen Modigliani-Bildern. Elmyr de Hory arbeitete dabei mit angesehenen Kunsthändlern wie Jacques Chamberlin und vor allem mit Fernand Legros zusammen, die seinen Angaben nach wussten, dass sie mit nicht authentischen Bildern handelten.

Die zahlreichen Legenden über Modigliani, die inzwischen jeder in der Kunstwelt über den »peintre maudit« zu erzählen wusste, machten es de Hory und den ihm nachfolgenden Modigliani-Fälschern leicht. Sie lieferten hervorragende Argumente dafür, dass wieder einmal ein neu entdecktes Gemälde irgendwo auf der Welt aufgetaucht war, das zuvor nie jemand gesehen und das auf keiner Ausstellung gezeigt worden war. Modiglianis unstetes Leben, sein Hang zu Haschisch und Alkohol und seine häufigen Wohnungswechsel waren der Grund dafür, dass er tatsächlich nicht Buch über seine Bilderproduktion führte. Bei seinem Tod hinterließ der Maler kein Verzeichnis jener Werke, die das Atelier verlassen hatten. Und seine Lebensgefährtin Jeanne Hébuterne, die aus eigener Anschauung Echtes von Falschem hätte scheiden können, hatte dieses Wissen einen Tag nach Modiglianis Tod mit ins Grab genommen. Die Geschichten darüber, dass Modigliani ein Essen, eine Flasche Wein, eine Prostituierte oder allgemeine Schulden mit einer Zeichnung bezahlte, weil er kein Geld mehr besaß, kannte hingegen inzwischen jeder. Seine Großzügigkeit gegenüber Menschen, die er mochte, ebenfalls. Wer wollte also abstreiten, dass noch Hunderte unbekannter Werke im Umlauf sein konnten, die nur darauf warteten, der staunenden Öffentlichkeit präsentiert zu werden. Bei Modigliani, dem zu Lebzeiten verkannten Genie, wollte man gern glauben, dass alles möglich sein könnte. Dazu kam, dass auch die im Alter von 19 Jahren nach Frankreich zurückgekehrte und inzwischen erwachsene Tochter Jeanne Modigliani dem unter Künstlerwitwen und -kindern weitverbreiteten Irrglauben nachhing, vor allem die eigene Familie könnte am besten entscheiden, was ein authentisches Werk ist und was nicht.[31] Sie stellte, wie auch verschiedene von Modiglianis Modellen, nach dem Krieg Expertisen zu Arbeiten ihres Vaters aus, bei dessen Tod sie gerade einmal 14 Monate alt gewesen war, und lag damit bei Weitem nicht immer richtig. »Jeanne war unmöglich«, bestätigt der Genfer Kunsthändler und -berater Marc Blondeau, »denn sie unterzeichnete Echtheitszertifikate auf eine sehr subjektive Weise, ohne seriöse Forschung. Sie autorisierte sogar Menschen dazu, Bronzereproduktionen nach Skulpturen ihres Vaters produzieren zu dürfen, trotz der Tatsache, dass er immer nur in Stein gearbeitet hat.« Die seriöse kunsthistorische Forschung betrachtete unterdessen Modiglianis Schaffen lange Zeit als nicht ernst zu nehmende Gefälligkeitskunst, der keine große Beachtung geschenkt werden musste. Wer also sollte überhaupt noch eine Autorität darstellen, wenn nicht der eigene Glaube an die Echtheit der Arbeit an der eigenen Wohnzimmerwand?

Der Wettstreit der Experten

Den ungleich größeren Schaden für den Ruf von Modigliani richtete spätestens nach dem Krieg aber das Problem eines fehlenden zuverlässigen Werkverzeichnisses an. Schon 1929 wagte der deutsche Kunsthistoriker Arthur Pfannstiel die Herausgabe eines ersten Catalogue raisonné für die Gemälde,[32] dem 1958 ein zweiter Band für die Zeichnungen folgte.[33] Beide gelten heute nicht mehr als zuverlässig: Pfannstiel hatte weder die finanziellen noch die logistischen Möglichkeiten, alle rund 350 aufgeführten Werke im Original zu sehen, noch die, viele davon in seinem Werk abzubilden. Außerdem war er nicht nur 1929 in den Skandal um dreißig in Berlin angebotene gefälschte Van-Gogh-Gemälde verwickelt;[34] sondern gehörte nach dem Krieg auch zu jenen Experten, die die Fälschungen von Elmyr de Hory zu echten Werken erklärten – und dafür von der Galerie Legros Honorare kassierten.

1958 erschien das bis heute grundlegende Werk *Amedeo Modigliani: Peintre* von Ambrogio Ceroni.[35] In ihm und in der

Neuausgabe von 1970 listet der Italiener, der hauptberuflich Bankier war, insgesamt 337 Ölgemälde auf. Ceroni war allerdings nur bereit, solche Werke als authentisch zu akzeptieren, die er selber im Original gesehen hatte. Was sich bei Erscheinen seines Buches außerhalb Europas befand, war für ihn aber kaum erreichbar, weil Ceroni beispielsweise nie in die USA reiste. So fand zum Beispiel das zweifellos authentische und auf vielen Ausstellungen gezeigte *Kleine Mädchen mit blauen Augen* aus dem Marion Koogler McNay Art Museum in San Antonio/Texas nicht in sein Werkverzeichnis. Auch standen damals die noch in Privatbesitz befindlichen Geschäftsunterlagen von Modiglianis erstem Galeristen Paul Guillaume, aus denen sich heute die Herkunft vieler Bilder rekonstruieren lässt, noch nicht zur Verfügung. Ceroni gab oft nur den aktuellen Standort der Werke an, die er gesehen hatte, nicht aber ihre Provenienz bis zurück zum Atelier des Malers. Trotzdem verlassen sich seriöse Auktionshäuser und Galeristen bis heute vor allem auf sein Buch. Der Londoner Kunsthändler James Roundell bestätigte noch vor einigen Jahren: »Wenn ein Gemälde nicht im Ceroni verzeichnet ist oder eine alte Provenienz aufweist, würde ich es nicht mit der Kneifzange anfassen.«[36]

Der deutsche Kritiker Joseph Lanthemann kam 1970 auf stolze 1024 authentische Werke, davon 420 Gemälde,[37] und wurde dadurch bis ins hohe Alter zum gefragten Gutachter, der noch bis in die 1980er-Jahre seine heute umstrittenen Expertisen verschickte. In seinem Buch führte er weder Provenienzen noch aktuelle Besitzer oder Hinweise auf, wo die Werke schon einmal ausgestellt oder wenigstens abgebildet worden waren. Seine Publikation galt deshalb schon unmittelbar nach Erscheinen als unzuverlässig. Der Mailänder Kunsthistoriker Osvaldo Patani schließlich veröffentlichte 1991 einen Werkkatalog mit 349 Gemälden,[38] dem im darauffolgenden Jahr ein weiterer über die Zeichnungen[39] und 1994 dann abermals ein Verzeichnis mit wissenschaftlichem Anspruch und den bei Lanthemann fehlenden Angaben folgte, das zum Erstaunen vieler belegte, dass auch bei Modigliani durchaus noch seriöse Entdeckungen zu machen waren.[40]

Entdeckungen sind möglich

1993 war nämlich bekannt geworden, dass es noch eine ganze Sammlung von mehreren Hundert überwiegend auf Papier ausgeführten Arbeiten gab, von der kaum jemand etwas wusste. Sie gehörte ursprünglich dem Pariser Arzt Paul Alexandre, der sie ab 1907 zusammengetragen hatte. Ein Teil dieser Werke wurde schon zu Lebzeiten des Sammlers in alle Winde verstreut. Sie schmücken heute die Wände reicher Kunstfreunde und die Grafikkabinette renommierter Museen und bescherten Alexandre einen gesicherten Lebensabend und seiner Familie ein reiches Erbe. Weil etwa seine Patentochter Hélène Perronet Katzen so sehr mochte, schenkte Paul Alexandre dem Kind vor dem Krieg eine Kohlezeichnung. Das 43 mal 27 Zentimeter messende unsignierte Hochformat zeigt einen ägyptisch anmutenden Frauenakt mit einer sitzenden Katze im Vordergrund. Als sich Hélène Jahrzehnte später, im November 1991, davon trennte, kostete das Blatt bei Sotheby's in New York eine runde Viertelmillion Dollar. Aus dem unbekannten Maler vom Pariser Montmartre, dessen Bilder Paul Alexandre so gut gefielen, dass er sich sogar von ihm malen ließ, war längst der Kunstmarktstar Amedeo Modigliani geworden.

An die 500 Modigliani-Zeichnungen und ein ansehnliches Konvolut von Gemälden hatte Paul Alexandre in den Jahren 1907 bis 1914 zusammengetragen. Danach wurde der Arzt zum Kriegsdienst herangezogen. Warum sich die beiden angeblichen Freunde zwischen Kriegsende und Modiglianis Tuberkulose-Tod im Jahre 1920 nicht mehr wiedersahen, bleibt bis heute ungeklärt. »Aus dieser Zeit«, verkündete der kunstsinnige Dermatologe in seinen Erinnerungen über die Jahre vor dem Krieg, »habe ich fast alle seine Gemälde und Zeichnungen.«[41] In diesem Absolutheitsanspruch allerdings irrte sich der stolze Mäzen, der dem Maler ein Atelier in der Rue Delta besorgte und ihn anflehte, nur ja kein Blatt zu vernichten oder für billigen Absinth und Haschisch zu verscherbeln, weil er lieber selbst alles erwerben wollte, was Amedeo Modigliani zu Papier oder auf die Leinwand brachte. Einige offensichtlich zurückgehaltene Hauptwerke seiner Frühzeit allerdings fanden über Modiglianis Kunsthändler Paul Guillaume aber durchaus den Weg in andere Sammlungen. Paul Alexandre selbst hatte zu Lebzeiten geplant, seine Sammlung in einem entmythologisierenden Modigliani-Buch zu veröffentlichen. Diese Aufgabe übernahm schließlich, als Abschluss seines Werkverzeichnisses, Osvaldo Patani. Eigentlich hatte er einen zusätzlichen vierten Band geplant. Davon nahm Patani allerdings 1999 wieder Abstand. Gegenüber dem in London erscheinenden *Art Newspaper* nannte er zwei Gründe für seine Entscheidung: »Ich bin enttäuscht, demoralisiert und auch verärgert. Ich bin ein ehrlicher Mensch, und heutzutage muss ich mich mit zu vielen eigennützigen Interessen und mit zu vielen Fälschungen auseinandersetzen, die im Umlauf sind.«[42] Vor allem aber, so Patani weiter, habe ihm das in Paris ansässige Institut Wildenstein über einen Rechtsanwalt schriftlich mit juristischen Konsequenzen gedroht, falls er sich gegen jene Zu- oder Abschreibungen wenden würde, die im in Vorbereitung befindlichen eigenen Wildenstein-Modigliani-Katalog vorgenommen würden.

Kampf der Giganten

Um die Jahrtausendwende nämlich konkurrieren vor allem zwei Publikationsprojekte um den Rang des definitiven Werkverzeichnisses. Und mit ihnen konkurrieren deren Autoren in mittlerweile offener Auseinandersetzung auch darüber, wer überhaupt das Recht hat, über den Nachlass von Amedeo Modigliani und damit über Millionenwerte zu wachen. Rein juristisch ist die Frage der Zuständigkeit nach französischem Recht geklärt. Christian Parisot, zwei Jahrzehnte lang Dozent am Institut d'art visuels d'Orléans, lernte Mitte der 1970er-Jahre bei Recherchen für seine Doktorarbeit Jeanne Modigliani kennen. Beide verstanden sich, und so übertrug die Künstlertochter bei ihrem Tod 1984 Parisot testamentarisch das »Droit morale«. Danach haben in Frankreich nur die Erben eines Künstlers oder von ihr weiter beauftragte Personen das Recht, über ein Œuvre zu wachen – und auch über Echtheit und Fälschung zu entscheiden. Weil sich in der Regel die Rechtehüter von Sammlern für ihre Expertisen bezahlen lassen können, ist das »Droit morale« eine lukrative Einnahmequelle.

Parisot übernahm von Jeanne Modigliani deren private Erinnerungsstücke an ihren Vater – vor allem Postkarten und Briefe –, veröffentlichte mehrere Dutzend Bücher und Kataloge und verantwortete mehrere Dutzend Ausstellungen auf der ganzen Welt. Als Basis seiner Arbeit gründete er die zwischenzeitlich mehrfach umgezogenen Archives Légales Amedeo Modigliani[43], die seit Oktober 2007 in einem Palazzo in Rom residierten, und begann mit der Veröffentlichung eines eigenen Modigliani-Werkverzeichnisses.

Parisot erwarb nach eigenen Angaben die Archive von Ambrogio Ceroni, Joseph Lanthemann, Osvaldo Patani und Arthur Pfannstiel und gründete im Frühjahr 2001 ein »Modigliani Committee«, dem neben ihm selbst unter anderem Jean Kisling, der Sohn von Modiglianis Malerfeund Moise Kisling und Autor von dessen Werkverzeichnis, angehört. Ausgerechnet sein Vater steht aber im begründeten Verdacht, im Auftrag und auf Rechnung von Léopold Zborowski im Paris der 1910er-Jahre selbst Modigliani-Werke gefälscht zu haben. Jean Kisling gestand später ein, dass er gelegentlich auch dann Echtheitszertifikate für

Modigliani-Werke unterschrieben habe, wenn er die Arbeiten vorher gar nicht zu sehen bekam, von Parisot aber darum gebeten worden sei.[44] Anfang 2007 wurde Kisling wegen seines schlechten Geisteszustandes unter staatliche Vormundschaft gestellt.

In Rom sollte nun unter Parisots Ägide ein neuer, definitiver Catalogue raisonné entstehen. In der Fachwelt wurde das Vorhaben mit großer Skepsis beobachtet. Daniel Malingue, Doyén des Pariser Kunsthandels, ließ schon kurz nach der Nominierung von Parisots »Modigliani-Komitee« verlauten: »Dieses Komitee ist ein totaler Witz. Parisot ist fischen gegangen und hat Menschen gefangen, von denen alle Welt sehen kann, dass sie nicht genug von Modigliani wissen, um sagen zu können, ob etwas in Ordnung ist. Niemand wird ihren Katalog ernst nehmen.« Sein Genfer Kollege Marc Blondeau teilt diese Einschätzung: »Für mich ist das Unsinn – ein Nicht-Ereignis.«[45]

Wissen und Wissenschaft

Nicht erst 2017 in Genua war der umtriebige Nachlassverwalter Parisot nämlich dadurch aufgefallen, dass er der Öffentlichkeit in Ausstellungen und Publikationen neue Arbeiten als Werke von Modiglianis Hand präsentierte, deren Echtheit andere ausgewiesene Kenner bestritten.

In Spanien ließ die Polizei 2002 eine von Parisot verantwortete Ausstellung schließen und 77 darin gezeigte Zeichnungen beschlagnahmen. Die Blätter stammten angeblich von Modiglianis Geliebter, Jeanne Hébuterne. Schon im Herbst 2000 hatte Parisot den Enkel ihres 1979 verstorbenen Bruders André, den Rechtsanwalt Luc Prunet, dazu bewegen können, ihm Leihgaben für eine Ausstellung in der angesehenen Fondazione Giorgio Cini in Venedig zur Verfügung zu stellen. Unter dem Titel

Modigliani und die Seinen wurde dort zum ersten Mal neben Modigliani und einigen Künstlern aus seinem Umkreis auch dessen Lebensgefährtin ausführlich als Künstlerin gewürdigt.[46] Nach Ende der Ausstellung kam es aber offenbar zwischen Parisot und Prunet zum Streit, wodurch der Hébuterne-Erbe für eine von Parisot geplante Nachfolgeschau in mehreren spanischen Städten seine Leihgaben verweigerte. Als die Ausstellung trotzdem angekündigt wurde und stattfand, vermutete Prunet, dass Fälschungen gezeigt werden könnten. Die Originale, die er besaß, standen schließlich nicht zur Verfügung. Die Polizei beschlagnahmte 77 der ausgestellten Arbeiten, und Christian Parisot verstrickte sich laut einem Bericht des amerikanischen Kunstmagazins *ARTnews* in massive Widersprüche.[47] Er behauptete zunächst, die neu ausgestellten Zeichnungen stammten aus zwei Alben, die er bei einem Trödler namens Paradies in Paris entdeckt habe. Als der Händler bestritt, die fraglichen Zeichnungen verkauft zu haben, soll Parisot eine neue Aussage gemacht und diesmal behauptet haben, der Trödler habe Guy Pellet geheißen. Dieser bestätigte die neue Version. Mittlerweile, inzwischen Ende 2004, hatten unabhängige Experten nach material- und stilkritischen Untersuchungen aber herausgefunden, dass es sich bei den 77 beschlagnahmten Blättern zweifellos um Fälschungen handelte. Bei einer erneuten Vernehmung durch die Polizei änderte Christian Parisot daraufhin, so *ARTnews*, erneut seine Darstellung und behauptete nun, eines der beiden Alben habe er nicht bei Pellet, sondern bei einer Trödlerin, an deren Namen er sich nicht mehr erinnern könne, gekauft.[48]

2006 fand in Venedig eine von ihm verantwortete Ausstellung statt, bei der es Zweifel an der Echtheit einiger Werke gab. Im Herbst 2007 überraschte Parisot dann die Kunstwelt bei einer Pressekonferenz in Belgrad mit der Enthüllung, auch dort sei ein unbekanntes Modigliani-Gemälde gefunden worden.[49] Das angeblich 1918 entstandene Bildnis eines jungen Mannes mit leicht gewelltem Haar gehöre einem Serben, der inzwischen nicht mehr in seiner Heimat lebe. Insgesamt 17 Jahre habe es gedauert, die Echtheit des Bildes zu bestätigen. Dafür spreche unter anderem die Frisur des Dargestellten, die ins Musiker- oder Literatenmillieu verweise, und der Umstand, dass das Bild mit verdünnten Farben gemalt worden sei – schließlich habe Modigliani immer nur wenig Geld gehabt. Wie, wann und vor allem wo der serbische Besitzer das Gemälde kurz nach der Öffnung des Ostblocks erworben haben soll, wurde auf der Pressekonferenz nicht mitgeteilt.

Und auch die angesehene, staatlich finanzierte Kunst- und Ausstellungshalle der Bundesrepublik Deutschland in Bonn setzte bei einer Modigliani-Retrospektive im April 2009 aufs falsche Pferd. Deren damaliger Intendant Christoph Vitali hatte schon seit Längerem den Wunsch geäußert, seine Amtszeit mit einer spektakulären Modigliani-Retrospektive zu beenden, um danach in den Ruhestand zu gehen. Obwohl dessen Ruf hinlänglich bekannt war, setzte Vitali dabei unter anderem auf Christian Parisot. Mit ihm schloss Christoph Vitali als Kurator der Ausstellung einen Kooperationsvertrag, um an Leihgaben zu kommen. Wann dieser Vertrag begann und ob Parisot ein Honorar erhielt, wollte die Leitung der Kunst- und Ausstellungshalle damals ebenso wenig beantworten wie die Frage nach dem Gesamtetat der Ausstellung. Wie eng die Zusammenarbeit allerdings war, ließ sich unter anderem daran erkennen, dass sowohl die Fotowand am Beginn der Ausstellung auch als das Katalogbuch das Logo von Parisots »Archives Légales Amedeo Modigliani« zierten.

Mindestens 19 Arbeiten in der Bonner Ausstellung standen schließlich unter Fälschungsverdacht, darunter die Zeichnungen *Frau mit Hut, Hanka Zborowska* und *Victoire*, fünf zumindest zweifelhafte Frühwerke und die Gemälde *Junge Brünette, Maria, Rote Karyatide, Junge Frau mit weißem Kragen, Liegender Akt (Céline Howard)* und eine *Junge Frau mit braunem Haar (Elvira)*.

Hätten die Ausstellungsverantwortlichen sorgfältig recherchiert, wäre ihnen aufgefallen, dass manche dieser Bilder nicht zum ersten Mal infrage standen. Möglicherweise nahm man aber auch falsche Rücksicht auf den einschlägig bekannten Partner Parisot, der keinen Anlass haben sollte, von ihm vermittelte Werke wieder zurückzuziehen.

Das in Bonn gezeigte Frühwerk *Medea* sollte der damals gerade 16-jährige Modigliani laut Katalog im Jahr 1900 als Bildnis einer Jugendfreundin auf Sardinien gemalt haben. Mit dem Profilporträt warb auch eine Website im Internet für Grundstücksverkäufe auf einer Azienda Modigliani in der Nähe von Cagliari und behauptete unter Berufung auf Christian Parisot, Modiglianis Vater sei auf Sardinien als Unternehmer tätig gewesen. Für einen Aufenthalt dort gibt es in der seriösen Modigliani-Literatur aber keinerlei Beweise. Im Jahr 1900 schwebte Modigliani wegen einer Tuberkulose-Erkrankung zwischen Leben und Tod. Dass seine Mutter ihn zu der Zeit nach Sardinien reisen ließ, ist ebenso unwahrscheinlich wie eine geschäftliche Tätigkeit seines Vaters dort.

Das angeblich 1918 entstandene Brustbild *Junge Brünette* gelangte sogar auf die zehntausendfach gedruckten Plakate, Aufkleber und den Folder zur Ausstellung, der gleich drei der fragwürdigen Werke werbewirksam als Originale abbildete. Es ähnelt verblüffend Modiglianis *Sitzender Frau in blauem Kleid* von 1917 aus dem Moderna Museet in Stockholm. Der Kopist verstand allerdings weder die Frisur der Frau auf dem Originalbild, noch erkannte er – vielleicht wegen einer schlechten Malvorlage –, dass die Farbe ihres Kleides nicht schwarz war. Trotzdem konnte das Bild noch im Frühjahr 2019 als angeblicher Modigliani bei einer Ausstellung in Palermo gezeigt werden – aus der die Carabinieri im März des Jahres zwei andere Porträts beschlagnahmten. Organisiert hatte die Bilderschau das Istituto Amedeo Modigliani in Spoleto, das auch mit Parisot zusammenarbeitet.

Besonders dreist war in Bonn die Präsentation des angeblich 1918 entstandenen Gemäldes *Junge Frau mit braunem Haar (Elvira)*. Laut Katalog von einer Galerie in Frankfurt am Main nach Bonn vermittelt, wurde das erstaunlich frische, ungerahmte Bild gut eine Woche nach Eröffnung der Ausstellung in der Kunst- und Ausstellungshalle über Inserate in der *Süddeutschen Zeitung* und der *Frankfurter Allgemeinen Zeitung* zum Kauf angeboten: »Z.Z. im Museum Bonn zu besichtigen. Diskrete u. seriöse Abwicklung in der Schweiz.« Wer auf die Kleinanzeige antwortete, erhielt von einem in Brugg bei Zürich tätigen Kunsthändler eine Angebotsmappe zugesandt, in der vor allem fotokopierte Expertisen der Archives Legales Amedeo Modigliani von Christian Parisot lagen. Die angebliche Echtheit des Gemäldes bescheinigten darauf neben Parisot nur Modiglianis Tochter Jeanne und ihr Ehemann, der Philosoph Victor Nechtschein, der im Anschreiben zum »Modigliani-Experten« erklärt wurde. Die Echtheit ihrer Expertisen bestätigte wiederum Parisot – obwohl sich die Unterschriften von Jeanne Modigliani und ihre Art, das Datum zu schreiben, auf zwei Dokumenten deutlich voneinander unterschieden. Die Bonner Ausstellung selbst wurde in dem Begleitbrief bereits ebenso als Beleg für die Echtheit des Gemäldes zitiert wie das begleitende Katalogbuch und ein fotokopierter Artikel dazu aus der *FAZ*, der das Bild großformatig wiedergab. Die Bonner Ausstellung diente ganz offen als Verkaufsargument für ein Werk, für das weder Herkunft noch frühere Ausstellungen genannt werden konnten. Der Preis für das Gemälde, das Parisot schon in seinem Werkverzeichnis als echt publiziert hatte, sollte 4,2 Millionen Euro betragen. Der Verdacht lag nahe, dass *Elvira* nur in der Bonner Ausstellung platziert wurde, um sie von dort aus gewinnbringend verkaufen zu können.

Das in Bonn ausgestellte Brustporträt *Maria* versank in Modigliani-untypischem Farbmatsch. Und auch das seltsam flache *Bildnis der Céline Howard*, das 2017 wie *Maria* zur Schließung der Modigliani-Ausstellung in Genua führen sollte, war bereits in Bonn zu sehen. Verglich man dieses Bild mit dem ebenfalls in Bonn gezeigten authentischen *Liegenden Akt auf roter Couch* aus der Stuttgarter Staatsgalerie, fielen malerische Fehler auf: Das Gesicht wirkt maskenhaft flach, Schulterblatt und Brüste sitzen an Stellen, die anatomisch nicht zu erklären sind. Der Körper liegt nicht auf dem Kissen, er scheint darüber zu schweben. Und der aufgestellte linke Oberschenkel kommt nicht aus der Hüfte, sondern aus dem Bauch.

Ein anderer *Liegender Frauenakt* zum Beispiel, den Parisot 1996 im vierten Band seines Werkverzeichnisses *(Témoignages)* als authentisches Werk publiziert hat,[50] enthält laut Marc Restellini nach materialtechnischen Untersuchungen des University College London Titaniumweiß – einen Farbzusatz, den Modigliani nicht verwenden konnte, weil er erst nach seinem Tod in den Handel kam. Parisot behauptete, die gemessenen Werte seien nicht eindeutig, außerdem könne sich der Stoff in einem später aufgetragenen Firnis befinden. »Wir haben Titanium in mehreren Schichten gefunden«, hält Restellini dem entgegen. »Es ist nicht der Firnis.«[51] Parisot hält auch den in Bonn und Genua gezeigten *Liegenden Akt (Céline Howard)* für authentisch, den zuvor in seltener Einigkeit sowohl die Experten von Christie's als auch von Sotheby's als zweifelhaft abgelehnt hatten. Das Bild war in den USA Gegenstand eines Rechtsstreits zwischen den beiden Kunsthändlern Joseph Guttmann und Paul Daniel Quatrochi, die beide behaupteten, sie hätten das Recht des Weiterverkaufs.[52] Von Guttmann stammten nach Polizeiangaben auch mindestens 11 der in Genua beschlagnahmten Gemälde.

Auch in der Obhut der französischen Polizei befinden sich inzwischen mindestens drei Gemälde, die Parisot Modigliani zugeschrieben hat, deren Echtheit aber zumindest umstritten ist. Eines davon, eine von ihm als Jugendwerk mit lediglich gefälschter Signatur bewertete *Promenade in Livorno,* wurde vor einer Versteigerung im Pariser Auktionshaus Drouot beschlagnahmt. Guy Pellet, der Trödler, der in die Affäre um die gefälschten Hébuterne-Zeichnungen verwickelt war, behauptete laut *ARTnews*, dass auch dieses Gemälde ihm gehört habe. Parisot habe ihm zugesagt, das Bild Modigliani zuzuschreiben, wenn Pellet dafür dessen Geschichte über die Entdeckung der Hébuterne-Zeichnungen bestätige.[53] Zwei andere Gemälde – ein *Junger Mann mit Schnurrbart* und ein *Mädchen mit Ponyfrisur* – wurden aus Ausstellungen in Frankreich beschlagnahmt.

Die Vorwürfe, die gegen ihn erhoben würden, seien das Ergebnis einer »Hexenjagd«, ließ Christian Parisot das Kunstmagazin *ARTnews* schon 2004 wissen.[54] In einem großen grundsätzlichen Verfahren werde er alle Anschuldigungen widerlegen – auch jene, bei den in Spanien gezeigten Hébuterne-Zeichnungen handele es sich um Fälschungen. Der Prozess wurde mehrfach verschoben, weil ein Ermittlungsrichter versetzt wurde, der zweite starb und sich schließlich ein dritter in den Fall Modigliani einarbeiten musste. Für Christian Parisot steht der Hauptverantwortliche für das aktuelle Dilemma aber bereits fest: »Die Polizei führt nur die Anordnungen ihrer Vorgesetzten aus, von Marc Restellini und dem Institut Wildenstein.«[55]

Damit meint der Franzose seine unmittelbaren Konkurrenten um die Deutungshoheit und damit auch die lukrative Möglichkeit, Expertisen für Modigliani-Werke auszustellen und verkaufsfördernde Ausstellungen zu veranstalten.

Konkurrierende Kataloge

In Zusammenarbeit mit dem Pariser Institut Wildenstein begann Marc Restellini, der ehemalige künstlerische Direktor des staatlichen Musée du Luxembourg (2000–2003) und spätere Leiter der privat geförderten Ausstellungshalle Pinacothèque de

Paris, 1997 damit, den angeblich endlich verbindlichen Kanon der authentischen Modigliani-Gemälde und -Zeichnungen zusammenzustellen. Unumstritten waren allerdings auch diese Bemühungen nicht. Das Institut Wildenstein wurde damals nämlich finanziell von der gleichnamigen Galeristendynastie unterhalten – einer der einflussreichsten Kunsthandelsfamilien weltweit. Seit den 1930er-Jahren publiziert das Unternehmen auch Werkverzeichnisse, die eigens zusammengestellte Wissenschaftlerteams, die sogenannten »Komitees«, im Institut an der Rue de la Boëtie im vornehmen 8. Arrondissement erarbeiten. Zeitweise listete die Website des Instituts 47 Projekte zu einzelnen Künstlern von Boucher und Courbet über Gauguin, Ingres, Manet und Monet bis zu Pissarro, Renoir, van Dongen und Zurbarán.[56] Kritiker befürchten schon seit Jahren, dass die Händlerinteressen der Galerie Wildenstein die Forschungstätigkeit des Institut Wildenstein beeinflusst. Dass neu aufgetauchte Werke nur dann als authentisch anerkannt werden, wenn Wildenstein sie vorher – solange die Anerkennung noch nicht ausgesprochen wurde – zu einem entsprechend günstigeren Preis erwerben konnte. Wildenstein habe deshalb nahezu unbegrenzte Macht im Hinblick auf die Künstler, deren Catalogues raisonnés im Institut erarbeitet werden. Belegt allerdings hat diese immer wieder behaupteten Vorwürfe bislang niemand.

Im Februar 2001 bestätigte der inzwischen verstorbene Firmenpatriarch Daniel Wildenstein dem Journalisten Stephen Wallis, er besitze nicht ein einziges Werk von Modigliani, noch habe er eines jener Werke gekauft oder verkauft, die von Marc Restellini neu ins Werkverzeichnis aufgenommen worden seien. Ohnehin erarbeite das Institut Wildenstein in Paris seine Werkverzeichnisse völlig unabhängig von den Aktivitäten der Galerie in New York. Seine Familie unterstütze Restellini und sein Projekt, weil er selbst Ambrogio Ceroni gut gekannt habe und nun sehe, wie viele falsche Werke seit dessen Tod als echte Modiglianis publiziert und verkauft worden seien: »Hätte ich alle Modiglianis gekauft, die seit Ceroni ›entdeckt‹ worden sind, wären wir heute ruiniert.«[57] Nach mehreren Skandalen um Erbschaften und Steuerfragen innerhalb der Galeristenfamilie sowie um 30 wertvolle, mutmaßlich gestohlene Gemälde in den Räumen des Instituts arbeitet Wildenstein seit 2016 in einer gemeinsamen Stiftung mit dem Software-Milliardär, Kunstsammler und Museumsgründer Hasso Plattner zusammen. Ziel des Wildenstein Plattner Institute ist nicht mehr die Authentifizierung oder Schätzung von Kunstwerken, sondern die wissenschaftliche Erarbeitung von Werkverzeichnissen.

Marc Restellini hatte sich schon 2015 von Wildenstein getrennt, sein eigenes Institut Restellini mit Sitz in Paris, im Genfer Zollfreilager und in Dubai gegründet und arbeitet seither weiter an seinem eigenen Modigliani-Catalogue raisonné. Auch er hat nach eigenen Angaben Zugriff auf einen Teil jener wenigen erhalten gebliebenen Dokumente, die frühe Modigliani-Verkäufe belegen – etwa auf das Archiv von Zborowskis Geschäftspartner Jonas Netter und auf Unterlagen aus dem Nachlass von Roger Dutilleul, einem bedeutenden frühen Modigliani-Sammler. Trotzdem unterliefen auch Restellini in der Vergangenheit Fehleinschätzungen. Im Jahr 2000 erwirkte der Schweizer Sammler Edgar Bavarel, Besitzer zweier Zeichnungen von Modigliani, in Frankreich ein Gerichtsverfahren gegen Wildenstein, weil Restellini die beiden Blätter nicht in seinen Katalog aufnehmen wollte. Die Richter erklärten eines der Werke, *Junges Mädchen,* für authentisch und wiesen die Experten an, es auch in ihr Verzeichnis aufzunehmen. Kurz darauf erklärte Marc Restellini, dass er das Projekt eines Zeichnungskataloges aufgeben werde.

Probleme bereitete auch bereits mehrfach der Band über die Gemälde, der ursprünglich für 2002, dann für 2005/2006 angekündigt war und für den es zurzeit kein definitives Erscheinungsdatum gibt. Kurz nachdem Restellini seine Arbeit begonnen hatte, wollte im Juni 1997 der Unternehmer Moshe

Shaltiel-Gracian aus Chicago im Londoner Auktionshaus Phillips eine *Junge Frau mit braunem Haar* versteigern lassen; der Schätzwert betrug umgerechnet 1,3 bis 1,7 Millionen Pfund. Auf einem Briefbogen des Institut Wildenstein faxte Restellini, der nach eigenen Angaben von Phillips um seine Meinung gebeten worden war, am Morgen der Auktion nach London:

»I hereby confirm that lot 56 of the sale, Jeune Femme brune, cannot by my opinion have come from the hand of Amedeo Modigliani. This painting will therefore not be included in the forthcoming catalogue raisonné of his works that I am preparing with the Wildenstein Institute. Could you please convey this information [to the audience] at the moment of the sale?«[58]

Phillips zog daraufhin das Gemälde, das mit der Londoner Leicester Gallery, der Pierre Matisse Gallery in New York und dem Cincinnati Art Museum durchaus seriöse Vorbesitzer hatte und auch im Werkkatalog von Ceroni aufgeführt ist, zurück. Shaltiel-Gracian verklagte Wildenstein vor einem New Yorker Gericht, das aber nur feststellen konnte, es sei nicht in der Lage, über die Echtheit des Gemäldes zu entscheiden. Als der Besitzer daraufhin Klage vor einem Pariser Gericht einreichte, beeilte sich Wildenstein zu erklären, dass Marc Restellini nur ein freier Mitarbeiter des Hauses und für seine Meinungsäußerungen selbst verantwortlich sei.[59] Auch prominente Händler wie Ernst Beyeler in Basel oder David Nahmad aus London lagen mit Restellini bereits im Streit, weil er die Echtheit von Werken aus ihrem Besitz zunächst nicht akzeptieren wollte. Parallel zu ihm kündigte die vom US-Kunsthistoriker Kenneth Wayne initiierte Website modiglianiproject.org ein erstes Treffen für den Herbst 2019 und die erste Online-Veröffentlichung von Werken für den Herbst des darauffolgenden Jahres an.

Christian Parisot gibt an, er kenne mindestens 130 authentische Modigliani-Gemälde, die aus verschiedenen Gründen nicht in Ceronis Standardkatalog enthalten seien.[60] Das Gesamtwerk müsse deshalb mit rund 460 Bildern angesetzt werden. Marc Restellini weist dagegen darauf hin, dass Modigliani nicht mehr als fünf oder sechs Gemälde im Monat fertigstellte, und geht deshalb von einer erhaltenen Gesamtzahl von 350 bis 360 aus. Auf jedes authentische Gemälde, so Restellini, kämen dabei drei, auf jede authentische Zeichnung neun Fälschungen.[61]

Dabei geht es keineswegs nur um Falsifikate, die schon seit Längerem in Umlauf sind. Modigliani-Kopien werden auch heute noch gemalt und als Originale angeboten. Ein besonders spektakulärer Fall flog 2004 in den Vereinigten Staaten auf. Das Prinzip, erinnert sich damals Bundesstaatsanwalt David N. Kelley, sei immer das gleiche gewesen. Und es habe auch immer bestens funktioniert: Auf einer Auktion, wahlweise bei Sotheby's oder Christie's, habe der New Yorker Kunsthändler Ely Sakhai für echtes Geld echte Werke echter Meister der Klassischen Moderne erworben – 1990 zum Beispiel Marc Chagalls Blumenstillleben *La Nappe Mauve* für 112 000 Dollar, gern aber auch Werke anderer Künstler der Klassischen Moderne. Drei Jahre später verkaufte Sakhai über seine am südlichen Broadway gelegene Galerie The Art Collection, Inc. dann eine meisterhaft ausgeführte Kopie dieses Bildes für 514 000 Dollar an einen japanischen Kollegen aus Tokio. Das echte Gemälde lieferte er 1998 zu einer Auktion bei Christie's in London ein und erlöste abermals 340 000 Dollar. Reingewinn in acht Jahren: 854 000 Dollar. Der Trick mit dem Verkauf von Kopie und Original im Abstand von mehreren Jahren funktionierte mindestens zwölfmal. Ab dem Frühjahr 2000 allerdings unterliefen

Ely Sakhai dann mehrere Fehler, die schließlich das FBI auf seine Spur brachten.

Im Dezember 1985 hatte der Händler bei Sotheby's in London ein frühes Blumenstillleben von Paul Gauguin ersteigert. Eine Kopie dieser *Vase mit Flieder* verkaufte er dann über einen Galeristen in Tokio an einen japanischen Privathändler. Als Sakhai im Frühjahr 2000 – wie immer mit gebührendem zeitlichem Abstand – auch das Original versilbern wollte, plante der japanische Sammler zufällig auch seinen angeblichen Gauguin zu verkaufen. So konnte es geschehen, dass das angeblich identische Gauguin-Gemälde sowohl im Katalog zur New Yorker Christie's-Auktion am 8. Mai als auch in jenem der Konkurrenzveranstaltung bei Sotheby's drei Tage später auftauchte. Nach eingehenden Untersuchungen zog Christie's seine Fassung unmittelbar vor der Auktion diskret zurück. Dass das angebotene Bild eine Fälschung war, wurde nie bekannt gegeben. Sakhai wurde in New York verhaftet. Richter Michael H. Dollinger verlas dem Kunsthändler die Anklageschrift, die ihm Betrug in mehr als einem Dutzend Fällen vorwirft. Die Schadenssumme gab das Büro des Bundesstaatsanwaltes mit »jenseits von 20 Millionen Dollar« an. Auf der Internetseite seiner Galerie wurden unterdessen auch nach der Verhaftung des Inhabers noch Werke von Monet, Renoir und Modigliani angeboten, die in den Werkverzeichnissen dieser Maler nicht zu finden sind.

Restrisiko

Nach wie vor birgt jede Modigliani-Ausstellung so lange das Risiko in sich, fragwürdige Werke zu nobilitieren, bis es ein verlässliches Werkverzeichnis gibt. Von einem »Albtraum« spricht der Londoner Kunsthändler James Roundell. Ein »großes Minenfeld« nennt die Direktorin des Londoner Privatmuseums Estorick Collection of Modern Italian Art, Roberta Cremoncini, das Modigliani-Problem. Und Phillip Hook, der im Auktionshaus Sotheby's lange mit zu entscheiden hatte, welche Modigliani-Werke den Kunden des Unternehmens angeboten werden konnten, sieht diese Entscheidung gar als »Teufelsfrage« an.[62] Bevor es keinen verbindlichen Catalogue raisonné gibt, den alle Teilnehmer am Kunstmarkt anerkennen, traue sich bei Modigliani kaum jemand ein Urteil zu, bestätigt auch Marc Blondeau: »Ich erinnere mich, dass ich aus einer hervorragenden französischen Sammlung ein Bild bekam, das ich bei Sotheby's in Paris einliefern sollte. Aber ich war beunruhigt, weil die Provenienz bis zu Zbowrowski zurückging. Ich akzeptierte es für die Versteigerung, behielt mir aber das Recht vor, es später noch zurückziehen zu können. Dann bat ich drei der wichtigsten Kunsthändler um ihre Meinung. Keiner von ihnen hat mir eine Entscheidung mitgeteilt. Alle fragten nur: ›Was meinen die anderen?‹ Ich habe das Bild in letzter Minute wieder aus der Auktion herausgenommen.«[63] Später sollte Blondeau bei anderen Werken kein so gutes Gespür mehr beweisen: Als 2010 der Skandal um den Kopisten Wolfgang Beltracchi aufflog, stellte sich heraus, dass – wie einige seiner Kollegen – auch der Franzose Blondeau unwissentlich mehrere Fälschungen nach Werken des deutschen Surrealisten Max Ernst verkauft hatte – zum Teil für Millionenbeträge.

Hitlers Telefon und Thoraks Pferde – das Geschäft mit echten und gefälschten Nazi-Reliquien

Alle paar Jahre hat ein Maler namens Hitler Konjunktur im deutschen Kunsthandel. Dann bieten Auktionshäuser vor allem in Süddeutschland Zeichnungen und Aquarelle an, die angeblich von der Hand des Diktators und überwiegend aus jener Zeit stammen, in der er sich noch mit handgemalten Postkarten über Wasser zu halten versuchte: Ansichten von historischen Gebäuden in und um Wien; Plätze, Kirchen, Gebäude, Landschaften. Solide kunstgewerbliche Arbeiten, die ihre Motive halbwegs naturalistisch abbilden, auf denen die Perspektive stimmt und deren gedeckte Farben in keinem bürgerlichen Wohnzimmer die Harmonie stören. Souvenirbilder, wie sie heute industriell als Postkarten hergestellt werden.

Einen Haken hat die Sache nur: Fast alles, was heute mit der Signatur des größten Massenmörders aller Zeiten angeboten wird, ist mutmaßlich gefälscht. Vor allem deshalb beschlagnahmen die Strafverfolgungsbehörden die angeblichen Kunstwerke seit einigen Jahren systematisch vor den Auktionen. Nicht wegen ihres angeblichen Urhebers: Hitlers Werke dürfen frei verkauft werden, solange sie keine Kennzeichen verfassungswidriger Organisationen wie Hakenkreuze oder SS-Runen enthalten. Das Problem ist aus Sicht der Polizei ein anderes: Die angeblichen Kunstwerke tragen in aller Regel falsche Unterschriften, selbst wenn sie von noch so beeindruckenden Expertisen begleitet werden, und erfüllen damit die Tatbestände der Urkundenfälschung und des Betrugs.

Diese Erfahrung musste auch das Auktionshaus Weidler in Nürnberg – nach 1933 offiziell die »Stadt der Reichsparteitage« – machen, das in den vergangenen 15 Jahren mehrfach Werke von Adolf Hitler angeboten hat. Als dort 2005 ein Hitler zugeschriebenes Ölgemälde mit dem Titel *Der hohe Göll* versteigert werden sollte, versuchte die Stadtverwaltung noch, die Auktion gerichtlich verbieten zu lassen. Weil das Landschaftsbild aber keine verfassungswidrigen Symbole enthielt, scheiterten die Bemühungen. Der Nürnberger Rechtsamtsdirektor Hartmut Frommer sagte damals gegenüber Nachrichtenagenturen: »Im Grunde genommen finden wir es aber schrecklich, wenn Nürnberg als Ort bekannt würde, wo Hitler-Devotionalien versteigert werden.« Der Sprecher der Israelitischen Kultusgemeinde, Arno Hamburger, reagierte deutlich gelassener und kommentierte nur lapidar, der Verkauf sei »kein Angriff« und ihm sei »egal, was mit dem Krempel passiert«. Die Bilder gehörten wie Hitler selbst »auf den Müllhaufen der Geschichte«. Als im September 2009 an selber Stelle vier Blätter mit Hitlers angeblicher Signatur – darunter eine »Zerschossene Mühle« und eine Ansicht der »Weißenkirche in der Wachau« – zur Versteigerung kamen, löste das bei der Stadt kaum mehr Reaktionen aus.

»… ohne bösen Hintergrund«

Das änderte sich 2019, als an selber Stelle im Rahmen einer »Spezialauktion Adolf Hitler« unter anderem die Versteigerung von 31 Papierarbeiten aus der Zeit zwischen 1909 und 1936 angekündigt wurde. Kurz vor der kuriosen Veranstaltung beschlagnahmte die Polizei diese und weitere Hitler zugeschriebene Blätter. Ein Experte hatte Zweifel an deren Echtheit geäußert und Betrug vermutet. Erst drei Wochen zuvor hatte das Landeskriminalamt in Berlin ebenfalls vier Papierarbeiten konfisziert, die von Hitlers Hand stammen sollten. Eine Sprecherin des Nürnberger Auktionshauses, das mit den Behörden kooperierte, wurde vom *Spiegel* mit den Worten zitiert, sie habe keine Sorge, dass die Auktion eine rechte Klientel anlocken könnte: »Bei den Interessenten handelt es sich um internationale Kunstsammler ohne bösen Hintergrund.« Schließlich machten auch Museen Geld mit Nazi-Kunst. Tatsächlich kommen die Käufer solcher Devotionalien vor allem aus der arabischen Welt, in letzter Zeit aber auch verstärkt aus China, Südamerika – und immer wieder aus Deutschland selbst, wo es eine sehr aktive Szene an Militaria- und Hitleriana-Sammlern gibt. Um an vermeintlich wertvolle oder seltene Stücke zu kommen, scheuen sie gelegentlich auch illegale Aktivitäten nicht.

Nur selten findet der Handel mit Nazi-Relikten – darunter Hitlers angebliche Zeichnungen und Aquarelle, aber auch jene pompösen Skulpturen, mit denen die Nationalsozialisten ab 1933 ihre Repräsentationsgebäude schmückten – über den offiziellen Kunsthandel, über registrierte Auktionshäuser, Galerien und Ladengeschäfte statt. »Das meiste«, beschreibt ein norddeutscher Antiquitätenhändler nach Zusage von Anonymität die Kontakte zu seinen Kunden, »wird per Telefon oder Internet verkauft. Ich weiß, wer sich für was interessiert. Und ich weiß, was auf den Markt kommt. Die meisten Stücke muss man gar nicht lange anbieten. Die Nachfrage ist groß, und das Angebot an bedeutenden Stücken wird natürlich immer kleiner.« Dabei gehe es nicht allein um angebliche Hitler-Werke, sondern um alle möglichen Relikte aus der NS-Zeit. Vieles stamme aus Haushaltsauflösungen oder Nachlässen: »›Ich hab' da was gefunden‹, heißt es dann, ›und das sollen die Kinder nicht sehen.‹ Auch viele Sammler fliegen inzwischen unter dem Radar, weil niemand diese Sachen mehr haben mag. Die haben ein schlechtes Gewissen, wenn sie öffentlich sagen, dass sie sich dafür interessieren. Die ideologisch Verseuchten, dieses Dummvolk, hat es geschafft, ein ganzes Sammelgebiet in Misskredit zu bringen. Dabei gehören die gar nicht zu den Sammlern. Die malen sich doch viel lieber ein Hakenkreuz auf einen Bundeswehr-Stahlhelm.«

»Wissenschaftliches Interesse«

Der Markt für das, was verharmlosend »Militaria« oder »Militärische Antiquitäten« genannt wird, ist riesig. Zu sehen ist das bei den »Sammlerbörsen«, die regelmäßig im Elsass, in Belgien, den Niederlanden oder in Tschechien, aber auch in Deutschland stattfinden. Bei diesen Veranstaltungen bieten dann Dutzende Händlerinnen und Händler Militaria, Orden, Abzeichen, Bücher, Stichwaffen, Schusswaffen, Waffenzubehör, Dokumente, Fotografien, Uniformen und andere Reste, vor allem aus dem untergegangenen sogenannten »Dritten Reich«, zum Verkauf an. Besuch bei einer dieser Veranstaltungen: Auf dem großen Parkplatz stehen Fahrzeuge aus ganz Deutschland, aber auch aus den Benelux-Ländern und aus Frankreich. In einem der Innenräume brüllt ein untersetzter Mann etwas auf Russisch in ein rotes Mobiltelefon. Zwei Männer sprechen an einem Stand im Untergeschoss über die Schriften, nach denen die Amerikaner nach 1945 im besetzten Deutschland die sogenannte »Re-Education« betrieben hätten: »Da steht ganz vorne: ›Unser Siegeszug begann am Berg Sinai.‹ – Ach, das war ein Jude, der das geschrieben hat? Das waren kluge Menschen.« Beide lachen wissend. Ein Internetbuchhandel bietet Titel wie *Flugplätze der Luftwaffe 1934–1945,* Monografien über deutsche Wehrmachtspanzer, Ritterkreuzträger und SS-Brigadeführer, *Ringkragen und Brustschilder im Dritten Reich* an. In einer Vitrine weiter hinten im Saal liegt ein Bundesverdienstkreuz; in einer anderen werden ovale Aufkleber mit dem Buchstaben D auf schwarzweiß-rotem Grund angeboten.

Angemeldet werden solche Börsen häufig als Fachveranstaltungen, die angeblich der historischen Bildung und Forschung dienen. Ein wissenschaftlicher Hintergrund ist allerdings meist nicht zu erkennen, auch Vorträge werden nicht angekündigt. Juristisch sind diese kommerziellen Veranstaltungen allerdings nach geltender Rechtslage nicht zu beanstanden: Erkennungszeichen als verfassungswidrig eingestufte Organisationen wie Hakenkreuze oder SS-Runen werden von den anbietenden Händlerinnen und Händlern säuberlich überklebt.

Absurde Fälschungen

Sammlern dieser fragwürdigen Relikte ist offenbar kein Preis zu hoch und keine Geschichte zu absurd, als dass sie ihnen nicht doch als Beleg für die Echtheit von angebotenen Objekten dienen könnten. Im Februar 2017 versteigerte das amerikanische Auktionshaus Alexander Historical Auctions aus Chesapeake City im Bundesstaat Maryland ein rotes Telefon mit eingraviertem Reichsadler, Hakenkreuz und dem Schriftzug ADOLF HITLER. Ein russischer Offizier, so lautete die Geschichte, habe das Gerät 1945 bei dessen Besuch im sogenannten »Führerbunker« in Berlin Brigadier Sir Ralph Rayner geschenkt. Dessen Sohn habe das Telefon nun eingeliefert – mit einem Schätzpreis von 200 000 bis 300 000 Dollar. Tatsächlich wurde zwar der Apparat von der deutschen Firma Siemens & Halske hergestellt. Der Hörer allerdings stammte aus britischer Produktion. Und dass Hitler ein schlecht lackiertes statt eines gleich aus rotem Kunststoff hergestellten Telefones erhalten hätte, ist auch mehr als unwahrscheinlich. »Das ist klar eine Fälschung«, urteilte deshalb Frank Gnegel, Sammlungsleiter am Museum für Kommunikation in Frankfurt. Trotzdem zahlte ein unbekannter Sammler 243 000 Dollar dafür.[64]

Ähnlich glaubwürdig sind beispielsweise die dreieckigen Anstecknadeln mit SS-Runen und dem Schriftzug »Lebensborn« in Frakturschrift. Für 1295 Dollar bot sie das auf NS-Memorabilien spezialisierte US-Unternehmen The Ruptured Duck als »very rare« auf seiner Website an. Der von der Schweiz aus tätige Experte mit dem Pseudonym »Jo Rivett«, der seit Jahren gefälschte Militaria öffentlich macht, verweist darauf, dass ein streng abgeschirmter SS-Verein wohl kaum öffentlich zu tragende Mitgliedsabzeichen verteilt habe.[65] Er veröffentlichte auch ein Buch über die inzwischen industrielle Produktion von NSDAP-Parteiabzeichen.

Schon unmittelbar nach dem Krieg habe das Fälschen solcher Abzeichen begonnen, behauptet ein deutscher Antiquitätenhändler, der inzwischen kaum mehr Militaria anbietet: »Sehr gute Kopien kamen aus Israel und inzwischen auch aus Polen, wo sie den Touristen verkauft werden, die Hitlers ›Führerhauptquartier Wolfsschanze‹ in Ostpreußen besuchen, und aus Idar-Oberstein.« Außerdem hätten auch die Firmen, die das NS-Regime mit Orden und Abzeichen beliefert hatten, nach 1945 durchaus weiterproduziert: »Viele wollten das zurückkaufen, was ihnen die Alliierten abgenommen oder was sie vorsichtshalber selbst vernichtet oder weggeworfen hatten. Vielen wurden schon damals Fälschungen angedreht.«

2017 bestätigte sich diese Theorie, als aus Argentinien der Fund von 80 vermeintlich bedeutenden NS-Devotionalien gemeldet wurde. In seiner gewohnt zurückhaltenden Art berichtete das historische Fachblatt *Bild* sofort über »Hitlers Silber-Schatz«. Gefunden wurden die NS-Dolche mit Hakenkreuz, metallenen Hitlerbüsten, Reichsadler, ein Gerät zur Vermessung von Schädeln und Lupen, die Hitler selbst benutzt haben soll, bei einer Razzia bei einem Antiquitätenhändler in der Nähe von Buenos Aires. Zur Herkunft kursierten schnell verschiedene Theorien: Geflüchtete Alt-Nazis sollten die Stücke, zu deren absurdesten eine Katzen-Spardose mit Hakenkreuz am Halsband zählte, nach Südamerika gebracht haben. Der KZ-Arzt Josef Mengele oder der Holocaust-Organisator Adolf Eichmann könnten eine Rolle gespielt haben, hieß es. Im November 2019 kündigten die argentinische Sicherheitsmininisterin und der Chef der Bundespolizei dann an, die Stücke würden an das staatliche Holocaust-Museum übergeben. Dort sollte dann, so vermeldete auf der selben Pressekonferenz dessen Direktor, eine Auswahl ausgestellt werden.

Auch er hatte sich vom Namen Hitler blenden lassen. Schon im Frühjahr 2018 hatte eine Expertengruppe, der Mitarbeiterinnen und Mitarbeiter des Bundeskriminalamtes (BKA) und des Münchner Zentralinstituts für Kunstgeschichte (ZI) angehören, bei einem Besuch in Buenos Aires festgestellt, dass es sich überwiegend um Nippes handelte. Manchmal wurden die Hakenkreuze erst nachträglich angebracht, manchmal waren historische Ereignisse höchstwahrscheinlich erfunden worden – eine Berliner Landwirtschaftsmesse von 1937 zum Beispiel, die sich nicht nachweisen lässt. Und 1942 wurde sicher aus anderem Anlass auch kein »Erster Prize« vergeben, wie eine Inschrift auf einer Kleinplastik behauptet. Die Schatulle mit den angeblichen Hitler-Lupen hat, so Stephan Klingen vom ZI, einen falschen Reichsadler auf dem Deckel: »Unser Gutachten war eindeutig.«

Das allerdings schien in Argentinien völlig anders verstanden worden zu sein. Dort behauptete neben den Behörden auch das Holocaust-Museum weiterhin, der Nazi-Fund sei authentisch – und berief sich dabei zum Ärger der deutschen Expertinnen und Experten sogar ausdrücklich auf das Gutachten von BKA und ZI. Neben Schlagzeilen garantiert der Nationalsozialismus schließlich nach wie vor immer noch auch zahlreiche Besucherinnen und Besucher.

Ein Nazi-Museum unter der Ostsee

Obwohl das Ausmaß des Handels an der Resterampe des Nationalsozialismus seit Langem bekannt ist, waren die Fahnder vom Kunstdezernat des Berliner Landeskriminalamtes doch überrascht, als sie im äußersten Norden Deutschlands auf ein riesiges Privatmuseum mit NS-Reliquien stießen. »Hinter der unscheinbaren und etwas bieder wirkenden Fassade seines Anwesens hatte Klaus-Dieter F.[66] über Jahre hinweg eine beachtliche Sammlung an Raritäten aus der Zeit des Nationalsozialismus zusammengetragen«, fasste Kriminalhauptkommissar René Allonge die Ermittlungen später in der Fachzeitschrift *der kriminalist* zusammen.[67] »So beherbergte das Haus nicht nur Unikate aus dem Besitz des ehemaligen Oberbefehlshabers der Deutschen Luftwaffe, Hermann Göring, sondern auch einmalige Stücke aus dem Nachlass des ehemaligen Großadmirals Karl Dönitz.« Was wie eine absurde Szene aus Harald Dietls *Schtonk*-Satire – die Jagd Ewiggestriger nach den angeblichen Hitler-Tagebüchern – klingt, wurde für die Ermittler an der Kieler Förde Realität. Bei einer Razzia im Rahmen der Suche nach gestohlenen Nazi-Skulpturen im Mai 2015 »offenbarten sich den Einsatzkräften im Keller weitere Geheimnisse des Hauses in Form zahlreicher verzweigter Gänge, die sich über mehrere Etagen erstreckten und teilweise mit tonnenschweren Schleusentoren versehen waren. Hunderte aufgestellter Schaufensterpuppen, die Uniformen aus der Zeit des Nationalsozialismus trugen, hauchten dem Labyrinth Leben ein. Auf die erstaunten Betrachter wirkte es so, als wäre hier die Zeit um 1940 stehen geblieben. In unbeschreiblicher Akribie und Detailverliebtheit hatte F. – offensichtlich über Jahre hinweg von der Öffentlichkeit unbemerkt – im Keller seines Hauses maßstabsgetreue Nachbildungen von Räumlichkeiten im Stile der NS-Zeit erbaut. Hierbei ließ er sich mutmaßlich von historischen Bauplänen inspirieren und legte Wert auf eine möglichst große Nähe zum Original.«[68]

Über Hunderte von Quadratmetern zog sich das private NS-Kellermuseum hin – angeblich zum Teil bis unter das Wasser der Ostsee. Nur über eine Privatstraße (»Kein Durchgang!«) war das Anwesen zu erreichen. An einer Wand hing ein Email-Schild mit Reichsadler und der Kolonial-Aufschrift »Deutsches Schutzgebiet«. Im Keller hingen an den Wänden weitere Reichsadler und riesige Hakenkreuzfahnen; in Vitrinen lagen Sammlerstücke wie Orden und Ehrenabzeichen, Briefe und Korrespondenzen, Kunstwerke, Teile des Nachlasses von Admiral Wilhelm Canaris, ein 1966 vom Freistaat Bayern versteigerter Taufbecher aus Göring-Besitz, Möbel, ganze Oldtimer und Schiffe. In einem Raum stand der angeblich aus Prag herausgeschmuggelte Flügel von Holocaust-Organisator Reinhard Heydrich, im Garten Arno Brekers Monumentalskulptur *Schwertträger (Die Wehrmacht)* von 1939.

Völlig verschlug es den Fahndern aber den Atem, als sie in einem der riesigen Kellerräume neben mehreren Torpedos und Teilen der legendären V1-Rakete auch einen kompletten Wehrmachtspanzer vom Typ »Panther« und eine 88-mm-Flugabwehrkanone fanden. Zwar versicherte der Besitzer, die Gerätschaften seien »demilitarisiert«, also unbrauchbar gemacht worden. Darauf allerdings wollte sich die Polizei wegen Verdachts auf einen Verstoß gegen das Kriegswaffenkontrollgesetz nicht verlassen. Als zwei Monate später mithilfe eines Spezial-Pionierbataillons der Bundeswehr aus Husum der 45 Tonnen schwere Panzer in einer neunstündigen Aktion aus dem Untergrund ans Tageslicht gezogen wurde, reagierten einige Nachbarn verständnislos: Dass F. den Panzer besitze, sei doch allgemein bekannt gewesen, gaben sie den zahlreich anwesenden Journalistinnen und Journalisten zu Protokoll; damit habe er doch vor Jahren schon im Winter die Straßen freigeräumt.

Was die Ermittler eigentlich gesucht hatten, fanden sie in dem weitläufigen Kuriositätenkabinett nicht: Zwar stand im Kieler Keller ein maßstabsgetreues Modell der Berliner Reichskanzlei. Gehofft hatte die Polizei aber unter anderem auf die beiden originalen tonnenschweren Bronzepferde, die in der Hauptstadt auf der Gartenseite vor Hitlers Regierungssitz gestanden hatten. Dass es diese monströs überzeichneten Plastiken von Hitlers bevorzugtem Bildhauer Josef Thorak und vier weitere von Arno Breker und Fritz Klimsch noch gab und wo sie jedenfalls bis 1989 noch gestanden hatten, war schon vor der Maueröffnung bekannt geworden. Die Kunsthistorikerin Magdalena Bushart hatte darüber im Frühjahr 1989 – kurz vor dem Anfang vom Ende der DDR – in der *Frankfurter Allgemeinen Zeitung* geschrieben und auch den Weg der Riesenrösser rekonstruiert.

Aus Angst vor Bombenschäden hatte die Regierung sie ins brandenburgische Wriezen ausgelagert. Dort hatte Hitler seinem zweiten favorisierten Bildhauer, Arno Breker, 1940 das Herrenhaus »Rittergut Jäckelsbruch« geschenkt und um ein großes neues Atelier für die »Steinbildhauer-Werkstätten Arno Breker GmbH« mit Gleisanschluss und Kanalhafen erweitert, die Albert Speers »Generalbauinspektion« unterstanden. 1944 fanden hier auch Thoraks Pferde einen neuen Stall. Die Rote Armee ließ die Pferde dann nach Kriegsende zusammen mit den Werken von Breker und Klimsch auf den Sportplatz einer ihrer Kasernen im zwanzig Kilometer entfernten Eberswalde bringen.

Eine Gruppe von Kriminellen in Ost und West wusste, was Sammler im Westen für NS-Relikte wie die Thorak-Pferde zu bezahlen bereit waren. Sie nahmen Busharts Artikel offenbar als Hinweis, dass sie schnell handeln mussten, wenn sie die Nazi-Skulpturen zu Geld machen wollten. Als eine Informantin dem Berliner Landeskriminalamt im Herbst 2013 den Hinweis gab, ihr seien die Plastiken zum Kauf angeboten worden, begann dort die Recherche. Als ehemaliges Eigentum der DDR wären die Kunstwerke laut Einigungsvertrag heute Bundeseigentum. Wer mit ihnen handelte, sie erwarb oder versteckte, machte sich deshalb des Diebstahls oder der Hehlerei strafbar.

Am Ende der Ermittlungen standen nicht nur Razzien an verschiedenen Orten in Deutschland – darunter Heikendorf bei Kiel – und Strafanzeigen, sondern auch die Geschichte eines ausgeklügelten innerdeutschen Kunstschmuggels, kurz bevor die Grenze fiel.

Eberswalde – Wilmersdorf – Bad Dürkheim

Neugierige Besucher der Kaserne in Eberswalde, die durch den *FAZ*-Artikel auf die Thorak-Pferde aufmerksam geworden waren und die Plastiken sehen wollten, bekamen noch vor dem Ende der DDR auf die Frage nach dem Verbleib der Skulpturen die Antwort, sie seien verschrottet worden und der Erlös Erdbebenopfern in Armenien zugutegekommen. Tatsächlich rekonstruierte die Polizei 25 Jahre später, dass der Unternehmer Rainer W., der im pfälzischen Bad Dürkheim mit einer Spezialfirma für Motorentechnik einer der größten Arbeitgeber der Region war, durch den *FAZ*-Artikel auf die Eberswalder Kasernen-Pferde aufmerksam geworden war. Er wandte sich an den Aachener Unternehmer Helmut Sch., der offiziell den Import und Export von Oldtimern betrieb, tatsächlich aus der DDR aber regelmäßig auch Sammlerstücke aus der Zeit des Nationalsozialismus und Militärfahrzeuge besorgte. Einer seiner besten Kunden war Rainer W., Jahrgang 1941, der Devotionalien aus dieser Zeit mit ähnlicher Leidenschaft und ähnlichem finanziellen Einsatz wie Klaus-Dieter F. sammelte. »Sch. bediente sich seinerseits bester Kontakte zu der in Ostberlin ansässigen Firma ›Interport‹«, rekonstruierten René Allonge und seine Kolleginnen und Kollegen, »einem von Stasi-Oberst Helmut Gietel geleiteten Spezialistenteam zur Beschaffung westlicher Embargogüter, das als Oldtimerhandel getarnt war.«[69]

Mithilfe weiterer Mittelsmänner – vor allem des in Belgien lebenden Oldtimerhändlers Peter Sch. – und Schmiergeldern in sechsstelliger Höhe gelang es, die zuständigen russischen Offiziere und angeblich auch einen Generalmajor im Nationalen Verteidigungsrat der DDR mit besten Kontakten zu den Russen zu bestechen und sich auf die Legende von der armenischen Erdbebenhilfe zu verständigen. Einer der beteiligten russischen Generäle lebt heute in Weißrussland. Zwei im Schrotthandel tätige Brüder holten die Thorak-, Breker- und Klimsch-Skulpturen noch 1989 in Eberswalde ab – die Russen halfen mit einem Kran beim Verladen – und brachten die Kunstwerke auf zwei Lastern zunächst in eine Scheune in Vehlefanz im Norden von Berlin.

Weil klar war, dass die tonnenschweren Bronzen nicht als Ganzes in den Westen geschafft werden konnten, entschieden sich W. und Sch., sie zersägen zu lassen. Die großen Teile wurden als Buntmetallschrott deklariert und Kfz-Transporten beigeladen, ohne dass etwas auffiel. Wichtige Teile wie die Köpfe und Hufe, Hände und Füße wurden zunächst bei einer Geliebten von Helmut Sch. in einem Ostberliner Plattenbau zwischengelagert – im Schlafzimmer, in grauen Wolldecken. Von dort brachten sie Fahrer der staatlichen Interhotel-Gruppe, die regelmäßig Gäste am Flughafen Tegel abholten, gegen 1000 Westmark Schmiergeld im Kofferraum ihres Wagens in den Westen. Nach Zwischenlagerung bei einem Wohnwagenhändler in Wilmersdorf schmuggelte sie dann ein mit Helmut Sch. befreundeter Rechtsanwalt in seinem Wohnmobil über die innerdeutsche Transitautobahn in die Bundesrepublik. Die Einzelteile wurden in einer Halle in der Nähe von Mainz, die Rainer W. gehörte, wieder zusammengebracht und von einer Spezialgießerei wieder zusammengeschweißt und mit neuer Patina versehen. Zwischen 500 000 und 750 000 D-Mark, schätzte Helmut Sch. gegenüber dem *Spiegel*, habe W. der Schmuggel und die Restaurierung der sechs Plastiken gekostet.

Irgendwann wollte sich der neue Besitzer dann aber von den Pferden wieder trennen. Er bot sie – zusammen mit Fotos und einer Dokumentation – mehr oder weniger diskret in Sammlerkreisen an. Auf diese Weise erfuhren auch eine Informantin des Berliner Landeskriminalamtes und der niederländische Privat-Kunstfahnder Arthur Brand davon, dass die Thorak-Bronzen offenbar noch in der Bundesrepublik waren. Brand waren inzwischen auch Werke von Arno Breker angeboten worden, die sich ebenfalls in Eberswalde befunden hatten. Besichtigungstermine – mal in Süddeutschland, mal in der Nähe von Frankfurt am Main – scheiterten. Dubiose Vermittler, die offenbar selbst nicht wussten, wo sich die Pferde befanden, und nur mitverdienen wollten, mischten sich ein – die Suche gestaltete sich schwierig. Dann aber wurde bekannt, dass zwei der verschwundenen Breker-Bronzen – *Künder* und *Berufung* – Anfang der 1990er-Jahre im Garten des privaten Breker-Museums des Verlegers Joe F. Bodenstein in Nörvenich in der Nordeifel gestanden hatten – und der sich in einem Rechtsstreit mit Rainer W. befand. Aus den Gerichtsunterlagen war zu ersehen, dass W. Bodenstein die beiden Breker-Kolosse 1993 als Leihgaben überlassen hatte. Damit tauchte der Name des Unternehmers zum ersten Mal im Zusammenhang mit den Eberswalder Plastiken auf. Und mehr noch: Bodenstein argumentierte in einem Schriftsatz, sein Kontrahent könne die Werke gar nicht zurückverlangen und kein Eigentum an den Skulpturen haben, weil dieser sich die Bronzen im Rahmen der Wiedervereinigung illegal aus der DDR beschafft habe. Erst nach einem Vergleich erhielt W. die beiden Plastiken 2012 zurück.

Gleichzeitig wurde den Ermittlern immer wieder der Name von Klaus-Dieter F. genannt. Luftbildaufnahmen seines Anwesens in Heikendorf zeigten im Garten einige großformatige Skulpturen. Außerdem galt der Unternehmer, so Ermittler René Allonge, »in der Szene als bekannter Sammler von NS-Devotionalien und diskreter Abonnent rechtspopulistischer Zeitschriften«.

Tatsächlich hatte W. die Thorak-Pferde 1996 als Sicherheit für ein Darlehen in Höhe von 300 000 Mark an F. übergeben, der sie in seinem vor fremden Blicken gut geschützten Garten aufstellte. Als der Kredit zurückgezahlt war, ließ W. die tonnenschweren Plastiken zwei Jahre später von einer Spedition wieder abholen – nachts, damit niemand etwas sah.

»Rechtmäßig erworben«

Die Berliner Kunstfahnder fanden sie schließlich im Mai 2015 in einer Halle in Bad Dürkheim wieder – allerdings erst, als sie einem zunächst unkooperativen Rainer W. die möglichen Folgen seines Verhaltens vor Augen führten. Dort lagerten unter Planen auch die beiden vermissten Bronzeskulpturen von Arno Breker – neben einigen Steinreliefs, die er für die Neugestaltung von Berlin als »Germania« entworfen hatte. Die beiden ebenfalls aus Eberswalde stammenden Klimsch-Skulpturen *Galathea* und *Olympia* standen im Garten des großzügigen Anwesens von W.

Auf Fragen zu etwaigen Panzerfahrten und der politischen Gesinnung von W. reagierte dessen Rechtsanwalt nur mit einer allgemeinen Pressemitteilung. Sein Mandant habe die Skulpturen vor mehr als 25 Jahren von der Russischen Armee und den »früheren Herstellern« rechtmäßig erworben. Kunstwerke aus seinem Besitz seien zudem über zwanzig Jahre in Nörvenich ausgestellt worden. Das Museum dort stellte hingegen klar, dass auf Wunsch der Witwe Charlotte Breker nur die beiden Bronzen *Der Künder* und *Die Berufung* gelagert worden seien: »Herr W. hat die Leihgaben letztlich abgezogen, da er nach Hörensagen kommerzielle Interessen verfolgte.« Tatsächlich haben Brekers Arbeiten trotz seiner tiefen Verstrickung in das Unrechtsregime der Nationalsozialisten nach wie vor einen hohen Marktwert. Im Auktionshaus Schloss Ahlden wurde vor wenigen Jahren der Bronzeguss einer 1935/36 für die Olympischen Spiele modellierten Figur eines Zehnkämpfers für 125 000 Euro versteigert – wobei dieser Guss 1989 von einem Privatsammler direkt beim Künstler erworben worden war.

Die Straftaten im Zusammenhang mit den NS-Skulpturen aus Eberswalde sind inzwischen verjährt. Über die Eigentumsfrage wird noch verhandelt. »Überraschend und anders als zunächst angenommen, war zumindest in diesem Fall die Institution von Schalck-Golodkowskis staatlicher Devisenbeschaffung nicht beteiligt«, fasst Kriminalhauptkommissar René Allonge seine Erfahrungen in dem Fall zusammen. »Am Ende waren es Mitarbeiter des von ihm geführten Konsortiums, DDR-Obrigkeiten und korrumpierte russische Offiziere, die in die eigenen Taschen wirtschafteten und den Schmuggel der Eberswalder Skulpturen von Ost nach West überhaupt erst ermöglichten. Für die Berliner Ermittler boten sich erstmals Einblicke in eine anrüchig anmutende Szene, in der extremistische Gesinnung und fanatische Sammelleidenschaft eng beieinanderliegen.« Angeblich soll sich auch die sogenannte »Blutfahne« der NSDAP – die Hakenkreuzfahne, die die Nationalsozialisten beim versuchten »Hitler-Putsch« gegen die demokratische Reichsregierung im November 1923 trugen und durch deren Berührung alle Parteifahnen und Standarten von SA- und SS-Einheiten ab 1926 »geweiht« wurden – heute bei einem Sammler in Norddeutschland befinden.

Vom Safeknacker zum Auktionator

Forscht man in den Auktionsdatenbanken nach, wo heute zum Beispiel NS-Kunst von Thorak versteigert wird, trifft man immer wieder auf das angesehene, früher in München, heute in Grasbrunn mit sogenannten Militaria und Ritterrüstungen, Schwertern, Kunsthandwerk und Antiken handelnde Haus »Hermann Historica«. Im Mai 2012 wurde dort eine Rudolf-Hess-Büste von Thorak für 7500 Euro versteigert, zwei Jahre zuvor ein 1942 aus Marmor gehauener monumentaler Kopf des Autobahnbauers und Reichsministers für Bewaffnung und Munition Fritz Todt für 6300.

Das Auktionshaus – nach Recherchen des niederländischen Journalisten Bart FM Droog neben dem »Berliner Auktionshaus für Geschichte« und der »Militärische Antiquitäten KG Helmut

Weitze« in Hamburg beim Handel mit NS-Relikten eines der wichtigsten in Deutschland – hat eine interessante Geschichte: Gegründet von einem ehemaligen Safeknacker, der sich von einem Adeligen adoptieren ließ, und weitergeführt von dessen Witwe und Sohn, begann die »Graf Klenau OHG« wohl in den 1960er-Jahren mit NS-Auktionen. 1978 nannte die Wochenzeitung *DIE ZEIT* das Unternehmen dann den »bekanntesten bundesdeutschen NS-Souvenir-Großmarkt.«[70] Schon damals war nicht alles braun, was glänzte. Der Run auf Nazi-Devotionalien, der ab 1968/69 für eine Verdoppelung des Umsatzes sorgte,[71] sorgte auch für einen Anstieg bei den Fälschungen. Im April 1971 beispielsweise bot »Graf Klenau« in einer viel beachteten Sonderauktion 56 Stücke an, die angeblich aus dem Nachlass von Hitlers Münchner Haushälterin Anni Winter stammten. Der Katalog führte unter anderem eine Weihnachtskarte und einen Redeentwurf von Hitler auf, dessen ADAC-Mitgliedsausweis, seine Brieftasche und Kragenknöpfe. Bart FM Droog fand aber heraus, dass der offenbar diebischen Haushälterin, die im April 1945 mit zwei großen Koffern vor den Amerikanern geflohen war, bei ihrer Festnahme nur zehn Stücke zurückgegeben worden waren. Woher die übrigen 46 angebotenen Memorabilien gekommen sein sollten, ist ebenso fragwürdig, wie es die von ihr dutzendfach ausgestellten Echtheitszertifikate für weitere Stücke sind.

1982 übernahmen Wolfgang Hermann und Ernst-Ludwig Wagner die zwischenzeitlich gegründete »Graf Klenau Nachf. oHG« und benannten sie in »Hermann Historica« um. Wer sich heute im Internet über das Angebot informieren will, muss zunächst ein Passwort beantragen. Hermann Historica vermittle Objekte der Zeitgeschichte »nur unter strengen Auflagen« an Museen, Archive und »ernsthafte Sammler«, heißt es zur Begründung. Das sei eine »unverzichtbare und wichtige Arbeit«, die Museen und Sammlungen die Gelegenheit zum Erwerb von Zeitdokumenten »zum besseren Zeitverständnis« biete und so dazu beitrage, »dass sich Ähnliches nicht noch einmal wiederholen kann«. Eine »Tabuisierung« dieses Gebietes würde »nur zu einem intransparenten Markt führen«. Zum Angebot gehören auch mittelalterliche Helme und Schwerter, japanische Samurai-Rüstungen und verschiedenstes Kunsthandwerk.

Ähnlich argumentieren auch andere Auktionshäuser, die mit dem Nationalsozialismus nach wie vor gute Geschäfte machen. Die »Landshuter Rüstkammer« zum Beispiel, die in ihrem Katalog *Antike Waffen & Rüstungen, Militaria & Orden* als »Zeitgeschichtliche Objekte 1933–1945« auch signierte Hitler-Fotos, NSDAP-Abzeichen, einen Entlassungsschein aus dem KZ Sachsenburg oder eine »Schreibtisch-Büste von Reichskanzler Adolf Hitler« auf Marmorsockel anbietet. Rund die Hälfte der im September 2019 angebotenen 1171 Lose stammten angeblich aus der Zeit des Nationalsozialismus. Im Katalog verteidigt das Unternehmen sein Angebot: »Solange Kataloginhaber, Verkäufer und Teilnehmer an der Auktion sich nicht gegenteilig äußern, versichern sie, dass sie den Katalog und die darin enthaltenen und abgebildeten Objekte aus der Zeit von 1933 bis 1945 nur zu Zwecken der staatsbürgerlichen Aufklärung, der Abwehr verfassungswidriger Bestrebungen, der Kunst, der Wissenschaft oder der Lehre, der Berichterstattung über Vorgänge des Zeitgeschehens oder der Geschichte oder militärhistorischer Forschung erwerben (§§ 86a, 86 StGB).«

Ähnliche Konditionen finden sich in den Geschäftsbedingungen der meisten einschlägigen Händler und Auktionshäuser. Allein schon, wer in seiner Freizeit über Vorgänge des Zeitgeschehens »berichtet« oder »militärhistorisch forscht«, kann niemand ernsthaft überprüfen. Und für die zuständigen staatlichen Stellen scheint alles in Ordnung zu sein, solange vor dem Verkauf die Hakenkreuze abgeklebt werden. Was anschließend damit geschieht, weiß niemand. Auch nicht, welche historischen Erkenntnisse Hitlers Braunhemd und seine Schirmmütze mit »weit nach vorne gezogenem Vorderschirm zum Schutz vor zu starkem Lichteinfall« bringen sollten, die im September 2019 das Auktionshaus Thies in Nürtingen anbot: das Hemd für

600 000, die ebenfalls angeblich seit 1945 lückenlos dokumentierte Mütze für 400 000 Euro. Beide Stücke sollen zur umfangreichen Beute des First Lieutenant Philip Ben Lieber gehören, eines jüdischen US-Offiziers aus Louisiana, der gemeinsam mit zwei anderen Soldaten als Erster Hitlers Wohnung am Prinzregentenplatz 16 in München betreten haben will. Zu den mitgenommenen Gegenständen zählte damals angeblich auch ein Rasierbecher aus Porzellan auf goldenen Füßen und mit Hitlers Porträt auf der Vorderseite.

Gefälschter Fälscher

In Nürnberg, wo regelmäßig angebliche Hitler-Werke angeboten und 2019 auch beschlagnahmt wurden, mussten die Liebhaber von NS-Devotionalien damals trotzdem nicht darauf verzichten. Eine nicht eingezogene Tischdecke, die angeblich aus dem Gästehaus Platterhof auf dem Obersalzberg stammt, ging für 630 Euro über den Auktionstisch. Eine Meissner Prunkvase mit Abbildung der *Gorch Fock* und einer Hakenkreuzfahne, angeblich 1945 von russischen Soldaten aus Hitlers Privaträumen in der Berliner Reichskanzlei beschlagnahmt, erzielte 5500 Euro. Ein Korbstuhl aus dem Landhaus Wachenfeld, Hitlers sogenanntem »Berghof« im »Führersperrgebiet« über Berchtesgaden, den der Diktator seinem Tierarzt Karl Reimann für langjährige Dienste geschenkt haben soll, wurde nach entsprechenden Hinweisen vorsichtshalber aus der Auktion zurückgezogen: Die Hakenkreuze in den Armlehnen wären wohl nur schwerlich als Teil eines historischen Dokumentes anerkannt worden. Die in Nürnberg angebotenen Stücke dürften nur »zu Zwecken der staatsbürgerlichen Aufklärung, der Abwehr verfassungswidriger Bestrebungen, des wissenschaftlichen Studiums oder der Berichterstattung über Vorgänge des Zeitgeschehens (Paragraf 86 und 86a StGB) verwendet werden«, hatte auch hier das Auktionshaus schließlich im Katalog pflichtgemäß erklärt. Das sollte offenbar auch für eine angeblich 1929 aquarellierte und mit »A. Hitler« signierte Aktstudie von dessen Nichte und angeblicher Geliebter Geli Raubal gelten, die mit einem Schätzpreis von 3500 Euro aufgerufen werden sollte.

Einiges spricht allerdings dafür, dass dieses Motiv von Konrad Kujau stammt, dem legendären Fälscher der an den *Stern* verkauften Hitler-Tagebuchkladden. Er selbst besitze eine Variante davon, bestätigt Marc-Oliver Boger, der in Bietigheim-Bissingen das »Kujau-Kabinett« gegründet hat und die Arbeit des Fälschers dokumentiert. Der begann schon in den 1960er-Jahren damit, Schlachtenbilder für »Alte Kameraden« zu malen. Als ihn seine Kunden immer wieder nach »Sachen von Hitler« fragten, eignete sich Kujau schließlich dessen je nach Alter verschiedene Handschriften an und stellte her, was gesucht wurde. Für einen schnell geschriebenen Brief erhielt er schon damals 2500 Mark. Auf einige Falsifikate fiel selbst der damals angesehene Historiker Eberhard Jäckel herein.

In den 1970er-Jahren entstanden in Kujaus Atelier auch erste Hitler-Zeichnungen und -Aquarelle. »Er galt in jenen Jahren als der Mann, der alles besorgen konnte«, weiß Boger. »Und er hatte wohl auch Originale. Wenn die Nachfrage aber das Angebot überstieg, begann er damit, selbst Nachschub herzustellen.« Nicht nur aus der Zeit des Nationalsozialismus. Um beispielsweise eine Tabakdose als ehemaligen Besitz von Friedrich dem Großen verkaufen zu können, fälschte er auch dessen Unterschrift. Der *Stern*-Verlag Gruner + Jahr erwarb von Kujau nach Kenntnis von Boger nicht nur die gefälschten Tagebuchkladden, sondern auch verschiedene Autografe, eine angebliche Erstausfertigung des Grundgesetzes für die russische Regierung und ein Exemplar der Gründungsakte der SED. Sein Bruder sei ein General in der DDR und habe die Dokumente besorgt, erzählte Kujau den Abnehmern in Hamburg.

Auf der Rückseite seiner Geli-Raubal-Variante stehe in Kujaus Hitler-Schrift »Geli saß mir 20 Stunden Modell. Bild bleibt in meiner Münchner Wohnung«, erzählt Marc-Oliver Boger. »So etwas war typisch für Kujau.« Fehler wie von jenem Fälscher, der in einem angeblichen Hitler-Brief konsequent eine falsche s-Variante verwendete, seien Kujau nicht unterlaufen. Auf ein Hitler-Tagebuch, das er gefälscht hatte, klebte er allerdings statt der Initialen AH ein falsches FH. Heute bereiten auch Kujau-Werke Probleme, weiß Boger: »Inzwischen wird er selbst gefälscht. Wir zeigen in der Ausstellung eine ganze Vitrine davon.« Ein Mann, der am Bodensee lebt, biete beispielsweise regelmäßig bei eBay falsche Kujaus an. Andere Fälscher suchten alte Menschen, die noch die Sütterlin-Schrift beherrschen. Gegen ein kleines Honorar ließen sie sich von ihnen Blanko-Ausweise mit den Daten prominenter Nationalsozialisten ausfüllen. Mithilfe dieser Dokumente lassen sich dann ganze Konvolute aus Uniformteilen, Dolchen, Orden und anderen Stücken mit der Legende verkaufen, sie stammten von diesem Besitzer. »Sie werden dann zu einschlägigen Auktionen eingeliefert«, weiß Boger, »und müssen dort gar nicht unbedingt verkauft werden. Es genügt schon, dass sie mit ihrer gefälschten Legende im Katalog abgebildet werden. Damit sind sie für den Sammlermarkt weißgewaschen und können anschließend, nicht selten zu noch höheren Preisen, weiter angeboten werden.«

Hitler und Schneewittchen

Der Kult um Hitler als vermeintlichen Künstler trieb bisweilen schon absurdere Blüten – 2008 etwa, als der norwegische Museumsdirektor William Hakvaag auf den norwegischen Lofoten ein Konvolut von vier Cartoon-Zeichnungen auf der Rückseite eines Hitler-Gemäldes in einem Bilderrahmen gefunden haben wollte. Weil der »Führer« Disneys Zeichentrickfilme sehr geschätzt haben soll, so die Legende zum Bilderfund, habe er Pinocchio und drei der Sieben Zwerge nachgezeichnet und aquarelliert. Natürlich tragen drei der vier Blätter auch entsprechend sein Monogramm. Er sei absolut sicher, dass die Blätter von

Hitler stammten, versicherte Hakvaag der Nachrichtenagentur Reuters: »Fälschungen hätte doch niemand auf der Rückseite eines Bildes versteckt, wo sie vielleicht niemals entdeckt worden wären.« Das Bild hatte der Museumsmann für umgerechnet rund 300 Dollar bei einer Auktion in Deutschland ersteigert. Die Signatur darauf stimme mit der Handschrift der Monogramme auf den Cartoon-Kopien überein: »Hitler besaß eine Kopie von *Schneewittchen.* Er hielt das für einen der besten Filme, die jemals gemacht wurden.« Und schließlich handele es sich ja um die Adaption eines urdeutschen Märchenstoffes.

Tatsächlich hatte Hitler eine Affinität zu Disneys Zeichentrickfilmen. Sein Biograf Ian Kershaw erinnerte daran, dass Propagandaminister Joseph Goebbels Hitler Weihnachten 1937 dreißig US-Unterhaltungsfilme geschenkt habe, die in Deutschland nicht gezeigt werden durften – darunter 18 Mickey-Mouse-Filme. Ein Jahr später habe Walt Disneys Bruder Roy dann eine Kopie des Schneewittchen-Films persönlich ans Propaganda-Ministerium übergeben.[72] Der Zeichentrickfilm *Pinocchio* allerdings hatte erst am 7. Februar 1940 Premiere. Hitler müsste sich also mitten im anderthalb Jahre zuvor angezettelten Krieg mit ihm und den Figuren Doc, Sleepy und Dopey vergnügt haben. Sehr wahrscheinlich ist das nicht.

In Belgien tauchten 2006 angeblich auf dem Dachspeicher eines Bauernhofs 21 Zeichnungen auf, die der in der Nähe stationierte Gefreite Adolf Hitler im Ersten Weltkrieg in Flandern vergessen haben soll. Die britischen Künstlerbrüder Jake und Dinos Chapman erwarben das Konvolut en bloc für umgerechnet 170 000 Euro, übermalten die Blätter mit Sternen, Regenbögen und Herzen und boten sie in der Ausstellung *If Hitler Had Been a Hippy, How Happy Would We Be* als eigene Werke an – für nun umgerechnet 872 000 Euro. Ihr Galerist sorgte angeblich dafür, dass keine NS-Sympathisanten die umgearbeiteten angeblichen Hitlers kaufen konnten. Die Versteigerung fand im kleinen Auktionshaus Jefferys in der Kleinstadt Lostwithiel in Cornwall statt.

Großbritannien, wo Comedyserien mit tumben Nazi-Soldaten immer noch Massen vor die Fernseher ziehen, ist ein Zentrum des Handels mit den angeblichen Hitler-Devotionalien. Schon im Mai 1960 hatte das angesehene Londoner Auktionshaus Sotheby's zwei Wasserfarbblätter Hitlers in eine Auktion mit *Important Impressionist and Modern Drawings, Paintings and Sculptures* aufgenommen. Im Katalog wurden die Ansichten des Wiener Parlaments und der Karlskirche völlig gleichberechtigt neben Werken von Picasso, Renoir und Toulouse-Lautrec abgebildet. Einlieferin war damals eine Wiener Industrielle namens Monica Fischer, die sogar die Echtheit der Blätter belegen konnte. Mit den Aquarellen wurde auch Korrespondenz verkauft, aus der hervorging, dass sie ein ungarischer Möbelfabrikant 1912 erworben hatte. Der ehemalige Wien-Korrespondent des *Völkischen Beobachters,* Walter Lohmann, der ab 1938 alle noch in Privatbesitz befindlichen Hitler-Zeichnungen für das Hauptarchiv der NSDAP ankaufen sollte, identifizierte diese beiden als »frühe Hitlers«; der Ankauf gelang ihm aber aus unbekannten Gründen nicht. Auch Hitlers Fotograf Heinrich Hoffmann bestätigte die Authentizität. Gegen die Auktion protestierte unter anderem der Londoner Galerist Jacques O'Hana: »Hitler war nur ein Künstler im Massenmord. Eine Firma, die jährlich eine Million Pfund einnimmt, hat solche Publizitätssucht nicht nötig!«[73] Sein Einwand verhallte ungehört. Für insgesamt 600 Pfund Sterling, damals umgerechnet 7100 Mark, ersteigerte ein Londoner Antiquar die beiden Aquarelle. Sein Auftraggeber war Sir Henry Frederick Thynne, der 6. Marquess of Bath, der anschließend kommentierte: »Ich habe die Bilder gekauft, weil Hitler sie gemalt hat. Ich weiß, dass sie praktisch keinen Wert haben. Aber warum kaufen denn die Menschen Bilder von Churchill?«[74] Der Erlös des Verkaufs floss, wie Auktionator Peter Wilson erst zu Beginn der Auktion bekannt gab, dem Fonds für das britische Weltflüchtlingsjahr zu.

Seit der prominenten Sotheby's-Auktion reißt der Nachschub auf der Insel erstaunlicherweise nicht ab. Inzwischen hat sich das Geschäft allerdings von der Hauptstadt in die britische Provinz verlagert. 2010 zum Beispiel nach Wall-under-Haywood. Die Mutter des Künstlers in Bleistift: 6000 Pfund. Der muskulöse Rückenakt eines jungen Mannes in Rötel: ebenfalls 6000 Pfund. Ein Aquarell, das zwei Handwerker in einer Schmiede zeigt, kostete schon das Doppelte. Aus dem Werkstattfeuer im Hintergrund steigt ein rotes Hakenkreuz auf, einer der Männer trägt einen schmalen Oberlippenbart. Unten links ist das Blatt unterschrieben mit »Adolf Hitler 1929«.

Auch diese Zeichnungen, die im April 2010 das britische Auktionshaus Mullock's angeboten hat, stammten natürlich angeblich von der Hand Adolf Hitlers. Insgesamt 21 solcher Arbeiten auf Papier kamen allein in dieser einen Auktion in den englischen Midlands zum Aufruf. Gesamtschätzpreis: 165 000 Britische Pfund. Die meisten von ihnen sollen während Hitlers frühen Wiener Jahren entstanden sein – als letztlich gescheiterte Bewerbungen für die dortige Kunstakademie. Wieder erschien ein eigener Katalog, und wieder waren die Massenmörder-Souvenirs an Absurdität kaum zu überbieten. Unter der Nummer 382 wurde für 40 000 Pfund eine Radierung der jüdischen Malerin Emma Löwenstamm angeboten, die Hitler – angeblich mit einem noch volles Haupthaar tragenden Lenin – 1909 beim Schachspielen in Wien zeigt. Ein Los später folgte das hölzerne Schachspiel selbst, das sie dabei angeblich benutzt haben sollen – natürlich original, noch vollständig und ebenfalls durch einen Schätzpreis von 40 000 Pfund geadelt: Was so teuer ist, muss schließlich echt sein. Eine rötlich marmorierte Bodenfliese aus Hitlers Arbeitszimmer in der Reichskanzlei hingegen, die ein russischer Soldat bei der Erstürmung Berlins mal eben im Handgepäck mit in die Heimat geschleppt haben soll, war schon für bescheidene 10 000 Pfund zu haben. Ein Echtheitszertifikat wurde selbstverständlich mitgeliefert.

Insgesamt versteigerte Mullock's nach Recherchen der Niederländer Jaap van den Born und Bart FM Droog, die immer wieder gefälschte Hitler-Werke enttarnen, allein zwischen 2009 und 2019 in 13 Auktionen 84 angebliche Aquarelle, Ölgemälde, Pastelle und Skizzen des Diktators. Ihren Recherchen zufolge handelte es sich ausnahmslos um Fälschungen. Und beide nennen auch die Namen von fragwürdigen Experten wie Peter Jahn oder dem Möbelrestaurator Hans O.A. Horváth, die immer wieder positive Gutachten für die Werke ausgestellt haben. Expertisen von Horváth, der einst Hitlers Nichte Geli Raubal exhumieren lassen wollte, um einen angeblichen Mord zu beweisen, wurden auch vom Nürnberger Auktionshaus Weidler zitiert.

Staatlich angeordnete Verknappung

Zentrum des Handels mit NS-Relikten ist neben den USA und Großbritannien aber immer noch Deutschland. Vor allem hier erweist sich bis heute der tote Diktator sprudelnde Geldquelle am Kunstmarkt. Dabei hatte Hitler selbst schon zu Lebzeiten versucht, genau das zu verhindern. Irgendwann bemerkte sogar der »Größte Feldherr aller Zeiten«, dass er auch als junger Künstler kein Genie war. Als Hitlers politische Bedeutung stieg, verfügte er deshalb, dass all seine Zeichnungen, derer sein Stab habhaft werden konnte, konfisziert werden sollten.

Zum einen wollte er verhindern, dass seine Bilder als Teil eines ohnehin schon ausufernden Devotionalienkultes zu teuren Spekulationsobjekten wurden. Zum anderen fürchtete er – der sich selbst als ernsthafter Kunstsammler stilisierte – den Spott von Fachleuten, denen die mindere Qualität vieler seiner Arbeiten sicher aufgefallen wäre. Rund 50 Gemälde und Zeichnungen erwarb das NS-Hauptarchiv bis 1940 – für rund 2000 Reichsmark pro Stück, so der Historiker und Journalist Sven Felix

Kellerhoff: »Das war etwas mehr als ein Jahresdurchschnittsbruttogehalt im Dritten Reich, entspräche heute also einem Betrag von etwa 40 000 Euro.«[75] Trotzdem weigerten sich manche Besitzer – auch, weil sie den Wert der Werke drastisch überschätzen, wie der Brief einer Therese Resl aus Wien von Juli 1938 belegt: »Ich ersuche Sie höflichst um Nachricht über den Verbleib der beiden Zeichnungen, gleichzeitig füge ich bei, dass ich nicht die Bilder den Käufern um den Preis von 4000 RM überlassen werde. Da doch den Führer, ein Volk, von 75 000 000 Menschen verehren. So werden auch hoffentlich, dessen eigenhändige Zeichnungen, wohl einem anderen Betrag entsprechen. Mein Wunsch wäre wenn ich für die Bilder, statt Geld, ein eigenes Familienhäuschen mit einem entsprechenden Stück Grund in der Nähe von Wien erhalten könnte.«[76] Nach entsprechendem Druck vonseiten der Behörden verkaufte die Frau schließlich doch. Nur etwa drei Dutzend der auf diese Weise »gesicherten« Blätter überstanden den Zweiten Weltkrieg.

Von der staatlich angeordneten Verknappung hoffte damals Hitlers ehemaliger Freund Reinhold Hanisch zu profitieren, der zu den aktivsten Hitler-Fälschern zählte. Beide hatten sich 1910 im Wiener Männerwohnheim Meldemannstraße kennengelernt, wo Hanisch die Vermarktung von Hitlers Postkartenbildern übernahm. Er kannte dessen Motive und Stil also gut. Als der gebürtige Böhme dann ab Anfang der 1930er-Jahre immer wieder mit mutmaßlich von ihm selbst gefälschten Hitler-Zeichnungen und -Bildern handelte, wurde er aber schließlich mehrfach inhaftiert. Die angebliche Echtheit der Hitler-Bilder hatte unter anderem der Maler Karl Leidenroth bestätigt, den er ebenfalls im Wohnheim kennengelernt hatte. 1937 kam Hanisch, dessen an verschiedenen Stellen veröffentlichte Erinnerungen als unzuverlässig gelten, unter ungeklärten Umständen im Gefängnis ums Leben.

Dass trotz Hitlers generalstabsmäßiger Rückrufaktion der eigenen Werke gerade in den vergangenen zehn Jahren immer wieder Zeichnungen und Aquarelle aufgetaucht sind, die von seiner Hand stammen sollen, führte Sven Felix Kellerhoff zu der Aussage, dass 98 Prozent des Angebots aus – häufig dilettantischen – Fälschungen bestehe.[77]

Die Gutachten zu den angeblichen Hitler-Arbeiten stammen meist seit Jahrzehnten von denselben Experten, die sich auch auf immer dieselbe Literatur berufen. Dazu gehört etwa ein 1984 vom amerikanischen Multimillionär und Hitleriana-Sammler Billy F. Price herausgegebenes Werkverzeichnis, das als nicht seriös gilt. Price hatte selbst früh damit begonnen, Hitlers angebliche Werke zu sammeln, und bezahlte, um den eigenen Bestand aufzuwerten, mehrere Wissenschaftler für die Publikation. Er und seine beiden Mitautoren Peter Jahn und August Priesack listen Werke von Hitler-Fälscher Konrad Kujau ebenso als Originale auf wie die von Hitlers Zeitgenossen Reinhold Hanisch, übertreiben die Zahl der angeblich entstandenen Arbeiten maßlos, ohne dafür Belege zu haben, berufen sich ihrerseits ebenfalls auf unzuverlässige Quellen. Gerade einmal ein gutes Dutzend der 725 Hitler im Buch zugeschriebenen Arbeiten gilt seriösen Experten deshalb heute als echt. Über den auch in Nürnberg als Experte aufgeführten ehemaligen NSDAP-Archivmitarbeiter Priesack, der nach dem Krieg Hunderte private Gutachten zu angeblichen Hitler-Werken schrieb, ist bekannt, dass auch er dabei unter anderem dutzendfach auf den Tagebuchfälscher Konrad Kujau hereinfiel.

Der niederländische Autor Jaap van den Born überführte einen anderen der vielen angeblichen Hitler-Experten vor einigen Jahren, indem er aus dem Internet eine mittelmäßige Wien-Ansicht ausdruckte, darauf selbst mit Filzstift die Signatur »A. Hitler« hinzufügte und einen Scan davon in die USA mailte. Für 40 Dollar erhielt er kurz darauf die Bestätigung des »forensischen Handschriftenprüfers« Frank P. Garo, das Werk sei »sorgfältig untersucht und mit bekannten echten Exemplaren verglichen worden. Ergebnis: Die Unterschrift stamme seiner Meinung nach von der Hand des deutschen Diktators.« Auf

Garo berief sich 2019 auch das Auktionshaus in Nürnberg bei einer Reihe von Werken, die im Katalog der geplanten Auktion aufgeführt und abgebildet waren – mit Schätzpreisen zwischen 130 und 45 000 Euro.

Eine Frage des Glaubens

Im Nürnberger Katalogtext heißt es an einer Stelle immerhin vorsichtig und historisch verkürzend, angeboten wurden Bilder mit dem Monogramm A. H. oder der Signatur »A. Hitler (wohl Adolf Hitler 1889–1945) Maler und Soldat«. Auf den zweifelhaften Ruf der angeführten Experten angesprochen, äußerte sich das Auktionshaus auf Nachfrage nicht.

»Manche Blätter haben Echtheitsbescheinigungen, die Studienskizzen sind auf Papier mit Wasserzeichen, und einige von ihnen tragen Hitlers Adresse in seiner Handschrift«, behauptet Mullock's-Sprecher Richard Westwood-Brookes. Und er beantwortete auch die Frage, woher die Werke kommen, die sein Unternehmen angeboten habe. Die Zeichnungen stammten aus verschiedenen Quellen: »Wir können noch so viele Meinungen von den führenden Experten der Welt haben: Am Ende des Tages wird die Frage trotzdem noch sein, ob man daran glaubt oder nicht. Wir können diese Dinge nur für eine öffentliche Überprüfung zur Verfügung stellen und so viel Information wie möglich geben.« Ein entscheidendes Detail unterschlug das Unternehmen seinen Kunden allerdings. Alle gesicherten Werke des späteren Diktators sind nur mit »A. Hitler« signiert. Die ungelenken Akademieskizzen, die bei Mullock's angeboten wurden, trugen aber fast alle, in völlig unterschiedlichen Handschriften, den Vor- und Zunamen des angeblichen Künstlers.

Zum Teil stammen die gefälschten Werke des Massenmörders, mit denen bis heute im Kunsthandel viel Geld verdient wird, also von Zeitgenossen Hitlers, die nach dessen politischem Aufstieg ihre eigenen Werke mit Hitlers Namen signierten. Zum anderen Teil wurden sie nach dem Krieg systematisch gefälscht und willigen Amateuren zur Expertise vorgelegt, um sie anschließend über sorglose Auktionshäuser oder über den grauen Markt anzubieten. Wer die Gemälde, Aquarelle und Zeichnungen – zum Teil zu hohen Preisen – erwirbt, hätte mit wenig Recherche herausfinden können, dass er betrogen wurde: historisch, weil selbst Hitler-Originale keine Kunstwerke, sondern mehr oder minder dilettantisches dekoratives Kunsthandwerk sind. Und finanziell ohnehin. Sie können sich aber wenigstens damit trösten, dass sie damit eine lange Tradition fortsetzen: Selbst das NSDAP-Hauptarchiv ließ sich, als es vor 1940 in Hitlers Auftrag dessen Werke einsammelte, Fälschungen andrehen – und bezahlte schon damals viel echtes Geld dafür.

Vormittags Picasso, nachmittags Dalí – der Massenbetrug mit kopierten Druckgrafiken

Der Kunstmarkt, das gerät manchmal in Vergessenheit, besteht nicht nur aus den großen Auktionen in London und New York, bei denen Millionen, ja manchmal sogar eine Milliarde Dollar innerhalb nur einer Woche umgesetzt werden. Meist geht es an den Orten, wo Kunst verkauft wird, um Gemälde, Zeichnungen und Fotografien im Wert von ein paar Tausend oder Zehntausend Euro. Und dann gibt es noch Orte wie das Auktionshaus an einem Münchner Markt, wo jahrzehntelang, gleich vis-à-vis von den Fruchtsaftständen und Käsetheken, mehr oder minder antike Ware für erschwingliche Preise, manchmal sogar unter hundert Euro, versteigert wurde. Darunter auch solche Bilder, die den Eigentümern des Unternehmens später zum Verhängnis werden sollten. Im Sommer 2019 saßen die drei Gesellschafter auf einer Anklagebank im Münchner Landgericht. Es ging um mehr als hundert Geschädigte. Und indirekt auch um einen Mann aus Nordrhein-Westfalen, der in seinem Keller massenhaft Reproduktionen verschiedener Werke berühmter Künstler hergestellt haben soll: vor allem von Pablo Picasso, aber auch von Egon Schiele, Gustav Klimt, Henri Matisse, Marc Chagall und Salvador Dalí.

An dem Markt wurde aber nicht nur an ein paar Tagen im Jahr versteigert, so wie bei den Münchner Traditionshäusern Neumeister, Ketterer oder Karl & Faber, sondern an jedem Werktag, und zwar mehrfach: vormittags, mittags und nachmittags. Vor dem Eingang zu dem großen Ladengeschäft erwartete ein Bronzezoo die Kundschaft. Hier wachten nicht nur zwei große

Löwen, auch ein Elefant hob seinen Rüssel zur Begrüßung. Es gab ein Pferd, einen Bullen, Kraniche, und im Schaufenster tummelten sich lebensgroße Schweine, vom Hausschwein über einen wilden Keiler bis zum Frischling. Lautsprecher übertrugen das Geschehen im Inneren des Auktionshauses bis auf den Gehweg und lockten auf diese Weise Besucherinnen und Besucher an: »Das ist ein unglaublicher Preis für so einen Perserteppich. 1500 Euro! Wer bietet mehr? Keiner? Und für 1000 Euro? Wirklich ein ganz unwahrscheinlicher Preis. 900? Niemand? Dann geht der Teppich halt zurück. Und hier, diese wunderbare Fish Bowl. Jetzt ist eh schon alles wurscht, wer zahlt wie viel? Bitte?« Im Inneren waren zwischen Lampen mit einer stilisierten Querflöte als Ständer und großen Vitrinen mit Schmuck und Silberbesteck auch mehrere Reihen Plastikstühle aufgestellt, auf denen vor allem ältere Menschen Platz fanden. Manche von ihnen offensichtlich Touristen, andere Einheimische, die Plastiktüten voller Gemüse neben sich.

Bei einem Besuch im Sommer 2007 lieferte der Auktionator zu allen Stücken, die ihm von eifrigen Mitarbeitern herangeschleppt und aus Kisten hochgehalten wurden, einige anscheinend verkaufsfördernde Hintergrundinformationen: »Jetzt haben wir hier zwei genial gerahmte Lesezeichen von Hundertwasser zu versteigern. Hundertwasser war ja ein sehr intellektueller Typ«, erläuterte er im korrekten Anzug, den Holzhammer in der Hand: »Hundertwasser starb übrigens auf einer Kreuzfahrt in der Nähe von Australien.« Eine ältere Frau ersteigerte die gerahmten Lesezeichen; sie hob ihre Hand bei 50 Euro.

Mit der Aura der Auktion

In den großen, auf Kunst spezialisierten Auktionshäusern in Deutschland würden Lesezeichen von Hundertwasser, massenhaft produzierte Einrichtungsgegenstände oder Gartenmobiliar niemals versteigert werden. City-Galerien wie das Auktionshaus an dem Münchener Markt gab es seit der Jahrtausendwende in fast jeder deutschen Großstadt – häufig in zentraler Lage in den Fußgängerzonen. Ihre Zielgruppe sind Touristinnen und Touristen, die eigentlich in die Stadt gekommen sind, um Sehenswürdigkeiten zu bestaunen und gut zu essen.

In besagtem Münchener Auktionshaus wurde zwar mehrmals am Tag ein Spektakel aufgeführt, das an die großen Versteigerungen bei Christie's und Sotheby's erinnern sollte – samt Holzhammer, der den Zuschlag signalisiert, und anderen Insignien des seriösen Kunsthandels. Doch anders als in den großen Häusern wurden hier, in Nachbarschaft zu den Gemüse- und Metzgerständen, die Distinktionsschranken bewusst niedrig gehalten, was schon die Übertragung der Auktionen per Lautsprecher auf die Straße verdeutlichte. Es ging um die Teilnahme an einem Ritual, das die meisten im Raum bisher nur aus Filmen kannten: das Auktionshaus als ein Sehnsuchtsort, an dem jede und jeder für eine halbe Stunde in die große Welt von Kunst, Bildung und Geschäften eintauchen und Bourgeoisie spielen kann. Auch hier am Markt wollten die Käuferinnen und Käufer die Aura des Originals, die Patina der Antiquität ersteigern – und an der Aura des geheimnisvollen Kunsthandels teilhaben.

Mit den Gepflogenheiten am Kunstmarkt haben viele Kundinnen und Kunden solcher Unternehmen in aller Regel keine Erfahrung – und so ist es nicht schwer, ihnen Seriosität zu suggerieren. Wer transparent, mit zur Straße hin weit geöffneten Türen Werke von Künstlerinnen und Künstlern mit großen Namen wie Pablo Picasso und Marc Chagall, Salvador Dalí und Joan Miró anbietet, wird doch kein Betrüger sein. Sonst würde er seine Geschäfte doch wohl eher in schummerigen Hinterzimmern abwickeln – und nicht unter dem Auge der Öffentlichkeit mitten in der Stadt. Wer sich hier endlich auch einmal als Kunstsammler versuchen will, findet nicht nur eine direkte Ansprache. Ihm oder ihr wird zusätzlich auch vermittelt, dass für wenig Geld bedeutende Kunstwerke mit nach Hause genommen werden können, um dort Freunde und Bekannte zu beeindrucken. Schließlich haben auch Menschen, die sonst von Kunst nur wenig oder gar keine Ahnung haben, diese Namen schon gehört. Aber dass etwa an der Grenze zu Andorra noch zu Dalís Lebzeiten Tausende von Blanko-Bögen mit der Unterschrift des geschäftstüchtigen Surrealisten beschlagnahmt wurden, dass man Druckgrafiken mit seinem Namen zunächst einmal misstrauen sollte, wissen diese Menschen nicht.

Auktionen für jedermann war das Motto der drei Geschäftsführer. Und so gebrauchten sie auch nicht übermäßig viele Fachbegriffe, wie es andere Auktionatoren gerne von ihrem Rostrum – dem Stehpult – aus tun. Keiner der drei Geschäftsführer hatte Kunstgeschichte studiert. Alle drei waren mehr oder weniger durch Zufall ins Auktionsgeschäft geraten und hatten seit den 1990er-Jahren in einem Auktionshaus am selben Ort gearbeitet. Als ihr ehemaliger Chef wegen finanzieller Probleme das Geschäft aufgeben musste, übernahm das Trio im Jahr 2000 die Ladenräume und gründete eine eigene GmbH mit neuem Namen. Einige Jahre ging alles gut. Als sich bei Dutzenden der Kunden und Stammkunden die Polizei meldete und nach Fälschungen fragte, schlossen die drei Geschäftsführer dann im Januar 2014 überraschend ihr Auktionshaus. Mehr als 120 000 Euro sollen die drei dort in mindestens 180 Fällen für billige Kopien kassiert haben, so die Staatsanwaltschaft, die in ihrer Anklage von gewerbsmäßigem Betrug ausging.

Original aus Galerieauflösung, mit Zertifikat

Im Juli 2019 mussten sich die drei Angeklagten dann vor dem Landgericht München verteidigen. Allein das Verlesen der 25-seitigen Anklageschrift dauerte über eine Stunde. Die Männer saßen in einem trostlosen Gerichtssaal: Stühle in abgeschabtem Orange, Türen in stumpfem Grün gehalten; vor den Fenstern hingen beigefarbene Gardinen aus einem Stoff, der an ein Gitter erinnerte. Grund für die Anklage waren mehr als hundert Grafiken, die in dem Auktionshaus versteigert oder direkt verkauft worden waren. Angeblich handelte es sich laut Angebot um limitierte Auflagen von Lithografien nach Zeichnungen, so berichteten es die als Zeugen geladenen Käuferinnen und Käufer vor Gericht: um »originale« Kunstwerke von Pablo Picasso, Salvador Dalí und anderen. Sie hatten sogar Zertifikate, die neben dem Künstler auch den angeblichen Hersteller der Edition und die angeblich limitierte Auflage nannten.

Im Prozesssaal gab es viel darüber zu lernen, was für ein unterschiedliches Verständnis von Kunst verschiedene Menschen haben. Und darüber, was Luxus ist. Für einige der Kunden, so hatte es den Anschein, waren die gezahlten Euro-Summen im dreistelligen Bereich viel Geld gewesen. Da war zum Beispiel die braun gebrannte Frau aus Gauting mit blonden Haaren und buntem T-Shirt. Sie empfand zwei Bilder von Dalí als schön, sie hatten ihr ausgenommen gut gefallen – und dann hatte es noch dieses vertrauenerweckende Zertifikat gegeben. Also kaufte sie die beiden Grafiken als Geschenke für ihren Mann: eine für Weihnachten, eine für den Geburtstag.

Ein anderer Geschädigter, ein Pensionär aus Freiburg in heller Hose und blauem Jackett, war als Tourist in München gewesen und »unvorbereitet« mit seiner Frau ins Auktionshaus geraten: Ein Kunstsachverständiger sei er nicht, sagte er, der wie die meisten Zeugen in diesem Prozess ein dialektal gefärbtes Deutsch sprach. Ein Kunstwerk müsse für ihn ein Original und schön präsentiert sein. In München sei dann diese Picasso-Lithografie aufgerufen worden, in einem schönen Rahmen. Es waren wenige Menschen im Auktionssaal, er habe gedacht, er mache ein Schnäppchen: »Ich bin von der Originalität ausgegangen, sonst hätte ich es nicht gekauft.« Wegen der Limitierung habe er an eine gute Anlage gedacht. Jetzt, so gab er zu Protokoll, sei er wütend.

Anders der Versicherungskaufmann, kurz vor dem Rentenalter: ein grauhaariger knurriger Mann mit Sportjacke und weißen Turnschuhen, der etwas großspurig auftrat und offenbar nicht kleingeistig wirken wollte. Wenn er sich ein Bild kaufe, erzählte er, dann weil es ihm gefalle; ob Original oder nicht, sei egal. Er wolle deshalb seine von der Polizei beschlagnahmte Picasso-Grafik zurückhaben. Oder wenigstens den Rahmen.

Oder die Rezeptionistin aus Grafing, die ein schönes Oberbairisch sprach und fast 1400 Euro für zwei Grafiken von Klimt und Picasso ausgegeben hatte. Die Bilder stammten aus der Auflösung einer Galerie, die in Geldschwierigkeiten geraten war, sei ihr damals gesagt worden. Dass die Bilder eigentlich viel mehr Geld wert seien als die Zuschlagpreise, hatten auch zahlreiche andere Käuferinnen und Käufer zu hören bekommen.

Eine der energischsten Zeuginnen der Anklage war eine in Polen geborene, nun in Niedersachsen lebende junge Mutter, die als Angestellte arbeitete. Sie sei bei einem München-Besuch in das Auktionshaus gekommen, das sie für renommiert hielt. Ihr sei während der Auktion vermittelt worden, dass eine Lithografie mit einer eigenen Auflagennummer etwas Besonderes sei. Sie habe ihre Hand gehoben. Der Zuschlag, so habe damals der Auktionator gesagt, sei allerdings nur unter Vorbehalt. Man müsse erst telefonisch Rücksprache mit dem ehemaligen Eigentümer halten – das Bild stamme aus einer aufgelösten Kanzlei –, bevor man einen Verkauf zu einem so günstigen Preis realisieren könne. Nach einem kurzen Telefonat der Geschäftsführung im Anschluss an die Auktion habe die Frau das Bild dann kaufen dürfen. Sie sei überzeugt gewesen, eine gute Geldanlage getätigt zu haben, Picasso sei schließlich berühmt, die Versteigerung eine einmalige Chance. Die Edition mit weniger als 1000 Exemplaren habe sie zur Besitzerin von etwas Exklusivem gemacht.

Als sie von der Polizei kontaktiert wurde, von Fälschungen die Rede gewesen sei, sei sie extrem traurig und enttäuscht gewesen: »Wenn man eine Fälschung verkauft, soll man das auch offen sagen«, empörte sich die Frau vor Gericht. Sie verglich die Picasso-Grafiken mit den Handtaschen von Gucci: Eine gefälschte Gucci-Tasche könne man sich für wenige Euros bei speziellen Händlern, etwa in der Türkei, kaufen. Da wisse jeder, dass es sich um eine Fälschung handelt. Wer aber in ein angesehenes Geschäft gehe und viel Geld zahle, wolle dafür auch ein Original haben.

Hunderte solcher Fälle hatten die Ermittler recherchiert, rund 180 davon brachte die Staatsanwaltschaft schließlich zur Anklage. Vor Gericht gehört wurden dann vor allem jene Fälle, in denen die Mitarbeiter des Auktionshauses sogenannte »kolorierende Angaben« beim Verkauf gemacht hatten, bei denen sie also mit einer angeblich einmalig günstigen Kaufoption wegen Galerieauflösung oder Kanzleischließung geworben hatten. Und das, obwohl das Material, mit dem in München jahrelang ein Großteil der Grafik-Auktionen bestückt wurde, aus einer Quelle in Nordrhein-Westfalen stammte.

Teurer Rahmen, billige Kopie

In einem gesonderten Verfahren, so hieß es in der Münchner Anklage gegen die Auktionatoren, verdächtigten die Ermittler nämlich Günther K., einen Mann aus Nordrhein-Westfalen, spätestens seit 2003 die Grafiken zuweilen in Mengen von mehr als hundert Stück sehr günstig nachgedruckt zu haben. Die Kopien kosteten Günther K. pro Blatt angeblich weniger als einen Euro, so hieß es in der Münchner Anklage. Es handle sich um einfache Reproduktionen, teilweise wohl per Offsetdruck ohne jede Genehmigung der Künstler oder ihrer Erben hergestellt.

Günther K. soll die Blätter dennoch wie echte, limitierte Künstlerauflagen mit einer Bleistiftnummer auf der Vorderseite beziffert haben, etwa »611/888« oder »197/500«. Teilweise gab es ein offiziell aussehendes Zertifikat, das teilweise am Rand wie eine Urkunde oder eine Aktie aufwendig verziert war, zu den gerahmten Kopien. Ein Stempel wies Günther K. als »Sachverständigen für europäische Kunst des 19. und 20. Jahrhunderts« aus.

Wertvoller als die billigen Kopien, so die Anklage, waren die Rahmen, die Günther K. teilweise selbst im Keller seines Wohnhauses angefertigt haben soll oder sich von anderen Firmen für Summen unter 20 Euro pro Stück liefern ließ. Sie waren so gut gearbeitet, dass sich viele Zeugen im Prozess die Rahmen zurückwünschten, falls sie für die billigen Kopien nicht entschädigt werden würden.

Paletten voll Kopien

Das Auktionshaus in München war offenbar nicht der einzige Abnehmer von Günther K.; er stellte laut Anklage große Mengen von Kopien her. Die Polizei beschlagnahmte teilweise noch nicht gerahmte Kopien in großen Stapeln, die auf hölzernen Industriepaletten lagerten. Schließlich befanden sich so viele, insgesamt tonnenschwere Blätter in der Asservatenkammer des Berliner Landeskriminalamtes, dass man sich dort Sorgen um die Statik machte. Und es ging nicht nur um Künstlerinnen und Künstler der Klassischen Moderne. Der Kunsthistoriker Hubertus Butin ist Experte für die Editionen – also die in kleinen Auflagen produzierten Druckgrafiken, Künstlerbücher und Objekte – von Gerhard Richter und Autor des entsprechenden Werkverzeichnisses. Im September 2010, so berichtete er unter anderem in der *Frankfurter Allgemeinen Zeitung,* sei in einem süddeutschen Auktionshaus ein Exemplar der großformatigen Grafik *Mao,* die Richter 1968 in einer Auflage von rund 500 Abzügen veröffentlicht hatte, für 2200 Euro versteigert worden. Tatsächlich, so Butin, seien weder der Druck noch die Signatur echt gewesen – trotz beiliegender Expertise eines Kunstsachverständigen.

Der Experte arbeitete, wie Butin später berichtete, für ein Auktionshaus in der Nähe des Berliner S-Bahnhofs Friedrichstraße. Dort hatte ein Käufer ein kopiertes *Mao*-Exemplar für erstaunlich niedrige 3700 Euro – gut ein Drittel des sonst üblichen Durchschnittspreises – erworben, um es bald danach auf der Internet-Verkaufsplattform eBay anzubieten. Butins Bericht führte zu Ermittlungen des Berliner Landeskriminalamtes bei dem Unternehmen, und die Ermittler beschlagnahmten neben einem weiteren *Mao* unter anderem Druckgrafiken, die angeblich von Joseph Beuys, Jörg Immendorff und A.R. Penck stammen sollen. Hubertus Butin fand heraus, dass die Richter-Grafiken keine rasterfreien Collotypien, sondern Offset-Reproduktionen nach einem Ausstellungsplakat von 1992 waren. Man konnte auf ihnen die Rasterpunkte fast mit bloßem Auge erkennen – hätten nicht alle inzwischen identifizierten *Mao*-Kopien in gleichen silberfarbenen Rahmen mit Passepartout und unter Milchglas gesteckt, damit die Druckspuren doch nicht zu identifizieren waren.

»Auch wir als Auktionshaus können nicht wie Kunstsachverständige Ware beurteilen«, teilte die Geschäftsführerin des Auktionshauses dem Anwalt ihres gutgläubigen Kunden, dem späteren eBay-Anbieter, laut *Frankfurter Allgemeine Zeitung* mit. Dem widersprach allerdings das Etikett auf der Rückseite, auf dem der für ihr Unternehmen tätige Experte Echtheit und Signatur des Blattes bestätigt hatte, so Butin: »Bei einem Besuch in Berlin war er dort persönlich anzutreffen und trat als Kunstsachverständiger für moderne Druckgraphik auf.« Nach der Berichterstattung wurden dann aber laut dem Richter-Fachmann in dem Auktionshaus Expertisen gegen neue Gutachten ausgetauscht, die mit dem Namen ›Günther J. K.‹ unterschrieben waren. Als ›Sachverständiger für europäische Kunst des 19. und 20. Jahrhunderts‹ sei K. im Kunstbetrieb allerdings unbekannt.

Das fehlende Renommee hinderte K., der sich in Branchenverzeichnissen als Designer führen lässt, nicht daran, seine Zertifikate auch für Werke anderer Künstler wie Picasso auszustellen, die anschließend nicht nur in München und in anderen deutschen Städten verkauft wurden, sondern auch in einem Auktionshaus im niederländischen Maastricht.

Laut der Anklage in dem Verfahren gegen die Münchner Versteigerer habe K. seine Reproduktionen als originale Künstlergrafiken oder Originalgrafiken erscheinen lassen, um sie zu einem wesentlich höheren Preis absetzen zu können. Und die Staatsanwaltschaft lieferte auch gleich eine Definition mit: Von einer originalen Künstlergrafik spreche man, wenn entweder der Künstler den Druckstock bearbeitet und das Werk gedruckt habe oder Bearbeitung und Druck unter seiner Aufsicht erfolgten. Ein originaler Druck könne aber auch nach dem Ableben mit dem vom Künstler geschaffenen Druckstock produziert werden. Auf K.s Reproduktionen treffe aber keine dieser Definitionen zu, ebenso wenig wie die Angabe, die von ihm mutmaßlich hergestellten und bundesweit an Auktionshäuser und City-Galerien verkauften Reproduktionen seien »plattensigniert« – trügen also eine zwar reproduzierte, aber vom Künstler oder der Künstlerin für diese Grafik gegebene Unterschrift. Auf diese Weise, so die Staatsanwaltschaft in dem Prozess gegen die drei Münchner Aktionshausinhaber, habe K. beabsichtigt, dass bei den Käuferinnen und Käufern der unzutreffende Eindruck entstand, sie würden eine Originalgrafik ersteigern, deren Wert mindestens ein-, zweitausend Euro, wenn nicht sogar sehr viel höher liege. Tatsächlich seien die fotokopierten Reproduktionen aber höchstens eine zweistellige Euro-Summe wert gewesen.

Wie in vielen Strafverfahren, in denen es um Kunstdelikte geht, wurde auch in München während der Verhandlung eine Einigung zwischen Staatsanwaltschaft und Verteidigung gesucht. Im Fall des Fälschers Wolfgang Beltracchi, der in Köln verhandelt wurde, geschah das sichtlich auch deshalb, weil der vorsitzende Richter offenbar kein großes Interesse hatte, sich mit allen Einzelheiten des Falls auseinanderzusetzen. Andere Gründe für die Vereinbarung »Strafminderung gegen Geständnis« können aber auch die Vielzahl an Einzeldelikten sein – jede einzelne Picasso-Kopie müsste bei der Strafzumessung eine Rolle spielen. Überhaupt noch alle Geschädigten finden zu wollen, ist aber gerade bei Bargeldgeschäften per Handschlag ohnehin illusorisch. Oder die Gerichte sind mit den Gepflogenheiten am nationalen wie am internationalen Kunstmarkt, der nach wie vor traditionelle Sonderrechte für sich beansprucht, schlicht überfordert.

Im Sommer 2019 beendete das Münchner Landgericht das Verfahren gegen die drei Angeklagten mit einer vorläufigen Einstellung gegen Zahlung von Geldauflagen in Höhe von 12 000, 14 000 und 8000 Euro.

Ob und wann gegen den mutmaßlichen Lieferanten Günther K. eine Anklage zur Hauptverhandlung zugelassen wird, war Ende 2019 – bei Redaktionsschluss dieses Buches – laut Sprecherin der Berliner Strafgerichte unklar. Auf eine telefonische Nachfrage, ob er etwas zu den im Münchner Verfahren gegen ihn bekannt gewordenen Vorwürfen sagen möchte, reagierte Günther K. kurz angebunden: Von ihm stammten keine Fälschungen, das sei ein Irrtum, es gebe auch kein Strafverfahren gegen ihn.

Wie viele der Kopien verkauft wurden, wird sich kaum mehr ermitteln lassen. Die Ermittlungsbehörden stießen auf Abrechnungsbelege von Kreditkarten, deren Inhaberinnen im Ausland – nicht selten in den USA – leben. Entsprechend aufwendig gestaltete sich die Suche nach den Opfern und den billigen Reproduktionen. Noch 2019 geisterten Picasso-Grafiken mit dem Zertifikat des Günther K. durch Online-Auktionen im Internet.

Zahlreiche City-Galerien haben – wie das Münchner Auktionshaus – ihre Räume inzwischen geschlossen, so auch seit 2011 das Auktionshaus in der Nähe der Friedrichstraße. Auf der Internetseite des Unternehmens steht nur noch ein Zitat des US-Milliardärs John D. Rockefeller: »Nichts vermag Geschäft und Genuss auf maßvollere Art zu verbinden als eine einträgliche Auktion«.

Indische Tinte und italienischer Rotwein – der Handel mit den gefälschten Büchern

Letztlich war es ein winziger schwarzer Punkt, nicht einmal einen Quadratmillimeter groß, der den italienischen Bibliotheksdirektor Marino Massimo de Caro ins Gefängnis, einen angesehenen New Yorker Antiquar in arge Erklärungsnöte und den deutschen Kunsthistoriker Horst Bredekamp um einen nicht geringen Teil seiner Reputation brachte. Und der zu der Erkenntnis führte, dass inzwischen auch in einem kulturellen Bereich systematisch gefälscht wird, der bislang nicht als gefährdet galt: alte Bücher. Der kleine Punkt tauchte auf der Titelseite eines jahrhundertealten kleinen Bändchens auf, das zu den grundlegenden Werken der modernen Astronomie zählt – und damit die Abwendung von Kirche und Aberglauben, Astrologie und Alchemie hin zu einer modernen Wissenschaft markiert wie kaum ein zweites. Gerade das macht dieses Buch so begehrt. Vom Dezember 1609 bis zum Erscheinen am 12. März 1610 wurde es in Venedig in Windeseile gedruckt, so sein Verfasser eine Woche nach der Auslieferung in einem Brief an den Hof der Medici in Florenz: »Weil ich die Publikation wahrlich nicht aufschieben wollte, um nicht Gefahr zu laufen, dass jemand anderes auf dasselbe gestoßen und mir zuvorgekommen wäre«.[78]

Außerdem bestand die Gefahr, dass die Zensoren der mächtigen katholischen Kirche die Veröffentlichung verhindern und den Verfasser wegen Ketzerei anklagen, verurteilen und vielleicht sogar auf den Scheiterhaufen bringen könnten. Schließlich legte Galileo Galilei in seinem in nur 550 Exemplaren erschienenen Buch *Sidereus Nuncius (Sternenbote* oder *Nachricht von den*

Sternen) die Grundlage dafür, das uralte Weltbild der Kirche infrage zu stellen, nach dem die Erde als göttliche Schöpfung im Zentrum des Universums stand. Er schlug sich damit auf die Seite von Nikolaus Kopernikus, der diese Theorie schon über ein halbes Jahrhundert zuvor veröffentlicht und auch belegt hatte – allerdings nur theoretisch und mathematisch. Galileo hatte nun zum ersten Mal mit einem selbst gebauten Fernrohr den Himmel und vor allem den Mond betrachtet und danach in seinem Buch die sicher geglaubten Gewissheiten nicht auf der Grundlage von Berechnungen, sondern von konkreten Beobachtungen korrigiert. Für solche frühen Dokumente der Geistes-, Religions- und Weltgeschichte zahlen bibliophile Sammlerinnen und Sammler weltweit Höchstpreise: erst recht, wenn sie glauben, dass das ihnen angebotene Exemplar einzigartig und besonders ist. Wo viel Geld winkt, sind aber meist auch die Betrüger nicht weit.

Galileos Veröffentlichung ist also schon dadurch etwas Besonderes, dass es eine Zeitenwende einleitete. Erst 1608 hatte nämlich der in Wesel geborene, aber nach Middelburg in den Niederlanden ausgewanderte Brillenmacher Hans Lipperhey ein Fernrohr als »Instrument zum Sehen in die Ferne« erfunden. Zwei Niederländer meldeten nur kurz nach ihm allerdings auch entsprechende Patente an – keiner erhielt aber eines. Galileo Galilei, damals Professor für Mathematik an der Universität von Padua, hörte davon, kaufte entsprechend geschliffene optische Linsen und baute sich selbst ein Teleskop. Durch noch einmal anders geschliffene Gläser schaffte es der Gelehrte schließlich, den Vergrößerungsfaktor des Geräts von vierfach auf 33-fach zu erhöhen. Im August 1609 führte er sein Fernrohr der Regierung von Venedig vor, bei der er zu Recht ein militärisches Interesse vermutete, und verkaufte ihr gegen Erhöhung seines Gehalts das alleinige Recht zur Herstellung. Das Thema Fernrohr, Mond und Sterne war für den italienischen Forscher damit aber noch lange nicht erledigt.

Neues Konzept des Universums

Ihn selbst interessierte die militärische Nutzung nicht. Galileo benötigte das Instrument für seine wissenschaftlichen Forschungen. Schon einige Jahre zuvor war er durch die Beobachtung des Himmels mit bloßem Auge zu der Erkenntnis gelangt, dass das bisherige, unter anderem von Ptolemäus und Aristoteles formulierte geozentrische Weltbild nicht stimmen konnte: Sonne, Mond, Planeten und Fixsterne kreisten nicht um die Erde. Sie selbst befand sich, gleich anderen Himmelskörpern, auf einer Bahn um die Sonne. In *Sidereus* beschrieb Galileo seine Beobachtungen detailliert, indem er erst den Bau eines Fernrohres darstellte, um die wissenschaftliche Grundlage seiner Theorie überprüfbar zu machen. Dann belegte er, dass die Oberfläche des Mondes keine ebene Fläche, sondern von Gebirgen und Tälern überzogen sei. Und er stellte dar, dass die von ihm beobachteten Monde des Jupiters ihre Stellung zu dem Planeten regelmäßig ändern, ihn also umkreisen mussten. Deshalb, so folgerte Galileo, stehe das bisherige Konzept des Universums infrage. Es war dies das erste Mal, dass eine solch grundlegende Frage nicht aus Meinung oder dem Glauben heraus, sondern auf der Grundlage objektiv belegbarer wissenschaftlicher Beobachtungen verhandelt wurde.

Den Vatikan überzeugten diese unumstößlichen Belege trotzdem nicht. Im Kampf gegen die protestantische Reformation verstand er wissenschaftliche Forschung vor allem als die Infragestellung der Institution Kirche – und ging an vielen Stellen brutal gegen die angebliche Häresie vor. Auch Galileo musste, nachdem er sich immer wieder für das kopernikanische Weltbild ausgesprochen und entsprechende Schriften veröffentlicht hatte, im April 1633 vor einem Inquisitionsgericht erscheinen. Am 10. Mai des Jahres bat er um Gnade – entsprechend milde fiel am 22. Juni das Urteil aus. Galileo schwor seinen angeblichen Fehlern ab, verfluchte sie – und wurde statt als Ketzer zum Tod auf dem Scheiterhaufen nur zu lebenslanger Haft im Kerker verurteilt. Die allerdings musste er nie antreten, sie wurde in Hausarrest mit Publikationsverbot umgewandelt. Im Januar 1642 starb der revolutionäre Wissenschaftler in seiner »Villa il Gioiello« in Arcetri, in den Bergen südlich von Florenz.

Galileos nur sechzig Seiten schmales Buch von 1610 hat seine überragende Bedeutung aber nicht allein wegen seiner für die moderne Wissenschaft so grundlegenden Erkenntnisse. Der *Sidereus Nuncius* ist auch ein großartiges Zeugnis der Kunstgeschichte. Neben dem Text des Forschers enthält das Bändchen nämlich auch gedruckte Stiche, in denen Galileo seine Beobachtungen festhielt: Sternenkonstellationen, Planetenbahnen – und Darstellungen der Mondoberfläche, auf denen in feinen Schraffuren jene unregelmäßigen Lichtverläufe festgehalten sind, aus denen sich auf eine unebene Oberfläche des Erdtrabanten schließen ließ.

Von Galileos *Sternenboten* sind heute noch rund 80 Exemplare erhalten. Die meisten befinden sich im Besitz öffentlicher Bibliotheken, die sich niemals davon trennen würden. Zur Entstehungszeit, vor mehr als vierhundert Jahren, wurden Bücher noch nicht automatisch zwischen zwei festen Buchdeckeln ausgeliefert. Die Druckbögen wurden zwar in der Regel bereits gebunden, also in der richtigen Reihenfolge gefaltet und mit Fäden zusammengenäht. Wer ein Exemplar erwarb, musste es aber anschließend noch zum Buchbinder geben und entscheiden, welche Art von Einband dieser dafür herstellen sollte. Entsprechend unterschiedlich sehen die einzelnen Exemplare, die es noch gibt, in Aufmachung, Erhaltungszustand und Größe aus.

Der Heilige Gral der Bibliophilen

Entsprechend groß war die Aufregung, als kurz nach der Jahrtausendwende in einem Antiquariat in den USA plötzlich ein anscheinend unbekanntes Exemplar des *Sidereus Nuncius* auftauchte. Und nicht nur das: Dieses Exemplar wies eine so außerordentliche Besonderheit auf, dass es damit sofort zur *Blauen Mauritius*, zur *Mona Lisa*, zum Heiligen Gral der Bibliophilen auf der ganzen Welt wurde – und damit zu einer Handelsware, für die beinahe jeder Preis zu verlangen war. Das offenbar neu entdeckte Exemplar enthielt angeblich nicht nur Drucke nach jenen berühmten fünf Zeichnungen der Mondoberfläche, die Galileo Galilei 1609 bei seinen Beobachtungen angefertigt haben musste. In dieser Ausgabe fanden sich sogar fünf originale Tuschezeichnungen – fein ausgeführt und gut erhalten. Dass der Forscher den Mond unmittelbar nach seinen Beobachtungen auch gezeichnet hatte, war nicht neu. Bislang war aber nur ein einziges gesichertes Blatt von seiner Hand mit solchen Darstellungen bekannt, in Florenz. Dass nun auf der Titelseite zudem die handschriftliche Signatur des Autors in bräunlicher Tinte prangte, ließ nur einen Schluss zu: Hier musste es sich um jenes erste Exemplar handeln, das Galileo Galilei selbst als Druckvorlage angefertigt hatte. Damit hätte das Buch spielend eine zweistellige Millionen-Euro-Summe einbringen können. Und das hätte es auch fast – wäre da nicht die Sache mit dem winzig kleinen schwarzen Fleck gewesen.

Im Juli 2005, so erinnerte sich der deutsche Galileo-Forscher Horst Bredekamp, Professor für Kunstgeschichte an der Humboldt-Universität in Berlin, später, habe ihm der New Yorker Buchhändler Richard Lan, Mitinhaber des Antiquariats Martayan & Lan in der 66. Straße an Manhattans vornehmer Upper West Side, zum ersten Mal die Neuentdeckung gezeigt: »Der

Anblick dieses Buchs ließ mich kaum weniger perplex zurück, als Galilei es bei seinem ersten teleskopischen Blick auf den Mond gewesen sein dürfte. Auf seiner Titelseite erschien neben dem Stempel der römischen Accademia dei Lincei, der Galilei seit 1612 als prominentes Mitglied angehörte, unterhalb der letzten Zeile die Signatur: ›*Io Galileo Galilei f*‹ – zu Deutsch: ›Dies habe ich, Galileo Galilei, gemacht *(feci)*‹. Hier unterzeichnet Galilei mit Vor- und Nachnamen, was die Verdopplung des Vornamens im Titel als umso provokanter erscheinen lässt. Zudem sind jene Flächen, die für den Druck der Mondbilder im Satzspiegel frei geblieben waren, durch mattfarbige Tuschzeichnungen ausgefüllt. Da seit gut hundert Jahren keinerlei vergleichbare authentische Zeugnisse Galileis aufgetaucht sind, war ich zugleich elektrisiert und skeptisch. Auf den ersten Blick konnte ich nicht entscheiden, ob es sich um ein echtes Dokument, eine zeitgenössische oder späteren [sic] Kopie oder eine Fälschung handelte.«[79]

Lan hatte das Buch von einem Italiener mit dem Namen Marino Massimo de Caro angeboten bekommen, der ihn gemeinsam mit seinem Bekannten Filippo Rotundo in New York besuchte. Zur Herkunft des Bandes, in den auch Galileos *Discorso* und weitere Schriften miteingebunden sind, deuteten die beiden Italiener nur an, es stamme aus einer Freimaurer-Organisation, die in Italien, Malta und Argentinien aktiv sei. Lan reiste mit seinen Besuchern im Juni 2005 nach Harvard, um das Buch dort dem emeritierten Astronomie-Professor und Galileo-Kenner Owen Gingerich zu zeigen. Als der alte Wissenschaftler ihm bestätigte: »Die Zeichnungen müssen entweder von Galileo selbst oder unter seiner Aufsicht gemacht worden sein«, kaufte der Antiquar den Band für 500 000 Dollar.[80] Dass das Buch, wie auch Bredekamp erzählt wurde, aus Südamerika kam, sollte sich später tatsächlich bestätigen – auf andere Weise allerdings, als es sich viele der Beteiligten wünschten.

Richard Lan wollte seine Neuerwerbung schnell weiterverkaufen. Was dafür folgen musste, waren eine wissenschaftliche

Untersuchung des vermeintlich sensationellen Fundes und eine seriöse Expertise. Damit würde sich der Band wahrscheinlich für mindestens zehn Millionen Dollar anbieten lassen. Horst Bredekamp war der richtige Mann dafür: Er hatte viel über Galileo geforscht und publiziert und vertrat die These, dass wissenschaftliche Erkenntnis und bildnerische Darstellung untrennbar miteinander verbunden seien. Lan brachte den *Sidereus Nuncius* deshalb im November 2005 nach Berlin, wo Bredekamp ein neunköpfiges Team aus Expertinnen und Experten für verschiedenste Fachgebiete zusammengebeten hatte. Sie sollten das Buch aus New York inhaltlich und materialtechnisch untersuchen. Zum Vergleich standen zeitweise sogar zwei Originalexemplare der Schrift aus Graz und Paris zur Verfügung. Weitere Expertinnen und Experten, unter anderem aus Italien, wurden hinzugezogen. Am Ende stand fest, was Horst Bredekamp in einem Aufsatz für die Fachzeitschrift *Sterne und Weltraum* so formulierte: »Eine gründliche Untersuchung hat die Seiten dieses Buchs als die ersten Druckfahnen des epochalen Werks erwiesen und zur besseren Charakterisierung von Galileis Leistung und Selbstverständnis geführt.«[81]

2007 veröffentlichte der Berliner Kunsthistoriker seine Erkenntnisse zum vermeintlichen Sensationsfund in einem Buch mit dem Titel *Galilei, der Künstler*[82]. Im Frühjahr 2008 kamen in Berlin noch einmal Vertreterinnen und Vertreter von vierzehn Institutionen zusammen, um den SNML, wie der Band inzwischen abgekürzt wurde, noch einmal zu untersuchen. Wieder fiel das Ergebnis positiv aus. Außer der Gutenberg-Bibel, erklärte Horst Bredekamp anschließend, sei wohl kein Buch so ausführlich analysiert worden wie dieses. Im Herbst 2011 erschien die Zusammenfassung der Forschungsergebnisse – auf Englisch – unter dem Titel *Galileo's O*[83]. Und die Welt der Wissenschaft wie der Kunst schien um eine Sensation reicher: ein unmittelbares Zeugnis von einem der maßgeblichsten Schritte der Menschheitsgeschichte vom Mittelalter in Richtung Aufklärung und Moderne.

Zweifel in Atlanta

Der Historiker Nick Wilding, Assistant Professor an der Georgia State University in Atlanta, ließ sich Bredekamps Doppelband schicken, um ihn für ein Fachmagazin zu rezensieren – und wurde stutzig. In einem Skype-Gespräch erinnerte er sich: »Mir war nicht klar, warum Galileo in eine Korrekturfahne Bilder hineingezeichnet haben sollte, die später dann in Stiche für die Druckauflage umgesetzt wurden. Das ergab von den Arbeitsabläufen her keinen Sinn.« Also beschäftigte sich Wilding zunächst einmal nicht weiter mit Bredekamps Buch, sondern mit dessen angeblich sensationeller Entdeckung selbst. Und er entdeckte weitere Unstimmigkeiten: »Da war etwas nicht in Ordnung mit dem Stempel, nach dem der Band aus der privaten Bibliothek von Federico Cesi stammen sollte, dem Gründer der Accademia dei Lincei, der auch Galileo angehörte. Er stimmte nicht mit dem Original überein, bei dem die ovale Umrandung nicht überall geschlossen ist. Außerdem ist im historischen Katalog der Sammlung Cesi kein Exemplar des *Sidereus Nuncius* verzeichnet. Auch die Signatur wirkte seltsam. Ich wurde stutzig.« Er erfuhr außerdem, dass auch Owen Gingerich inzwischen sein positives Urteil revidieren musste. Der Experte aus Harvard hatte festgestellt, dass noch weitere Fälschungen nach Galileo-Schriften etwa zur selben Zeit wie der *Sidereus Nuncius* auf den Markt gekommen waren – darunter drei Exemplare des Buches *Le Operazioni del Compasso Geometrico e Militare.* Unter anderem stimmten die Wasserzeichen nicht. Verschiebungen innerhalb einer Buchstabenzeile deuteten außerdem darauf hin, dass hier mit Druckplatten aus Fotopolymer gearbeitet worden sein könnte, die gegeneinander verrutscht waren. Mit klassischen Lettern jedenfalls ließ sich dieser Fehler nicht erklären. Mindestens einer dieser zweifelhaften Bände hatte seltsamerweise ebenfalls seinen Weg ausgerechnet ins Antiquariat von Richard Lan gefunden.

Früh schon habe er Horst Bredekamp auf seine Zweifel im Hinblick auf den SNML aufmerksam gemacht, erinnert sich Nick Wilding: »Er hat nicht sehr freundlich reagiert. Aber das ist verständlich, wenn da jemand kommt und die eigenen Forschungen in Frage stellt.« »Närrisch« sei es, Lans Exemplar des *Sidereus Nuncius* in Zweifel zu ziehen, schrieb der Berliner Professor nach Atlanta: »Ich frage mich, wie oft Sie die Gelegenheit hatten, das Buch im Geschäft von Richard Lan zu sehen. Über Authentizität zu schreiben, ohne sorgfältig das Original gesehen zu haben, ist eine methodologische Todsünde.«[84] Außerdem, so argumentierte der deutsche Gelehrte beharrlich, handele es sich um einen speziellen Probedruck, in den Galileo gemalt habe. Deshalb enthalte dieses Exemplar so viele Unregelmäßigkeiten und Fehler.

Dann aber entdeckte Wilding die Sache mit dem kleinen schwarzen Fleck. Ganz unten auf der Titelseite enthält der Druckvermerk neben dem Ort Venedig, dem Namen des Druckers Tommaso Baglioni und dem Jahr 1610 in der letzten Zeile auch die Druckerlaubnis »Superiorum Permissu & Privilegio«. Seltsamerweise hat das zweite P (Privilegio) am Fuß eine Verlängerung nach links: einen kleinen länglichen Punkt, der wie ein Querstrich, eine halbe Serife, aussieht. Beim ersten P (Permissu) fehlt diese Verlängerung; sie gehört also nicht zur gewählten Schrifttype. Wilding fand den banalen Grund für diese sonderbare Unregelmäßigkeit – und damit auch den Beweis, dass Horst Bredekamp und sein Expertenteam das Buch keinesfalls so sorgfältig untersucht hatten, wie sie selbst glaubten. Von »historiographic superficial and sloppy research« spricht ihr amerikanischer Kollege: von »historiographisch oberflächlicher und nachlässiger Recherche«.

Wilding wusste, dass 1964 aus Anlass des 400. Geburtstages von Galileo Galilei eine Faksimile-Ausgabe des *Sidereus Nuncius* gedruckt worden war. Als Vorlage hatte ein Originalexemplar aus

Mailand gedient. In diesem Band befindet sich auf der Titelseite am Fuß des zweiten P eine kleine bräunliche Verfärbung: ein Schmutzfleck. Als das Buch für die Herstellung der Kopie fotografiert wurde, hat die damals noch analoge Kamera den Unterschied zwischen der Druckfarbe der Buchstaben und der des kleinen Flecks offenbar nicht erkannt, beide zu dem überflüssigen Strich verbunden – und das Faksimile wurde mit dem veränderten P gedruckt, das sich ansonsten in keiner originalen Ausgaben wiederfindet. Das falsche P gibt es nur im Reprint von 1964 – nach dem also auch die angebliche Neuentdeckung mit den originalen Galileo-Zeichnungen entstanden sein musste. Man habe akribisch alle erreichbaren Originalfassungen mit dem aus New York angebotenen Exemplar verglichen, hatte es aus der Berliner Expertenrunde geheißen. Das falsche P hatte man dabei aber übersehen.

Inzwischen sind noch weitere Fehler bekannt, die das Berliner Expertenteam übersehen hat oder deren Mitglieder nicht weiter nachgegangen sind. So wurde beispielsweise an verschiedenen Stellen in den Originalausgaben eine beschädigte Letter, die nicht vollständig druckte, für den Buchstaben L verwendet – in der Fälschung fehlt dieser Fehler. Die Stuttgarter Papierrestauratorin Irene Brückle wies mithilfe einer Faseranalyse außerdem nach, dass die verwendeten Druckbögen erst nach 1930 produziert worden sein können. Dass diese Analyse nicht schon früher stattgefunden und man sich stattdessen auf berührungsfreie Untersuchungen wie Röntgenfluoreszenzanalyse und Infrarotreflektografie verlassen hatte, begründete Horst Bredekamp damit, dass man dafür winzige Materialproben des vermeintlich wertvollen Buches hätte entnehmen müssen: »Weil es der Ethik des Erhaltens widerspricht. Genauso wenig wie von einer kostbaren Holzskulptur Materie entnommen wird.«[85] Die unwissenschaftliche Sorglosigkeit, die hier mit vermeintlicher Ehrfurcht vor dem Material begründet werden soll, fasste Hanno Rauterberg in der *ZEIT* treffend zusammen: »Am

Ende aber war es wohl vor allem die Kunst selber, ihre erhabene Aura, die viele der Wissenschaftler blind machte für Skepsis und Einwände. Bredekamp erzählt, er habe schon bei einem ersten flüchtigen Blick auf die fleckigen Tuschezeichnungen gewusst, dass es sich um Werke von Galilei handele. Diese ›Mischung aus Fahrigkeit und Präzision‹, das konnte nur er, der geniale Meister, gemalt haben.«[86]

»Der Chef ist ein Krimineller«

Der Mann hinter der raffinierten Fälschung behauptete später, er habe bewusst kleine Unstimmigkeiten in die Galileo-Kopie einarbeiten lassen, um die Fachwelt zu täuschen und irgendwann auch vorzuführen. Belegen kann Marino Massimo de Caro, Jahrgang 1973, diese auch von vielen anderen entlarvten Betrügern angeführte Behauptung natürlich nicht. Die Vermutung, dass es ihm vor allem darum ging, viel Geld zu verdienen, liegt deutlich näher – denn der gefälschte *Sidereus Nuncius* war nicht das einzige Buch, das er zu kriminellen Zwecken missbrauchte.

De Caro flog auf, weil Nick Wilding den Weg der zweifelhaften Bücher vom Antiquariat von Richard Lan aus rückwärts verfolgte. Bald stieß er auf den Mann aus Verona, der einst sein Jurastudium in Siena ohne Abschluss beendet hatte, dann Kommunikationsdirekor bei der staatlichen italienischen Pensionskasse war, Antiquariatsmessen besuchte und bei einem Antiquar in Argentinien einen Bibliothekar des Vatikans kennengelernt hatte, mit ihm Geschäfte machte und im Tausch gegen Inkunabeln unter anderem Galileo-Doubletten erhielt. Irgendwann galt de Caro als Spezialist, der fast alle gesuchten Bücher besorgen konnte. Richard Lan wurde sein Kunde und erhielt von de Caro aus Vatikan-Beständen unter anderem einen seltenen Band Johannes Keplers von 1611.

Nach dem Verkauf der angeblichen Galileo-Sensation an Richard Lan wechselte de Caro zunächst den Beruf. Über Bekannte in Argentinien hatte er Kontakt zum Energiekonzern Avelar des russischen Milliardärs Viktor Vekselberg bekommen; er wurde erst PR-Koordinator, dann Vizepräsident des Unternehmens. Als er – inzwischen ein reicher Mann mit einer großen Estancia außerhalb von Buenos Aires – bei Avelar hinausflog, besorgte ihm der später wegen Mafia-Kontakten inhaftierte, büchersammelnde Berlusconi-Vertraute und Senator Marcello Dell'Utri zunächst einen Job im Landwirtschafts-, später dann im Kulturministerium. Hier war de Caro unter anderem mit der Inventarisierung der staatlichen Bibliotheken betraut. Später kam heraus, dass der Aufseher gemeinsam mit zwei Komplizen in der Bibliothek des Klosters Montecassino ein Exemplar von Dantes *Göttlicher Komödie* gestohlen und eine Ausgabe von Galileos *Compasso* gegen eine Fälschung aus eigener Produktion ausgetauscht hatte. Das Dante-Buch verkaufte de Caro den späteren Ermittlungen zufolge für 800 000 Euro.[87]

Im Juni 2011 wurde der Bücherdieb und -fälscher schließlich zum Direktor der 1586 gegründeten Biblioteca di Girolamini in Neapel ernannt. Als ein Dreivierteljahr später der in Neapel lehrende Kunsthistoriker Tomaso Montanari gemeinsam mit einem Studenten die Bibliothek besuchte, stieß er dort auf dramatische Zustände: Bücherstapel auf dem Boden, Getränkedosen in den Regalen, ein Bibliothekar, der ihm zuflüsterte, der Direktor sei ein Krimineller. Dauernd kämen Bekannte de Caros aus Russland. Jeden Abend würden Bücher in Koffer gepackt und auf Lastwagen verladen. Montanari veröffentlichte einen Artikel darüber, Staatsanwalt Giovanni Melillo begann eine Ermittlung, ließ de Caros Telefone abhören und erfuhr so, dass der Bibliotheksdirektor gestohlene Bücher in seinem Privathaus, in einem Lager in Verona und bei seiner Tante hortete. Rund 450 Titel sollten am 9. Mai 2012 in einem Münchner Auktionshaus versteigert werden – darunter auch ein späteres Exemplar des *Sidereus Nuncius.* 84 Seiten umfasst die Auflistung und Beschreibung der Titel. Eine Abschlagssumme von 900 000 Euro war angeblich bereits an einen Mittelsmann gezahlt worden.[88]

Die Auktion wurde gestoppt, der Geschäftsführer des Auktionshauses im August 2013 mit internationalem Haftbefehl festgenommen und nach Italien ausgeliefert, wo er nach einem Jahr Untersuchungshaft zu einer fünfjährigen Haftstrafe wegen illegaler Ausfuhr von Kulturgut verurteilt wurde. Nach Angaben seiner Anwälte geschah das ohne jede Beweisführung, ohne Zeugenvernehmung und ohne dass die von der Münchner Staatsanwaltschaft sichergestellten Bücher angefordert worden wären.[89] Sie legten Berufung ein, und der Unternehmer konnte nach Deutschland zurückkehren. Offenbar war er das Bauernopfer, das von den chaotischen Zuständen in Verwaltung und Aufsicht der italienischen Bibliotheken ablenken sollte. Der Deutsche selbst bestritt, de Caro überhaupt zu kennen. Die Bücher seien als Konvolut eingeliefert worden – als angeblich aus einer Schweizer Sammlung stammend und von einem seriösen Kollegen. In Italien beschlagnahmte die Polizei rund 2000 Bücher. Bald darauf legten sich auch um die Hände von de Caro Handschellen. Nach einer Zeit des Leugnens und Lügens legte er Anfang August 2012 ein Geständnis ab. Nicht nur in Neapel und Montecassino hatte der inzwischen 39-Jährige wertvolle Bücher gestohlen, sondern auch aus Bibliotheken in Florenz, Padua und Rom. Im März 2013 wurde Marino Massimo de Caro wegen Veruntreuung zu einer Haftstrafe von sieben Jahren verurteilt, von denen er nur fünf Monate im Gefängnis verbringen musste; die Reststrafe wurde in Hausarrest umgewandelt. Weitere Verfahren wegen Verschwörung und Plünderung sollen folgen. De Caro behauptet, die Bücher, die er in Neapel verkauft habe, stammten nicht aus der öffentlichen Bibliothek, sondern aus der Privatsammlung der Priester des Klosters. Und die Erlöse aus seinen Diebstählen seien für die Renovierung der Biblioteca di Girolamini bestimmt gewesen. Auch dafür fehlt jeder Beleg.

250 Grad im Backofen

Während der Untersuchungshaft gestand de Caro auch die Fälschung des New Yorker Exemplars des *Sidereus Nuncius.* Dem US-Journalisten Nicholas Schmidle erzählte er im Herbst 2013, dass die Idee schon 2003 entstanden sei. Ein Handwerker in Buenos Aires habe das Papier, ein Drucker die Fotopolymer-Platten hergestellt. Vorlage sei allerdings angeblich die digitale Aufnahme einer Originalausgabe gewesen, die de Caro von einer argentinischen Witwe erworben und später an einen französischen Händler weiterverkauft habe. Ob es sich dabei auch um die Vorlage für das Faksimile von 1964 mit dem verräterischen kleinen Schmutzfleck gehandelt haben könnte, sagte er nicht.

Weil er aber der Meinung war, jede Fälschung müsse etwas Besonderes haben, erinnerte er sich an die dreißig Vorab-Exemplare, die Galileo von seinem Drucker mit Freistellen statt Illustrationen bekommen hatte – und beschloss, ein Exemplar mit Handzeichnungen zu fälschen. Die richtige Tinte zu finden, sei schwierig gewesen. Ein Maler und »bekannter Restaurator« in Buenos Aires habe die Bilder dann gezeichnet: »Ich habe ihm versprochen, niemals irgendjemandem zu sagen, was er getan hat.«[90] Mit dem Fuß eines Weinglases seien die Mondbilder umrissen, mit einer Mischung aus indischer Tinte und Rotwein – angeblich einem 1990er Masseto – dann die Illustrationen ausgeführt worden. Zwanzig Minuten und ein kleiner Teller mit Salzsäure bei 250 Grad Celsius im Ofen hätten die schwarze Tinte in rostfarbene verwandelt. Ein Buchbinder in Mailand habe den Einband aus echtem Pergament des 17. Jahrhunderts hergestellt. Die Fehler im Cesi-Stempel, behauptete de Caro, habe er absichtlich gemacht: »Hätte ich das nicht getan, wäre es unmöglich, zu sagen, dass dieses Buch eine Fälschung ist.«[91]

Dass wertvolle alte Bücher überhaupt professionell gefälscht werden könnten, hatte bis zum Fall Galileo eigentlich als undenkbar gegolten. Handschriften und Urkunden waren für Kriminelle interessant. Im Februar 2018 gab die Bayerische Staatsbibliothek in München bekannt, dass es sich bei ihrem Exemplar der berühmten »Waldseemüllerkarte« von 1507 um eine Fälschung von etwa 1960 handelte. Der Freistaat hatte den aufgeklappten Globus, auf dem zum ersten Mal das Wort »America« auftaucht, 1990 als eins von nur sechs erhaltenen Exemplaren für zwei Millionen Mark gekauft.[92] Das galt aber nicht für Bücher. Schließlich geht es hier nicht um freie gestalterische Erfindung im Stile eines Künstlers. Ein in betrügerischer Absicht hergestelltes Falsifikat muss in allen Details den originalen Büchern in den Bibliotheken entsprechen. Jede einzelne Letter muss im Druckbild bis in alle Unregelmäßigkeiten hinein so wirken, als wäre sie identisch mit dem Vorbild. Papier und Druckfarbe müssen stimmen, die Abstände zwischen den Buchstaben und den Zeilen genau passen, die Eindrucktiefe der Druckvorlage auf dem Papier darf weder zu groß noch zu gering sein. Das Einbandmaterial, der Leim, die Fäden der Bindung müssen alle Alterstests bestehen. Für all diese Rahmenbedingungen zu sorgen und manuell eine Fälschung so herzustellen, dass sie selbst unter dem Elektronenmikroskop nicht auffällt: Dieses Geschäft konnte sich nicht rechnen. 150 000 Dollar habe ihn die Herstellung des falschen *Sidereus Nuncius* unter dem Strich gekostet, behauptete Marino Massimo de Caro. Für denselben Preis habe er das gefälschte Buch dann auch verkauft.

Die Digitalisierung aller Lebensbereiche hat allerdings auch hier vieles verändert. Tatsächlich entstanden nämlich mithilfe von de Caros digital hergestellten Fotopolymer-Druckplatten und unter seiner Regie – auch wenn er selbst das bestreitet – deutlich mehr als nur die eine, inzwischen berühmte Bücherfälschung. Da sind zum Beispiel jene vier angeblichen Galileo-Bände, die der Fälscher im September 2004 der privaten *Universidad*

Abierta Interamericana in Buenos Aires schenkte – wofür man ihm anschließend eine Ehrenprofessur verlieh. Und da ist jenes Buch, dessentwegen Nick Wilding das Geständnis des Fälschers gar nicht mehr gebraucht hätte. Er war bei seinen eigenen Recherchen inzwischen auf einen Katalog des Auktionshauses Sotheby's gestoßen, in dem im November 2005 eine weitere Galileo-Fälschung einer späteren Auflage angeboten wurde – für 250 000 bis 350 000 Dollar.[93] Sie wies haargenau das gleiche verlängerte P auf wie das New Yorker Exemplar – und das konnte nach den bisherigen Recherchen kein Zufall mehr sein: Hier waren dieselben Druckplatten verwendet worden. Die Produktion von bis zu fünf gefälschten Exemplaren allein des *Sidereus Nuncius* gestand de Caro schließlich gegenüber den italienischen Strafverfolgungsbehörden ein.

Spätestens nach der Entdeckung im Auktionskatalog stand für Nick Wilding fest, dass Horst Bredekamp einem geschickten Betrug aufgesessen war. Am 11. Juni 2012 veröffentliche Wilding seine Erkenntnisse in einem Online-Forum für Antiquare, Sammler und Bibliothekare: Die sensationelle Entdeckung eines Buches des großen Galileo Galilei mit Zeichnungen von dessen eigener Hand war in Wirklichkeit eine Fälschung. Horst Bredekamp schien das lange nicht einsehen zu wollen. In einer E-Mail an Wilding schrieb er, er sei über dessen Behauptungen »extrem gekränkt«[94]. Später nannte er die Fälschung trotz aller Fehler, die er und seine Kolleginnen und Kollegen übersehen oder nicht weiterverfolgt hatten, ein »Meisterwerk«. Sein einstiger Mitstreiter, der in Princeton lehrende Buchwissenschaftler Paul Needham, dagegen kam nach Wildings Recherchen im Ergänzungsband zur Doppelpublikation über den *Sidereus Nuncius* zu dem selbstkritischen Schluss: »Ist das eine clevere Fälschung? Ich bin nicht überzeugt, obwohl ich einer von denen bin, die es geschafft haben, sich sowohl von ihrem Druck als auch von ihrem Papier austricksen zu lassen. Ich würde lieber sagen, dass das eher ein schlechtes Licht auf mich als ein gutes auf die Macher wirft.«[95]

Kapitel 3

Die zerstörte Kulturgeschichte

Das internationale Geschäft mit Schmuggel und illegal ausgegrabenen Antiken

Die Sache mit den Polaroidfotos war Pech für Giacomo Medici, und das Pech begann im Oktober 1994 in München-Pullach. Eigentlich hatten Polizisten aus Deutschland und Italien dort in der Villa eines italienischen Kunsthändlers nur nach Spuren im Zusammenhang mit acht hellenistischen Terrakottavasen gesucht, die neun Monate zuvor aus dem Burgmuseum des süditalienischen Städtchens Melfi geraubt worden waren. Was die Ermittler in München fanden, führte dann allerdings zur Aufdeckung des größten Antikenschmuggel-Skandals der Neuzeit; eines Skandals, der die Museumswelt in ihren Grundfesten erschütterte. In der Villa in Pullach stießen die Ermittler nämlich auch auf Unterlagen, die sie bald auf die Spur des Kunsthändlers Giacomo Medici und seiner schweizerischen Firma Éditions Services führten. Elf Monate nach dem Pullacher Fund standen schließlich drei Schweizer und drei italienische Polizisten, ein Schweizer Richter und ein amtlich bestellter Fotograf mit einem Durchsuchungsbeschluss im vierten Stock eines Lagerhauses des Genfer Zollfreihafens in Gang 17 vor Raum 23. Als ihnen der stellvertretende Direktor des Freihafens die Tür aufschloss, entdeckten die Ermittler neben einem Sofa, einem Glastisch, Schränken voller antiker Kunstgegenstände und einem ein Meter fünfzig hohen Panzerschrank, der die wertvollsten Stücke barg, vor allem Berge von Fotografien. Im späteren Ermittlungsbericht ist die Rede von rund 4000 Abzügen, Negativen und Polaroidfotos.

Die Kunstfahnder sahen sich nur einige der Aufnahmen an, und unmittelbar war ihnen klar, worauf sie gestoßen waren. Die Bilder zeigten antike Vasen und Statuen, Bodenmosaike und Fresken, an denen noch Klumpen von Erde klebten. Sie waren offensichtlich von sogenannten »tombaroli«, illegalen Grabräubern, die archäologische Fundorte plündern, ausgegraben und danach abgelichtet worden. Raum 23 im vornehmen Genfer Lagerhaus, so lauteten bald die Vorwürfe der Polizei, war nichts anderes als ein Verkaufsraum, in dem Giacomo Medici seinen Kunden Kunstgegenstände aus Italien, Griechenland und anderen Ländern verkaufte. Sie stammten aus illegalen Raubgrabungen und hatten nicht die gesetzlich vorgeschriebene Exporterlaubnis der jeweiligen Antikenbehörden. Die Fotos aus dem Genfer Lagerhaus dienten dem inzwischen verurteilten Hehler dabei als Katalog. Wer seine Kunden waren, belegten die Dokumente, die bei den Fotos lagen: Frachtbriefe und Expertisen, Rechnungen und Schecks. Die Fahnder entdeckten die Namen von Sammlern, die sie schon lange im Verdacht hatten, geraubte Ware zu kaufen, ohne dass sie ihnen je etwas hatten nachweisen können. Und sie fanden Unterlagen, die sie regelrecht elektrisierten – Papiere aus einem der angesehensten Kunsthäuser der Welt, dem J. Paul Getty Museum in Malibu. Damit war zum ersten Mal belegt, dass ein bedeutendes öffentliches Institut systematisch in den ungesetzlichen Raub von Kulturgütern verwickelt war.

Das Getty Museum, das inzwischen in eine gigantische Kunstburg des Stararchitekten Richard Meier auf einen Hügel über Los Angeles umgezogen ist, gilt als reichstes Institut seiner Art auf der Welt. Der Ölmilliardär Jean Paul Getty hinterließ bei seinem Tod 1976 eine Stiftung von 700 Millionen Dollar. Damit sie ihre Gemeinnützigkeit und damit ihre Steuervorteile nicht verliert, ist diese Stiftung verpflichtet, jährlich mehrere Millionen zugunsten des Museums auszugeben. Das Getty Museum kauft deshalb seit Jahrzehnten, was sich andere Häuser schon

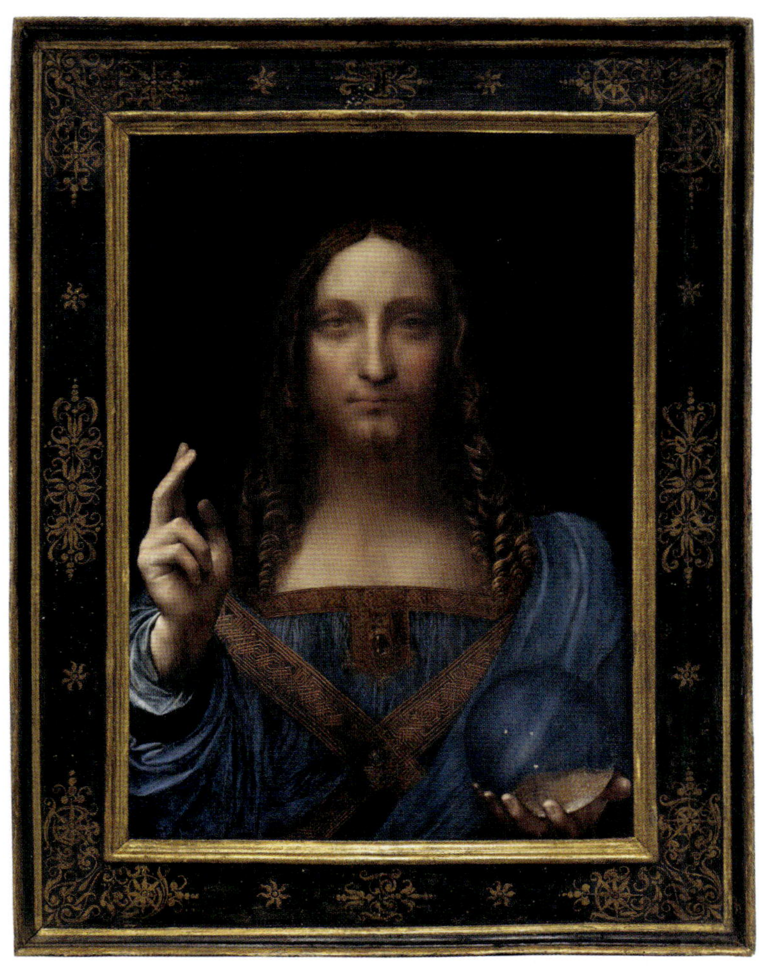

Das teuerste Bild der Welt: Der »König der Freihäfen« Yves Bouvier verdiente sehr schnell viele Millionen Dollar beim Verkauf des Salvator Mundi an den Oligarchen Dmitri Rybolowlew. Später wurde das nicht von allen Experten nur Leonardo da Vinci zugeschriebene Bild für rund 450 Millionen Dollar versteigert.

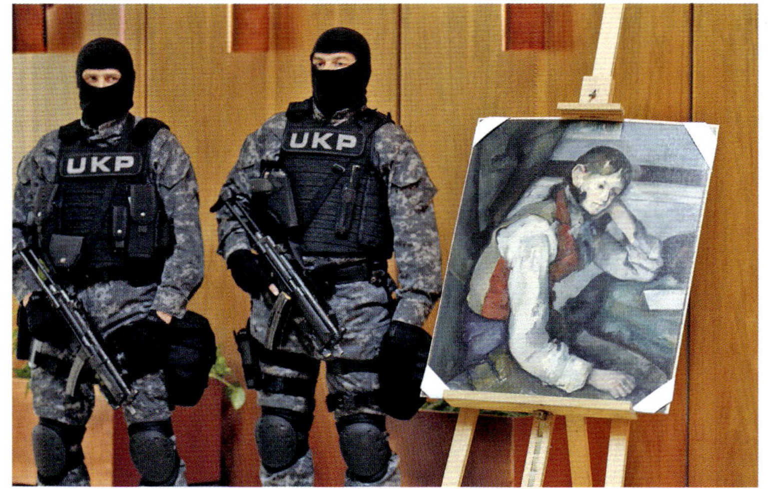

Brutalisierung: Mit gezogenen Waffen stürmten Unbekannte 2008 das Privatmuseum der Stiftung Sammlung Bührle in Zürich. Die Bilder tauchten später in Serbien wieder auf.

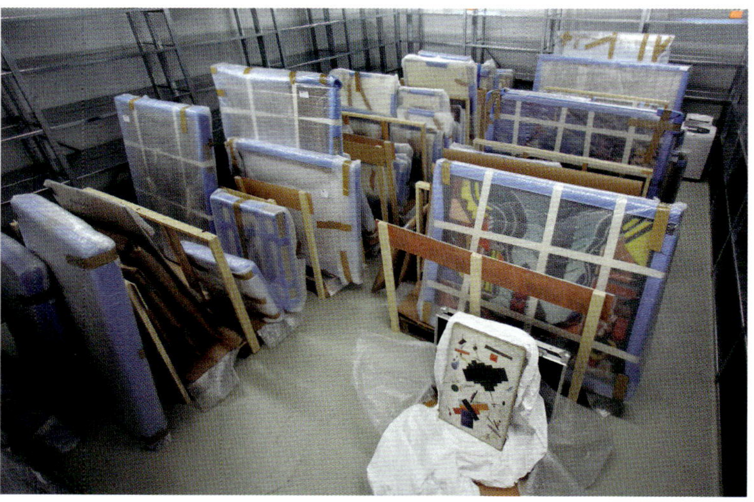

Falsche Avantgarde: Mehr als 1500 angebliche Meisterwerke der russischen Moderne beschlagnahmte das Bundeskriminalamt 2013 im Lager der Wiesbadener SNZ Galeries.

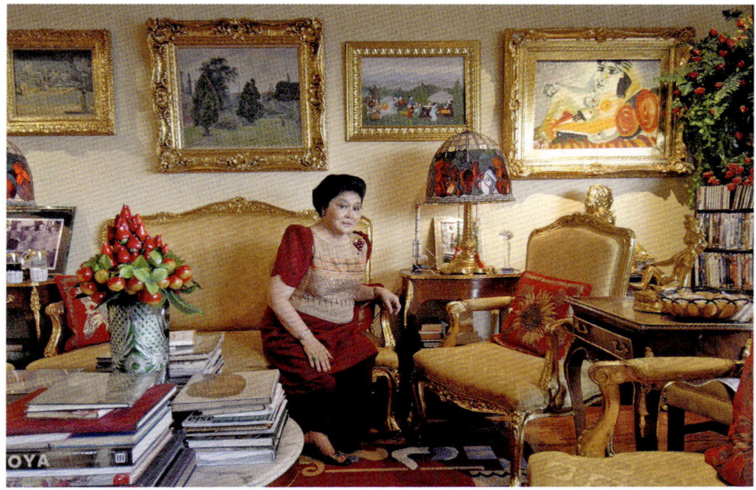

Raffgier: Zahlreiche Bilder aus der Sammlung der ehemaligen philippinischen Präsidentengattin Imelda Marcos sind seit dem Sturz ihres Mannes verschwunden. Mit anderen zeigte sie sich nach ihrer Rückkehr ganz offen.

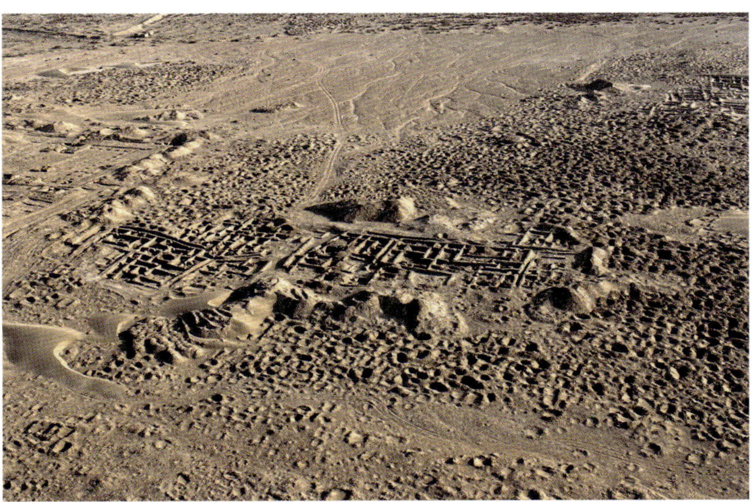

Jedes Loch eine Raubgrabung: die zerstörte Ruine einer 5000 Jahre alten sumerischen Stadt im Süden des Irak.

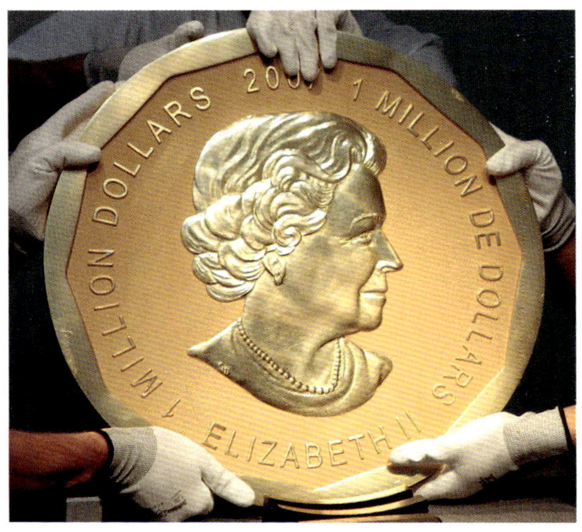

Mit der Axt ins Museum: Die 100 Kilo schwere Goldmünze Big Maple Leaf wurde 2017 aus dem Bode-Museum in Berlin gestohlen.

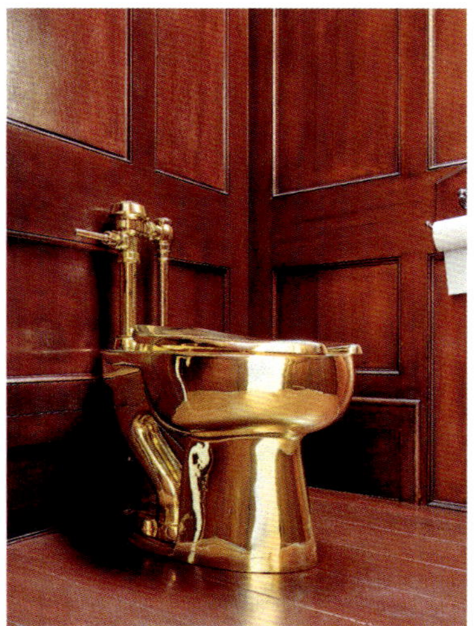

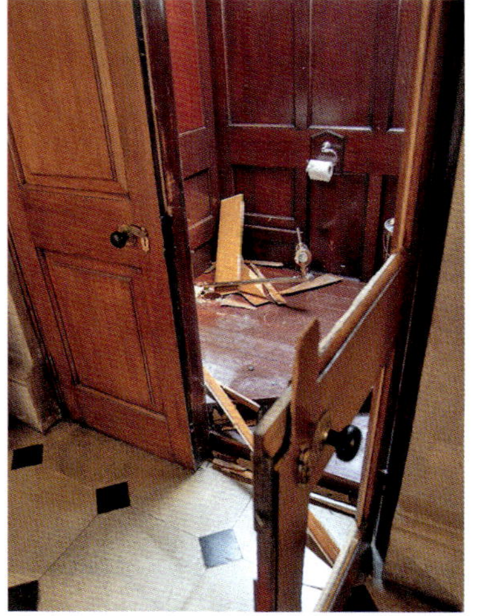

Weggespült: Maurizio Cattelans Skulptur America, eine voll funktionsfähige Toilette aus massivem Gold, klauten Einbrecher 2019 aus dem englischen Blenheim Palace.

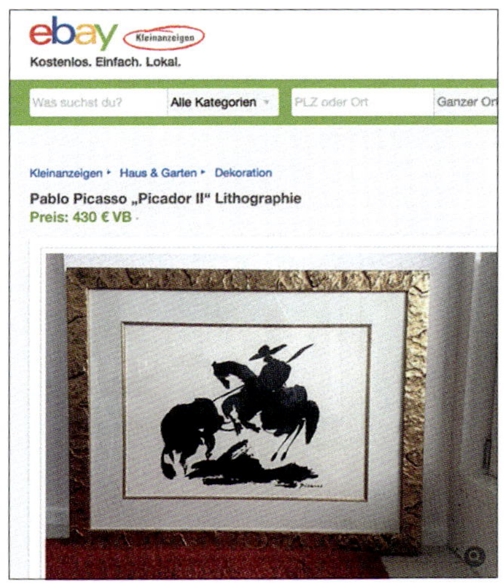

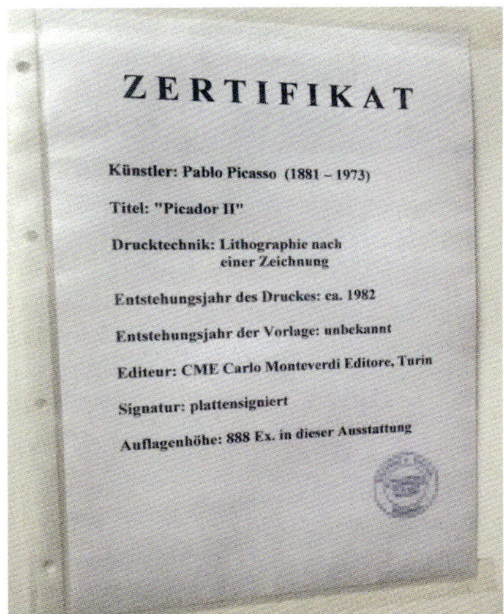

ZERTIFIKAT

Künstler: Pablo Picasso (1881 – 1973)

Titel: "Picador II"

Drucktechnik: Lithographie nach einer Zeichnung

Entstehungsjahr des Druckes: ca. 1982

Entstehungsjahr der Vorlage: unbekannt

Editeur: CME Carlo Monteverdi Editore, Turin

Signatur: plattensigniert

Auflagenhöhe: 888 Ex. in dieser Ausstattung

Massenware: In zahlreichen City-Galerien und -Auktionshäusern wurden Reproduktionen nach Picasso-Zeichnungen mit Zertifikaten als angebliche Originale verkauft.

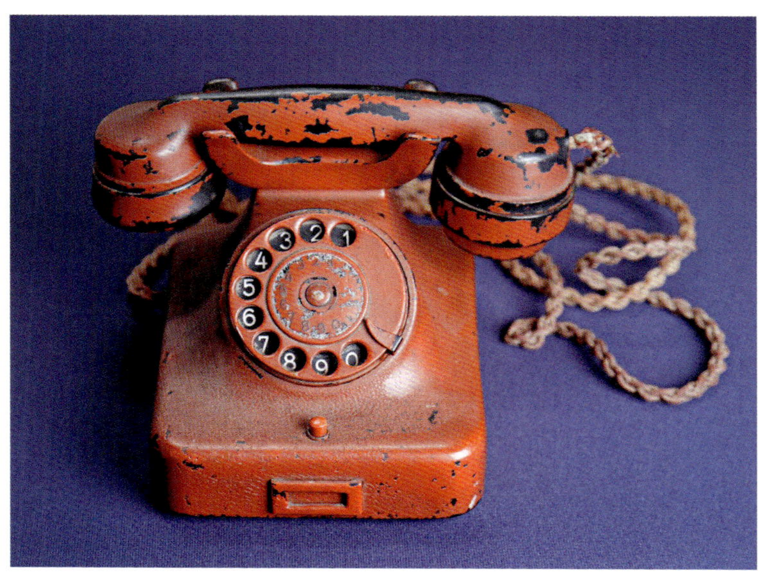

Falsch verbunden: Auf dem angeblichen roten Telefon von Adolf Hitler liegt ein Hörer aus britischer Fabrikation.

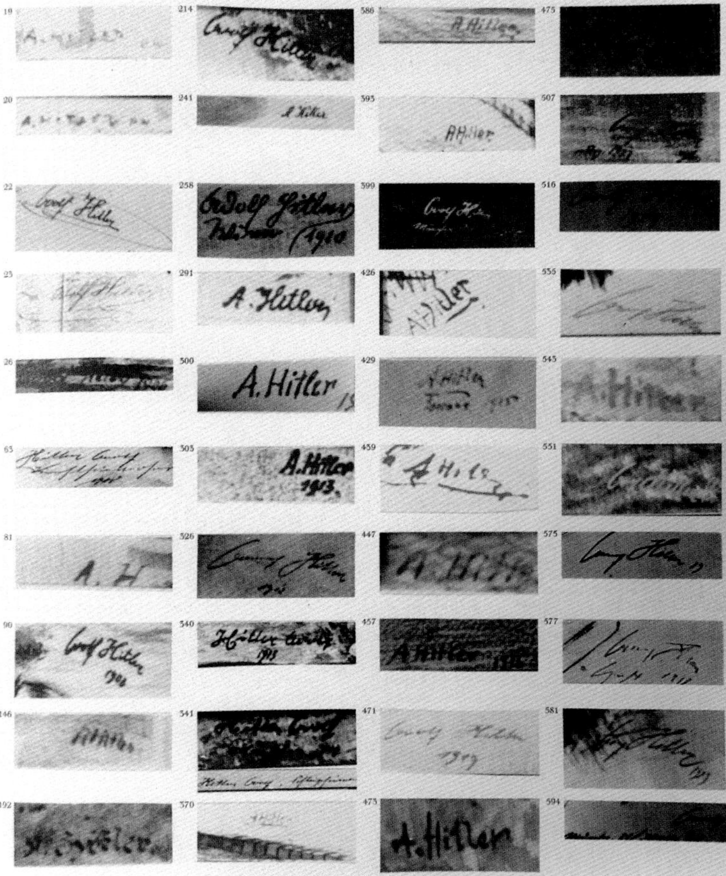

Resterampe der Nazis: Die meisten angebotenen Hitler-Aquarelle und Zeichnungen sind ebenso gefälscht wie ihre Signaturen und Expertisen.

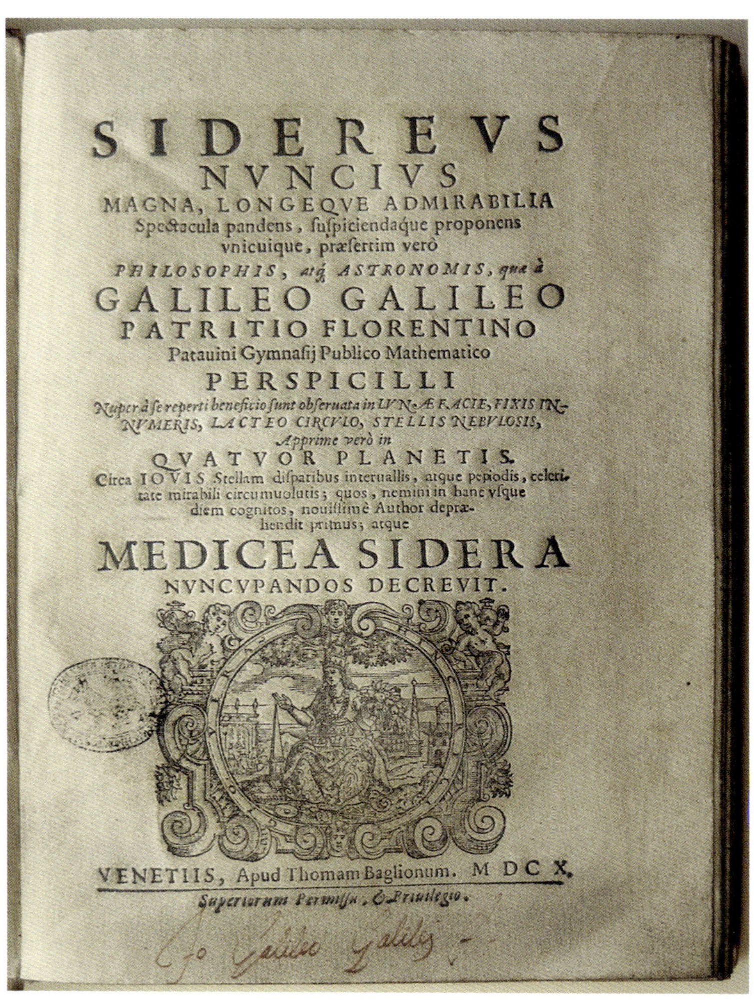

SIDEREVS
NVNCIVS
MAGNA, LONGEQVE ADMIRABILIA
Spectacula pandens, suspiciendaque proponens
vnicuique, præsertim verò
PHILOSOPHIS, atq; ASTRONOMIS, quæ à
GALILEO GALILEO
PATRITIO FLORENTINO
Patauini Gymnasij Publico Mathematico
PERSPICILLI
Nuper à se reperti beneficio sunt obseruata in LVNÆ FACIE, FIXIS IN-
NVMERIS, LACTEO CIRCVLO, STELLIS NEBVLOSIS,
Apprime verò in
QVATVOR PLANETIS
Circa IOVIS Stellam disparibus interuallis, atque periodis, celeri-
tate mirabili circumuolutis; quos, nemini in hanc vsque
diem cognitos, nouissimè Author depræ-
hendit primus; atque
MEDICEA SIDERA
NVNCVPANDOS DECREVIT.

VENETIIS, Apud Thomam Baglionum. MDCX.
Superiorum Permissu, & Priuilegio.

Verräterischer kleiner Punkt: Auf ein gefälschtes Buch von Galileo Galilei fiel ein ganzes Team angesehener Expertinnen und Experten herein.

lange nicht mehr leisten können: Gemälde von Pontormo und van Gogh, wertvolle Fotografien und Bücher – und eben auch Kunstwerke der Klassischen Antike.

Ein Museum vor Gericht

Verantwortlich für die Abteilung Klassische Antike zeichnete seit April 1986 die Kuratorin Marion True. Als sie damals mit 36 Jahren ans Getty kam, war das Haus gerade im Begriff, seine Antikensammlung maßgeblich zu erweitern, um mit Konkurrenten wie dem Metropolitan Museum in New York mithalten zu können. Als Marion True im November 2005 in Rom wegen Hehlerei, Schmuggels von nationalen Kulturgütern und indirekter Unterstützung von Raubgrabungen angeklagt wurde, bestätigte sich, dass ihr dabei viele Mittel recht gewesen waren. Dass zahlreiche der von ihr verantworteten Neuankäufe aus illegalen Raubgrabungen stammten, also über keine staatliche Exportlizenz verfügten – ein nach italienischem wie nach US-Recht strafbewehrter Umstand –, sei, so die Anklage, der Kuratorin absolut bewusst gewesen. Lange hatten sie und ihre Museumsleitung dementiert, dass sie von der illegalen Herkunft der Artefakte wussten. Dann aber wurden der *Los Angeles Times* Hunderte von Dokumenten zugespielt, die völlig andere Schlüsse nahelegten. Die zum Teil handschriftlichen Unterlagen, die nur aus dem Museum selbst stammen können und mit denen offenbar ein Museumsmitarbeiter seinen eigenen Vorgesetzten schaden wollte, belegen eindeutig, dass auch der Direktoratsebene schon früh die illegale Herkunft wesentlicher Teile ihrer Antikensammlung bekannt gewesen sein musste.

1985 zum Beispiel teilte Giacomo Medici der Museumsleitung mit, dass drei Objekte, die das Getty erwerben wollte, illegal aus Grabungsstätten bei Neapel entfernt worden seien. Trotzdem setzte das Museum den 10,2 Millionen-Dollar-Ankauf unbeirrt und schließlich erfolgreich fort. In einem anderen Brief informierte der Schweizer Kunsthändler Robert Emanuel Hecht Jr. die Kuratorin Marion True darüber, dass die italienische Polizei nach einer antiken Urne fahnde. Später erwarb das Getty das Objekt trotzdem. Eine antike Pelike-Vase, die ebenfalls Hecht Mitte der 1980er-Jahre dem Museum angeboten hatte, zog der Händler zunächst zurück und schrieb True dazu: »Gestern rief mein Freund mich an und sagte, dass er die Verhandlungen abgebrochen hat, weil die Carabinieri nach der Pelike mit den Armen des Achilles suchen. Deshalb wird er sie nicht haben. Vielleicht werden andere sie kaufen. Sorry. Beste Grüße, Bob.« Im Juli 1986 erwarb das Getty Museum die Vase dennoch für 42 000 Dollar.

1993 kaufte das Haus einen goldenen Begräbniskranz, obwohl True selbst den Ankauf zunächst als »zu gefährlich« eingeschätzt hatte. Später erhielt sie sogar die Kopie eines Interpol-Fernschreibens, in dem der Kranz als »von illegaler Herkunft« bezeichnet wird. In internen Memos, die der *Los Angeles Times* ebenfalls zugespielt wurden, räsonierten schließlich der damalige Museumsdirektor John Walsh und Harold Williams, Vorstandsvorsitzender des dem Museum übergeordneten Getty Trusts – wie sie später sagten, rein hypothetisch und präventiv –, über den Umgang mit gestohlenen Kulturgütern: »Sind wir bereit, gestohlenes Eigentum aus übergeordneten Gründen zu kaufen?« Harold Williams gestand im Zusammenhang mit dem True-Prozess freimütig ein: »Es war jahrzehntelang für angesehene Museen und Sammler gängige Praxis, Artefakte ohne dokumentierte Herkunft zu erwerben – vor allem, wenn die möglichen Herkunftsländer nichts taten, um ihre Grabungsstätten zu sichern oder die Gesetze zu verschärfen.« Viele der Details, die im römischen Getty-Prozess von der Anklage ans Tageslicht gebracht wurden, sind alles andere als appetitlich. Aber erst als herauskam, dass True 1995 ein Ferienhaus auf der griechischen Insel Paros mit einem 400 000-Dollar-Kredit des

Londoner Kunsthändlers Christos Michailidis bezahlte, der gemeinsam mit seinem Geschäftspartner Robin Symes dem Getty Museum seit dem Amtsantritt von Marion True Kunstwerke im Wert von mehr als 30 Millionen Dollar verkauft hatte, trat die Museumsfrau von ihrem Amt zurück.

Geheimes Antiquitätennetzwerk

Schnell gelang es den italienischen Staatsanwälten zu belegen, dass von den »tombaroli« über bestimmte Antikenhändler bis hinein in prominente Institute und Museen ein systematisches Hehlernetzwerk aufgebaut worden war. Entscheidend für die Ermittler war ein handschriftlich beschriebenes liniertes Blatt Papier, das sie bei einer anderen Durchsuchung fanden. Eine Kopie lag dem Schriftsteller Peter Watson vor, der gemeinsam mit der Journalistin Cecilia Todeschini über den Fall das Buch *Die Medici-Verschwörung* veröffentlichte. Watson beschreibt darin den spektakulären Fund: »Das Ganze stellte nichts weniger dar als ein Organigramm des geheimen Antiquitätenschmuggelnetzwerks in ganz Italien, der Schweiz und anderen Ländern, das jede einzelne Person in der gesamten Hierarchie benannte – von ganz oben bis ganz unten und alle dazwischen dazu. Darüber hinaus war vermerkt, in welcher Beziehung diese Personen zueinander standen, wer wem lieferte, wer zu wem in Konkurrenz stand, aus welchen Regionen Italiens welche Mittelsmänner lieferten und welche Beziehungen diese zu internationalen Händlern, Museen und Sammlern hatten. Es war atemberaubend. Die blaue Kugelschreiberschrift war gut lesbar. Rechts oben stand mit großen Buchstaben ›Robert (Bob) Hecht‹ mit zwei waagerechten Pfeilen zu ›Paris und USA – Museen und Sammler‹.« Hecht stand schließlich in Rom gemeinsam mit Marion True vor Gericht. Medici wurde 2004 in Rom zu zehn Jahren Haft und einer Geldstrafe von zehn Millionen Euro verurteilt. True legte im September 2005 ihr Amt nieder. Als sie 2007 bereit war, über die Strukturen innerhalb des Getty Museums auszusagen, ließ Italien die zivilrechtliche Anklage gegen sie fallen. Viele strafrechtliche Vorwürfe gegen sie waren inzwischen verjährt. Ihr Handelspartner Robin Symes, der dem Vernehmen nach über 33 Kunst- und Antikendepots verfügte, wurde 2005 verurteilt. Noch 2014 entdeckten Fahnder in einem seiner Lager in Genf 45 Kisten mit Artefakten, die in den 1970er-Jahren bei Ausgrabungen in Sizilien, Apulien und Kalabrien gestohlen worden waren – und gaben sie an Italien zurück.[96]

Allein vom Getty Museum forderte Italien nach den erfolgreichen Ermittlungen zunächst 42 antike Fundstücke zurück. Ermittlungen durch vom Museum beauftragte Rechtsanwälte haben inzwischen ergeben, dass noch weit mehr Ausstellungsstücke aus Museumsbesitz betroffen sind. Mindestens 82 Exponate lassen sich zu Kunsthändlern zurückverfolgen, denen die Behörden illegale Praktiken vorwerfen, von denen das Getty Museum aber regelmäßig kaufte. Von den 104 antiken Kunstwerken, die das Museum selbst als »Meisterwerke« einstuft, haben 54 eine fragwürdige Provenienz. Die Reihe der dokumentierten Einzelfälle lässt sich für das Getty Museum lange fortsetzen – und entlarvt dadurch ein System. Als 1986 ein junger Kurator von seinem Amt zurücktrat, brachte er die jahrelange Entwicklung im Hause Getty auf den Punkt: Der Mann beschuldigte das Getty Museum in einem Brief, bewusst die Augen vor den Zuständen in seiner Antikenabteilung zu verschließen. Beinahe prophetisch schrieb der Kunsthistoriker davon, dass die »kuratorische Gier« eines Tages zu einer externen Untersuchung und dazu führen werde, dass eine fremde Regierung die Rückgabe gestohlener Kulturgüter fordere. Zwanzig Jahre später trat dieser Fall ein. Schnell war allerdings nicht allein das Getty Museum betroffen.

Schon bald weiteten die italienischen Behörden die Ermittlungen auch auf das Museum of Fine Arts in Boston, das Toledo

Museum of Art, das Princeton University Art Museum, das Minneapolis Institute of Arts und das Metropolitan Museum of Art in New York aus. Dessen Direktorium (»Board of Trustees«) kaufte 1972 eine inzwischen weltberühmte Vase an, die um 515 vor Christus der Maler Euphronius bemalt hat. Die Vase stammt aus einem etruskischen Grab, der Grabräuber erhielt 8800 Dollar, das Metropolitan Museum zahlte Robert Hecht schließlich eine Million Dollar dafür. Als sich der Archäologe und Antiken-Kustos Oscar White Muscarella damals öffentlich gegen den Ankauf des Stücks durch sein Haus aussprach, erhielt er von Direktor Thomas Hoving eine Kündigung wegen »sozialer Inkompetenz gegenüber Kolleginnen und Kollegen«. Muscarella, der gegen diese und zwei weitere Kündigungen erfolgreich juristisch vorging, gilt als einer der weltweit besten Kenner der antiken Kulturen des Nahen Ostens – und als Gewissen der Branche. Immer wieder hat er darauf hingewiesen, dass der illegale Ankauf von antiken Kunstwerken – durch Privatsammler wie durch Museen – zur Zerstörung der Grabungsstätten, der Fundzusammenhänge und damit der antiken Kulturen beitrage. Sein Arbeitgeber, das Metropolitan Museum of Art, hat ihn dafür mehrfach wegen angeblicher Illoyalität und Rufschädigung abgemahnt. Auch Hovings Nachfolger, Philippe de Montebello, versuchte vergeblich, dem lästigen Mitarbeiter zu kündigen. Im Frühjahr 2006 kassierte de Montebello dann selbst eine Niederlage: Um einen peinlichen Parallelprozess zum True-Verfahren zu vermeiden, erklärte er sich nach langem Widerstand schließlich bereit, dem Drängen des damaligen italienischen Kulturminister Rocco Buttiglione nachzugeben und neben 15 Stücken aus dem Silberschatz der Morgantina auch die Euphronius-Vase an Italien zurückzugeben. Buttiglione hatte zuvor damit gedroht, Italien werde andernfalls keine Leihgaben an das Museum mehr genehmigen.

Kriege – wie etwa der 2003 begonnene Irakkrieg – führen zu einem Anstieg des Angebots und damit auch der Nachfrage. Und der Kunstmarkt ist ein Verkäufermarkt: Nur was angeboten wird, kann auch erworben werden. Ob die Quellen legal oder illegal sind, spielt dabei für manche Sammlerinnen und Sammler keine Rolle. In Bagdad wurden unter anderem die später abgebrannte Nationalbibliothek und das Nationalmuseum systematisch geplündert. An ihrer Sicherung hatte das US-Militär trotz frühzeitiger Warnung von Experten zunächst kein Interesse gezeigt. Antike Ausgrabungsstätten, die schon vorher durch den Einsatz von schweren Militärfahrzeugen erheblich beschädigt worden waren, hatten nach Kriegsende keinen Schutz mehr. Mit dem Hussein-Regime waren auch die Antikenverwaltung und die Aufsicht über die Bodendenkmäler und Ausgrabungsstätten zusammengebrochen. Viele archäologische Fundstätten, an denen bis zum Krieg auch deutsche Wissenschaftlerinnen und Wissenschaftler gearbeitet hatten, waren – wie die antike Stadt Nimrud – schutzlos organisierten Raubgrabungsbanden ausgeliefert. Sie sahen anschließend aus wie Kraterlandschaften.[97]

Auch der Bürgerkrieg in Syrien und der fehlende Schutz für die archäologischen Fundstätten und die Kulturbauten und -güter des Landes führen seit 2011 zu einem verstärkten illegalen Handel. Beteiligt daran waren nach Angaben der US-Regierung auch terroristische Organisationen. 2015 legte Andrew Keller, leitender Beamter des Washingtoner Außenministeriums, bei einer Tagung im Metropolitan Museum of Art in New York Papiere vor, nach denen der sogenannte »Islamische Staat« (IS) ein eigenes »Ministerium für Natürliche Ressourcen mit Unterabteilungen für Ausgrabungen, Erforschung von alten und neuen Fundstellen sowie das Marketing und den Verkauf von Antiken« gegründet hatte.[98] Bei dem getöteten IS-Führer Abu Sajjaf wurden 700 zum Verkauf bestimmte Objekte gefunden, von denen etliche aus dem geplünderten Museum von Mossul stammten. Bei ihm sichergestellte Unterlagen und Quittungen belegen zudem, dass der »IS« dort, wo er nicht selbst grub, Lizenzen vergab. Von den Erlösen müssten 20 Prozent als sogenannte »Steuern« an den »Islamischen Staat« abgeführt werden.[99] Im Oktober 2019 beschlagnahmten die israelischen Behörden am Waren-Grenzübergang zum Gazastreifen Keren Schalom antike griechische Münzen in einem Lastwagen, der angeblich Textilien transportierte. Wegen ihres Alters von rund 2300 Jahren und fehlender Bescheinigung über eine legale Herkunft hätte auch mit ihnen nicht gehandelt werden dürfen.[100] Auch die Hisbollah soll sich nach Recherchen des US-Finanzministeriums über einen prominenten Kunsthändler im Libanon finanzieren.

Weltweiter Handel

Auch dass die Europäische Union ein Verbot für die Ein- und Ausfuhr von Kulturgütern aus dem Irak und Syrien und den Handel damit erließ, konnte den illegalen Import nicht stoppen. Nach wie vor lassen sich die benötigten Herkunftspapiere nämlich problemlos beschaffen. In seinem Standardwerk über den illegalen Handel mit Kulturgütern zitiert der Journalist Günther Wessel den Archäologen Neil Brodie vom Scottish Center for Crime and Justice Research an der Universität von Glasgow: »Wenn man zu einem Händler geht und sagt, dass man eine Provenienz für das Objekt, das man kaufen will, haben möchte, dann bekommt man die auch. Man erhält ein Stück Papier, auf dem ein oder zwei Vorbesitzer stehen, vielleicht gibt es auch eine Unterschrift. Das kann man dann akzeptieren oder nicht. Das muss man selbst entscheiden. Wenn Sie beispielsweise jetzt in London ein irakisches Objekt kaufen wollen und da eine Provenienz präsentiert bekommen, die sagt, dass das Artefakt aus einer jordanischen Familiensammlung seit den 1950er-Jahren stammt, haben Sie zwei Möglichkeiten. Sie können sich das Dokument ansehen und sagen: Das hört sich nicht gerade wahrscheinlich an. Es ist viel wahrscheinlicher, dass das Objekt aus einer Raubgrabung von letzter Woche kommt. Oder Sie sagen sich: Ja, das ist meine Provenienz. Jordanische Familie seit den 1950er-Jahren. Prima. Und wenn Sie es dann weiterverkaufen wollen, dann haben Sie Ihre belegte Herkunftsbezeichnung.« Markus Hilgert, früher Direktor des Vorderasiatischen Museums in Berlin, heute Generalsekretär der Kulturstiftung der Länder, ergänzt: »Gerade die hochpreisigen Objekte werden nicht öffentlich verkauft. Und viele Funde werden wahrscheinlich in Freihäfen gelagert, vielleicht jahrelang, bis ihre Herkunftsspuren verwischt sind.«[101]

Ab 2002 wurden dem Bundeskriminalamt jährlich rund 2000 Fälle von illegalem Handel mit antiken Kulturgütern bekannt, die entdeckt werden konnten. 2011 waren es bereits 2400. Die UNESCO schätzte den Umsatz im Handel mit antiken Artefakten im selben Jahr auf sechs bis acht Milliarden Dollar jährlich.[102] Diese Zahl ist allerdings umstritten; die International Association of Dealers in Ancient Art hatte fünf Jahre zuvor 440 Millionen Euro angegeben, davon 180 Millionen bei den beiden großen Auktionshäusern Christie's und Sotheby's.[103]

Die Behauptung, der illegale Handel betreffe auch den deutschen Markt und aus den Erträgen hätten sich terroristische Organisationen finanziert, wurde 2019 infrage gestellt – jedenfalls von der Interessengemeinschaft Deutscher Kunsthandel, einem im Januar 2019 gegründeten Zusammenschluss von sechs Mitgliedsverbänden, die dort gemeinsam Lobbyarbeit betreiben. Im Sommer des Jahres wurde ein erster Tätigkeitsbericht zur vom Bundesministerium für Bildung und Forschung, von der Stiftung Preußischer Kulturbesitz, dem Fraunhofer-Institut für Sichere Informationstechnologie und dem Leibniz-Institut für Sozialwissenschaften in Mannheim erstellten, mit 1,2 Millionen Euro finanzierten Illicid-Studie veröffentlicht.

Die Erhebung solle »effiziente Verfahren und Instrumente zur Erhebung, Dokumentation und Analyse von Informationen über den illegalen Handel mit Kulturgut in Deutschland entwickeln und erproben«, hieß es in der Projektbeschreibung: »Vor dem Hintergrund der jüngsten politischen Entwicklungen im Irak und in Syrien konzentriert sich die Studie besonders auf den dynamischen Handel mit antiken Kulturgütern aus dem östlichen Mittelmeerraum.« [104]

Kein Freispruch für den Handel

Schon die ersten Zwischenergebnisse feierte die Interessengemeinschaft in einer Pressemitteilung als grundsätzlichen »Freispruch für den Kunsthandel«: »Nach drei Jahren Forschung und 1,2 Mio. Euro Kosten liegen nun die Ergebnisse der ILLICID-Studie vor. Sie war angetreten, um den illegalen Handel mit Kulturgut in Deutschland zu erforschen. Gefunden hat sie nichts. Die Abschlussberichte enthalten keine Hinweise auf Raubgrabungen, Terrorfinanzierung oder Geldwäsche.«[105]

Abgesehen davon, dass es sich – anders als auch in einigen Medien dargestellt – noch gar nicht um den Abschlussbericht handelte, verkennt der selbst erteilte Freispruch auch den Inhalt des vorgelegten Papiers. Es kann deshalb auch kaum, wie geschehen, als vermeintliches Argument gegen das vom Kunsthandel so vehement abgelehnte deutsche Kulturgutschutzgesetz dienen (vgl. Kapitel 6). Kritische Archäologinnen und Archäologen wiesen auf andere Interpretationsmöglichkeiten hin. Das beginnt schon bei der Zielsetzung der wissenschaftlichen Erhebung: »Die Studie thematisiert die Rolle Deutschlands als Hauptumschlagplatz des illegalen Kunsthandels gar nicht. Dazu wäre eine vergleichende Analyse notwendig gewesen«.[106] Der Wissenschaftsblog »Archaeologik« weist außerdem darauf hin, dass die hohe Zahl der festgestellten Fälschungen durchaus darauf hindeute, dass in Westeuropa ein lukrativer Markt für Antiken aus den untersuchten Gebieten vorhanden sei: »Soweit möglich wurden die angebotenen Funde anhand von wissenschaftlichen Referenzen bestimmt und klassifiziert. Nur bei 24 % handelt es sich (sehr) wahrscheinlich um authentische, echte Stücke, bei 12 % besteht akuter Fälschungsverdacht – bei vorderasiatischen Kulturgütern sogar bei 24 % (…). 2387 Objekte (also 39,9 % des beobachteten Bestandes) stammen potentiell aus Syrien und/ oder Irak.«[107]

Die erhobenen Zahlen deuteten, so die unabhängigen Archäologen, keinesfalls auf einen so gut wie ausschließlich legalen Handel mit Ausgrabungsfunden hin: »Gemessen an den Vorgaben des Deutschen Kulturgutschutzgesetzes besitzen nur 2,1 % der angebotenen Funde (128 Stück) eine verifizierbare, vor den Stichtag des Gesetzes (26.4.2007, bzw. innerhalb der EU 31.12.92) führende Provenienz. 43 % der Funde erwiesen sich nach den Maßstäben des deutschen Kulturgutschutzgesetzes als illegal, da die Provenienz vor dem Stichtag lag (ca. 32 %) oder fehlte bzw. gefälscht war (ca. 11 %)! Tab. 2 gibt in Bezug auf das Deutsche Kulturgutschutzgesetz die folgenden Zahlen:

verifizierbare Provenienz vor den Stichtagen	2,1 %	(n=128)
nicht verifizierbare, aber detaillierte Provenienz vor den Stichtagen	6,9 %	(n=1039)
nicht verifizierbare, nicht detaillierte Provenienz vor den Stichtagen	38,1 %	(n=2337)
nicht verifizierbare, nicht detaillierte Provenienz nach den Stichtagen	31,9 %	(n=1958)
keine, widersprüchliche oder falsifizierte Provenienz	0,9 %	(n=671)

Bezogen auf die EU-Verordnungen zum Irak und zu Syrien erfüllen nur 0,4 bzw. 9,6 % der Provenienzangaben die rechtlichen Vorgaben.«[108]

Nur 2,1 Prozent unbedenklich

Die Erhebungsgrundlage der »Illicid«-Studie sei fragwürdig, heißt es weiter in dem Blog; sie lasse keine umfassenden Aussagen zu: »Einerseits sind die 6133 Objekte die Gesamtmenge der sicher auf das Untersuchungsgebiet zu verortenden Antiken, von denen eben wie oben aufgeführt nur 2,1 % erkennbar nach der Gesetzeslage unproblematisch sind (wobei die Gesetzeslage mit ihren immer jüngeren Stichtagen selbst immer noch ein Problem darstellt). 97,9 % davon sind also Verdachtsfälle, denn Antiken kommen aus archäologischen Fundstellen, bei denen Funde fast überall gemeldet werden müssen, Ausfuhrlizenzen benötigen – oder bei regulären Grabungen an Museen und wissenschaftliche Institute, aber nicht in den Markt gelangen. Dabei ist weiterhin zu vermerken, dass es sich bei den 6133 erfassten Objekten nur um die sicher auf das Arbeitsgebiet zu beziehende Menge handelt. Die Zahlen in dem Bericht sind wohl so zu verstehen, dass darüber hinaus zahlreiche Münzen und Kleinfunde etwa hellenistischer und römischer Zeit angeboten wurden, die aufgrund fehlender Provenienzangaben und der über den Mittelmeerraum hinausgreifenden kulturellen Angleichung nicht sicher regional genauer zuweisbar sind und beispielsweise auch aus Nordafrika stammen könnten und daher gar nicht erst berücksichtigt wurden. (...) Die Überprüfung der angegebenen Provenienzen war natürlich nur bedingt möglich. Herangezogen wurden alte Auktionskataloge, Lager- und Leihlisten, Sammlungspublikationen und -datenbanken, aber auch Verlustlisten von Museen und Depots, die Interpol- sowie die LostArt-Datenbank. Hier ist zu vermerken, dass mit diesem Verfahren Raubgrabungsfunde kaum zu identifizieren sind, da diese ja frisch aus dem Boden kommend, in solchen Listen gar nicht vertreten sein können.«[109]

Auch die *Frankfurter Allgemeine Zeitung* kam im Hinblick auf die »Illicid«-Studie zu einem anderen Ergebnis als die vereinigten Kunsthandelsverbände – und verwies darauf, dass eine wesentliche Grundlage der Studie vor allem Fragebögen gewesen seien, die an alle deutschen Antikenhändler verschickt wurden. Es bleibe »fraglich, ob die Auswertung des frei zugänglichen Handels und die Angaben der Befragten ausreichen, um der Raubgräberei und ihren mehr oder weniger sichtbaren Vertriebswegen auf die Spur zu kommen – oder ob man dazu nicht investigative Ansätze nutzen muss. Kein seriöser Händler – und erst recht kein raffinierter Verbrecher – wird offen anbieten, was er selbst für illegal hält. Der wirklich graue Markt liegt jenseits der Auktionskataloge.«[110] Auch hier wurden die Systematik der Erhebung und die Aussagefähigkeit der Ergebnisse in Zweifel gezogen: »Die geringe Zahl der beschlagnahmten Kunstgegenstände mindert nicht die Dringlichkeit des Problems aus der Sicht der Herkunftsländer. Zudem ist der internationale Kunstschutz weniger gut aufgestellt als zum Beispiel die Drogenfahndung und erzeugt einen geringeren Verfolgungsdruck. Das heißt, die Dunkelziffer dürfte im Verhältnis zu den aktenkundigen Fällen überproportional hoch sein.«[111] Tatsächlich tauchten viele der im und nach dem Irakkrieg gestohlenen Güter mit ungeklärter Provenienz später auf dem europäischen Kunstmarkt auf – vor allem in Frankreich, Großbritannien und in Deutschland. Der irakische Kulturminister Mufid el Dschasairi sprach im November 2003 von 14 000 geplünderten Ausstellungsstücken. Drei Jahre später waren gerade einmal 4000 davon freiwillig zurückgegeben, aufgefunden oder sichergestellt worden.[112] Bis heute steht eine Suchliste online.[113]

Ein Freispruch klingt anders. Problematisch ist das generelle faktische Handelsverbot für Antiken ohne die inzwischen verlangten Dokumente dennoch: für Stücke zum Beispiel, die schon seit vielen Jahren im Besitz einer Sammlerin oder Familie sind – seit einer Zeit also, in der das Vorliegen von amtlichen Ausfuhrpapieren des Herkunftslandes noch nicht die Voraussetzung für einen legalen Erwerb war. Dabei muss es sich trotzdem nicht um Raubgut oder Schmuggelware handeln. Und doch könnten diese Stücke heute nicht mehr problemlos verkauft werden. Für diesen Generalverdacht, der auch erhebliche finanzielle Folgen haben kann, hat der Gesetzgeber noch keine Lösung gefunden.

Goldhut ohne Herkunft

Natürlich hat das weltweite Problem antiker Kulturgüter mit ungeklärter Herkunft in der globalisierten Welt längst auch Deutschland erreicht, und nicht immer reagieren hier selbst die Museen angemessen. Als etwa 1997 das Berliner Museum für Vor- und Frühgeschichte auf Vermittlung eines Frankfurter Kunsthändlers für 1,5 Millionen Mark einen von weltweit vier bekannten »Goldhüten« erwarb, wurden als Herkunft nur eine »Privatsammlung Schweiz« angegeben, die in den 1950er- und 1960er-Jahren aufgebaut worden sei – weitere Anfragen wurden abgeblockt. Materialprüfungen ergaben inzwischen immerhin, dass das Artefakt tatsächlich rund 3000 Jahre alt ist und aus der späten Bronzezeit stammt. Fundort, Finder und Zwischenhändler hingegen gelten nach wie vor als Geheimnis. Es gebe, sagte damals Wolfgang Schönleber, lange Jahre Antikenexperte beim Landeskriminalamt Baden-Württemberg in Stuttgart, bislang keine konkreten Rückgabeforderungen aus Italien oder Griechenland, die eine Zeit lang als mögliche Herkunftsländer vermutet wurden. Zwar forschte das Kunstdezernat der Carabinieri im Antikenmuseum Berlin nach der Herkunft von

24 antiken Vasen aus Apulien. Beweise für illegale Erwerbungen wurden aber auch in diesem Fall nicht gefunden. »Das heißt aber nicht«, erklärte Schönleber, »dass es das Problem hier nicht gibt. Dreh- und Angelpunkt für antike Hehlerware ist zurzeit Frankfurt.«

Damals nämlich war in Deutschland der Erwerb gestohlener Kunstwerke aus der Antike kein Straftatbestand. Mit 37-jähriger Verspätung hatte die Bundesrepublik zwar im November 2007 auf internationalen Druck hin endlich die Kulturgüterschutz-Konvention der UNESCO von 1970 ratifiziert. Diese Erklärung allerdings war in ihren Konsequenzen schon damals überholt und wurde vor allem in Deutschland nicht in ein nationales Gesetz umgesetzt. Zwar verbieten EU-Vorschriften seit 1992 den illegalen Import von Kulturgütern aus den Partnerländern Italien und Griechenland und seit 2003 auch aus dem Irak. Der in der Regel unmögliche Nachweis allerdings, dass ein Einzelstück tatsächlich von dort herstammt und nicht 20 Kilometer hinter der Grenze in einem Nachbarland gefunden wurde, verhindert die meisten Strafverfahren.

»Wer gesunden Menschenverstand hat«, bestätigte auch Michael Müller-Karpe, Kurator am Römisch-Germanischen Zentralmuseum in Mainz, »der weiß, dass es so gut wie keine Möglichkeiten gibt, legal an antike Grabungsfunde zu kommen. Ich kenne im vorderen Orient kein Land, das noch irgendeine Form von Export erlaubt. Einzige Ausnahme ist Israel, aber dort gelten strenge Auflagen, die kontrolliert werden.« Müller-Karpe spricht sich deshalb seit Langem für ein völliges Ende des Antikenhandels aus. Der Arbeitskreis Deutscher Kunsthandelsverbände bezeichnete den Wissenschaftler daraufhin in einer Pressemitteilung als »fundamentalistischen Archäologen«, warf ihm eine »Diffamierungskampagne« vor und rückte ihn gar in die Nähe islamistischer Extremisten.

Unterstützung fand Müller-Karpes Forderung dagegen bei seinem New Yorker Kollegen Oscar White Muscarella: »Viele Sammler und Museumsdirektoren argumentieren ja, die Fundstücke seien bei ihnen sicherer als in ihrem Herkunftsland. Die Objekte, die diese Direktoren ›sicher aufbewahren‹, wurden aus der Erde gerissen, der Ort und der kulturelle Kontext, aus dem sie stammen, für alle Zeiten zerstört. Ich habe jahrelang im Nahen Osten gearbeitet und die zerstörten Grabungsstätten gesehen: Löcher von Dynamitsprengungen, Absperrpfosten, Bulldozer. Alle Objekte werden so schnell wie möglich aus der Erde geholt, zu verschiedenen Händlern gebracht und außer Landes geschmuggelt und an die Museen verkauft. Was ist daran sicher? Diese Behauptungen der Museen sind nicht nur eine Lüge, sondern der schreckliche Versuch einer rationalen Rechtfertigung ihrer Verbrechen. Gerade die Universitätsmuseen in Harvard, Princeton, Missouri, Indiana sind maßgebliche Räuber und Zerstörer der Weltgeschichte.«

Zerstörung der Geschichte

Gemeint sind damit die materiellen, vor allem aber auch die kulturellen Schäden, die Raubgräber anrichten. Für Wissenschaftler ist von großer Bedeutung, wo genau und in welchem Umfeld historische Funde gemacht werden: innerhalb, außerhalb oder überhaupt in der Nähe von Gebäuden? Was lag in der Nähe? Sind Gebrauchszusammenhänge zu erkennen? Handelt es sich um Grabbeigaben oder um alltäglich genutzte Gegenstände? Häufig konzentrieren sich Raubgräber auf Gegenstände aus Metall, lassen Keramiken, deren Material und Gestaltung Auskunft über das Alter von Funden geben kann, aber zurück.

Diese Probleme stellen sich bei Weitem nicht nur in den Ländern in Mittel- und Südamerika, Arabien, Afrika oder Asien, in denen es berühmte frühe Zivilisationen und Kulturen gab. Auf einen noch kaum beachteten Aspekt wies Eckhard Laufer, Antikenexperte der hessischen Polizei und Ansprechpartner für die dortige Denkmalpflege, hin: »Raubgrabungen oder Ankäufe trotz unklarer Herkunft gibt es ja auch in Deutschland selbst. Man muss nur an die ›Himmelsscheibe von Nebra‹ oder den Schatzfund am Bullenheimer Berg denken. Viele deutsche Museen, denen solche Funde angeboten werden, könnten erkennen, worum es sich handelt. Sie drücken aber beide Augen zu und argumentieren, solche Grabungsfunde seien besser bei ihnen im Museum aufgehoben, als dass sie in dunklen Kanälen verschwinden. Die Verantwortlichen wissen genau, was sie da tun. Sie schaffen einen Markt für illegale Waren und tragen auf diese Weise dazu bei, dass Raubgrabungen weiterhin als lukrativ angesehen werden und weiterhin stattfinden. Ich würde mir wünschen, dass mehr Kustoden den Schritt zur Polizei wagen. Aber ein Umdenken findet auch in Deutschland nur sehr langsam statt.«

Tatsächlich haben zwei namentlich bekannte Raubgräber die wohl 4000 Jahre alte »Himmelsscheibe von Nebra« am 4. Juli 1999 auf dem Mittelberg im Ziegelrodaer Forst in Sachsen-Anhalt ausgegraben. Einen Tag später verkauften sie die Bronzeplatte mit der ältesten bekannten Darstellung von Himmel und Gestirnen zusammen mit anderen Fundstücken für 31 000 Mark an einen Antikenhändler in Köln. Noch ein Jahr später wurde die »Himmelscheibe« angeblich für eine Million Mark in Berlin und München angeboten. Als aber klar wurde, dass der Bodenfund dem Land Sachsen-Anhalt zustand, wechselte er unter der Hand mehrfach die Besitzer. Im Sommer kaufte schließlich – auf Vermittlung der Museumspädagogin Hildegard B. – der Lehrer Reinhold S. die antike Arbeit für 230 000 Mark, angeblich in gutem Glauben, wie B. später vor Gericht aussagte. Für 700 000 Mark versuchten beide, die »Himmelsscheibe« an den Landesarchäologen von Sachsen-Anhalt zu verkaufen. Das Amtsgericht Naumburg verurteilte die damals 44 Jahre alte Frau 2003 wegen Hehlerei zu zwölf Monaten Haft, den 64-jährigen

Mann zu sechs Monaten. Beide zur Bewährung ausgesetzten Strafen wurden in der Berufungsverhandlung zwei Jahre später bestätigt. Aufgefunden wurde das Artefakt in der Schweiz, wo es die beiden zwischenzeitlichen Besitzer eingelagert hatten. Die beiden Raubgräber waren eine Woche zuvor zu vier und neun Monaten auf Bewährung verurteilt worden.[114] Die »Himmelsscheibe« ist seit 2002 im Landesmuseum für Vorgeschichte des Landes Sachsen-Anhalt in Halle zu sehen.

Auf dem Hochplateau »Bullenheimer Berg« bei Neustadt an der Aisch in Unterfranken befand sich in der späten Bronzezeit offenbar eine Höhensiedlung, die auch ein wichtiger Handelsplatz gewesen ist. Erst Mitte der 1970er-Jahre wurde das Areal aber durch das Landesamt für Denkmalpflege erforscht und in seiner Bedeutung erkannt. Trotzdem war es jahrzehntelang möglich, dass hier Raubgräber mit Metallsonden völlig unwissenschaftlich, undokumentiert und ohne Rücksicht auf Fundzusammenhänge nach Schätzen suchten. Zu den Ersten, die sich daran – in ihrer Freizeit – beteiligten, zählten in Würzburg stationierte US-Soldaten mit Minensuchgeräten. In den 1990er-Jahren glich das Gelände einer Kraterlandschaft.[115] Möglicherweise stammt auch der Berliner »Goldhut« von hier.

Wenn der Staat mit Raubgut handelt

Manchmal sind deutsche Behörden sogar ganz unmittelbar in den Handel mit antiken Kulturgütern verwickelt. Im Herbst 2018 waren die zwei im Juni und Juli eingestellten Auktionslisten des Münchner Finanzamts plötzlich wieder verschwunden – still und heimlich und ohne einen Kommentar. Wer die entsprechenden Links eingab, erhielt nur noch eine Fehlermeldung. Auf einer dritten Website, auf der die Behörde für den 12. September eine weitere große Versteigerung mit antiken Kulturgütern angekündigt hatte, fand sich immerhin noch ein kurzer Hinweis: »Die Verwertung der antiken Gegenstände und der Kunstgegenstände wurde gestoppt, diese kommen somit nicht zur Versteigerung.« Wer in München nach einer Erklärung fragte, erhielt als Antwort nur: »organisatorische Gründe«. Statt der Antiken bot das Finanzamt im September 23 Lederhosen und Kniebundhosen, fünf Dirndl und vier Trachtenwesten an – Kulturgut der anderen Art.

Neben den organisatorischen gibt es für die klandestine Absage allerdings noch andere Gründe. Aufgerufen werden sollten im Herbst 2018 nämlich zum wiederholten Mal rund 700 Objekte aus verschiedensten Epochen und Kontinenten, darunter viel Goldenes: präkolumbische Gefäße aus der nordperuanischen Lambayeque-Kultur für bis zu 5000 Euro, ein skythischer Armreif für 6000 oder ein halbkreisförmiges goldenes Opfermesser (»Tumi«) aus der gleichen Gegend und Zeit für 15 000 Euro. Auf rund 110 000 Euro schätzte der Freistaat den Wert der antiken Objekte. Mindestens zwei Botschaften protestierten allerdings bei der bayerischen Landesregierung gegen den geplanten Verkauf. Ägypten und Peru befürchteten, dass in staatlichem Auftrag auch gestohlene Kulturgüter angeboten werden könnten, auf die die Länder Ansprüche erheben. Informiert hatte man sie vorher nicht.

Schon im Sommer des Jahres waren bei zwei Auktionen in einem unscheinbaren Verwaltungsgebäude in der Nähe des Münchner Hohenzollernplatzes Mindestgebote aufgerufen worden, deren Lächerlichkeit beim internationalen Kunsthandel Verblüffung ausgelöst haben muss. Auf den später gelöschten Websites waren sie abgebildet, darunter: eine präkolumbische Bronzemaske aus der zweiten Hälfte des 1. Jahrtausends nach Christus aus Peru: 60 Euro; eine bemalte altägyptische Mumienmaske: 120 Euro; ein Konvolut prähistorischer Kleinwerkzeuge aus Knochen: 15 Euro – dazu unzählige präkolumbische Terrakottafiguren, Gefäße und Silbernadeln aus der Andenregion und aus Mexiko, Sicheln aus der Bronzezeit, altägyptische Figurinen, byzantinische Schälchen.

Auf dem internationalen Kunstmarkt werden für solche antiken Objekte hohe Summen gezahlt, denn das Angebot ist knapp geworden: Viele Staaten haben für Kulturgüter generelle Ausfuhrverbote erlassen; gehandelt werden kann nur noch, wofür offizielle staatliche Ausfuhrgenehmigungen vorliegen – und die werden so gut wie nicht mehr ausgestellt. Für das, was ohne entsprechende Papiere am Markt auftaucht, erheben die Herkunftsstaaten in der Regel eigene Besitzansprüche: Der Verdacht, dass es sich um Beute aus illegalen Raubgrabungen handelt, liegt dann nahe.

280 Einzelstücke ließen die Finanzbehörden bei den beiden ersten Niedrigpreis-Auktionen im Sommer 2018 an zwei Vormittagen in München-Schwabing aufrufen. Das mit großem Abstand teuerste Objekt war ein massiver sassanidischer Silberteller aus dem vierten Jahrhundert nach Christus mit einem Mindestgebot von 9000 Euro, das preiswerteste: zwei altorientalische Tongewichte im Gegenwert einer Packung Zigaretten: 5 Euro. Was an den beiden Tagen zu welchen Preisen tatsächlich Käufer fand, will das zuständige Landesamt für Steuern nicht mehr verraten – wegen des Steuergeheimnisses, teilte sein Pressesprecher Florian Schorner auf Anfrage mit: »Ich bitte um Verständnis.« »Steuergeheimnis« lautet auch die einzige Antwort auf die Frage, wie der Freistaat Bayern überhaupt in den Besitz der antiken Kulturgüter kam.

Die Herkunft lässt sich aber rekonstruieren: Tatsächlich stammen die antiken Kulturgüter aus Beschlagnahmeaktionen der Abteilung SG 622 des bayerischen Landeskriminalamtes, die ziemlich genau 20 Jahre zurücklagen. 1997/98 waren bei dem seit 1979 in München lebenden türkischstämmigen Händler Aydin D. und bei weiteren Händlern und Sammlern rund 3000 Stücke sichergestellt worden – unter anderem in einem umgebauten Dachgeschossraum und hinter einer doppelten Wand. Der Gesamtwert wurde damals mit 30 Millionen Mark angegeben. Auffallen hätte D. schon zehn Jahre früher können: Bereits 1988 hatte er in einem Genfer Zollfreilager für 1,2 Millionen Dollar ein jahrhundertealtes Mosaik mit dem Erzengel Gabriel an die US-Kunsthändlerin Peggy G. verkauft; das sakrale Kunstwerk war aus einer Kirche in Zypern gestohlen worden. Für 20 Millionen Dollar wurde es wenig später dem Getty Museum in Malibu angeboten, das aber die zweifelhafte Herkunft herausfand und die zypriotische Kirche informierte. D. wurde damals nach einjähriger Untersuchungshaft zu zwei Jahren Gefängnis auf Bewährung verurteilt, weil er seinen Anteil von 350 000 Dollar nicht versteuert hatte. Später bestritt er seine Beteiligung. Durchsuchungen fanden damals bei ihm nicht statt.

Für eine auch konservatorisch sichere Lagerung der beschlagnahmten Antiken stand ab 2001 ein klimatisierter Raum im Kriminaltechnikbau des LKA zur Verfügung. Was folgte, war die Suche nach den rechtmäßigen Eigentümern. Offenbar war man dabei allerdings nicht sehr schnell: Im Frühjahr 2002 mahnte das Auswärtige Amt ungewohnt undiplomatisch das bayerische Justizministerium, inzwischen verstärkte »sich auf die Bundesrepublik Deutschland der außenpolitische Druck sowohl des Staates Peru als auch verschiedener zyprischer Stellen für eine Rückkehr der illegal aus den Herkunftsländern verbrachten Kunstwerke, die bei Herrn D. sichergestellt wurden«. 2005 schickte die Regierung in Nikosia eine Verbalnote nach Deutschland, in der die baldige Rückgabe des Diebesguts gefordert wurde.

Behörden sahen keinen Gesetzesverstoß

Die erfolgte aber erst im Sommer 2013 – und nur für einen kleinen Teil der beschlagnahmten Kulturgüter: Zypern erhielt rund 170 Stücke zurück, darunter ein auf fünf bis acht Millionen Euro geschätztes byzantinisches Fresko aus dem sechsten Jahrhundert mit dem heiligen Thomas, das offenbar nach der türkischen Besatzung ab 1974 aus einer Kirche im Norden des Landes gestohlen worden war. Sie sei froh, dass nach all den Jahren ein Großteil der Schätze in die Heimat zurückgebracht werden könne, ließ sich Bayerns damalige Justizministerin Beate Merk zitieren. Dass noch Tausende von Kulturgütern weiter in der Obhut des Landes blieben, sagte die CSU-Politikerin damals nicht.

Weitere sieben Jahre später wollte Bayern den Fall und die Suche dann offenbar endgültig beenden und die Steuerschulden durch die Auktionen in München wenigstens zum Teil eintreiben. Natürlich seien bei einer Versteigerung von Kulturgut die allgemeinen Vorschriften des Kulturgutschutzgesetzes zu beachten, erklärte Florian Schorner vom Bayerischen Landesamt für Steuern, aber: »Rechte Dritter (insbesondere anderer Staaten), die das aktuelle Versteigerungsgut betreffen, sind nicht bekannt; die Gegenstände sind insbesondere in keinem einschlägigen Register eingetragen.«

Ihr Land habe in den beiden zurückliegenden Auktionen keine Ansprüche mehr, bestätigte Georgea Solomontos, Kulturattaché in der Botschaft von Zypern in Berlin: »Nach Prüfung durch das Department of Antiquities sind wir informiert worden, dass bei diesen zwei Auktionen in München keine Antiquitäten aus Zypern angeboten wurden.«

Was aber ist mit illegalen Raubgrabungen aus anderen Ländern, die naturgemäß in gar keinem Register aufgeführt sein können – weil weder ihre Entdeckung noch ihr Export noch ihr Verkauf jemals bekannt werden konnten? Der peruanische Botschafter in Berlin, Elmer Schialer, sagte dazu: »Leider haben weder die Bayerische Staatsregierung noch ein bayerisches Finanzamt im Vorfeld der Auktionen sich mit unserer Botschaft in Verbindung gesetzt, um die Rechtmäßigkeit dieser Kulturgüter zu prüfen.«

Pressesprecher Florian Schorner sah trotzdem keine Probleme: »Das Kulturgutschutzgesetz steht einer Verwertung nicht entgegen, wenn die dortigen Vorgaben eingehalten und insbesondere die Sorgfaltspflichten nach § 41 GSG beachtet werden.« Sollte in den Finanzamtsauktionen Raubkunst enthalten sein, dürften allerdings die Erwerber ihre in München gekauften Stücke nach dem deutschen Kulturgutschutzgesetz unter Umständen nicht exportieren.

Perus Vertreter Schialer wurde deshalb tätig: »Unsere Botschaft hat eine Mitteilung an das Auswärtige Amt gesendet, damit unser Antrag auf sofortige Aussetzung der Versteigerung dieser peruanischen oder mutmaßlich peruanischen Stücke über die entsprechenden Kanäle an das Finanzamt München übermittelt werden kann, um deren Echtheit und den rechtmäßigen Besitz festzustellen.« Eine Goldmaske hatte Peru nach Prozessen bereits zurückerhalten.

Auch die ägyptische Botschaft schaltete einen Rechtsanwalt ein, der von den deutschen Behörden Auskunft verlangt. »Wir sind nicht informiert worden«, erklärte ein Botschaftssprecher. »Die ägyptische Botschaft vermutet, dass in München Werke versteigert werden, die gestohlen wurden und Ägypten gehören. Wir haben keine Genehmigung erteilt. Dass so etwas eine Behörde macht, wundert uns sehr.« Nach den diplomatischen Interventionen sagte Bayern die geplante dritte Auktion schließlich ab. Weitere wurden vorerst nicht angekündigt.

Kapitel 4

Wenn Diktatoren sammeln

Der Kunstmarkt, die internationale Kleptokratie und die Moral

Irgendjemand muss Vilma Hernandez Bautista Geld gegeben haben. Viel Geld. Sehr viel Geld – und immer wieder. Denn von dem schmalen Gehalt, das die 1939 geborene Frau als Sekretärin an der Vertretung der Philippinen bei den Vereinten Nationen in New York verdiente, konnte sie kaum all die Rechnungen bezahlt haben, die im Laufe von vielen Jahren auf ihren Namen für Luxusimmobilien und für teure Kunstwerke ausgestellt worden waren. Die 335 000 Dollar zum Beispiel, mit denen Vilma Bautista 1976 in der 29. Etage des Olympic Tower an der Fifth Avenue in Manhattan ein Apartment kaufte. Oder die 880 000 Dollar, mit der sie ein Jahr später im selben Luxusgebäude drei weitere Wohnungen in der 43. Etage bezahlte. Verkäuferin war damals eine in Hongkong registrierte Firma mit Namen Thetaventure – deren New Yorker Zweigstellen-Adresse erstaunlicherweise identisch mit der von Vilma Bautistas Wohnung in einem heruntergekommenen Sozialwohnungsbau an der West 70th Street war. Obwohl sie in der 70th Street gemeldet war, ging die Filipina gleichzeitig im noblen »Fahnestock Mansion« an der 15 East 66th Street, zwischen Fifth und Madison Avenue, und in einem anderen in der 70th Street an der teuren Upper East Side aus und ein. Und sie überwies ab 1981 regelmäßig die Grundsteuer für »The Lindenmere«, ein 3,5 Hektar großes Anwesen mit 14 Schlafzimmern und 17 Bädern in Center Moriches auf Long Island. Der höchste Einzelbetrag, der Vilma

Bautista in Rechnung gestellt wurde, stammt vom 20. Juli 1978. Damals erwarb die Sekretärin in der New Yorker Filiale der italienischen Juwelierkette Bulgari im Pierre Hotel Ohrringe, Armbänder und Ketten mit Smaragden, Rubinen und Diamanten im Wert von 1,4 Millionen Dollar – viel Geld für eine Frau, deren Sekretärinnengehalt gerade einmal 3000 Dollar betrug.

Ein zweiter Blick auf die Rechnung des Luxus-Juweliers klärt allerdings das Rätsel um die kleine Angestellte und das große Geld auf. Und er führt mitten hinein in die Geschichte der Kleptokratie. Denn die Rechnung erzählt von einer Machthaberfamilie, die ihr eigenes Volk um mindestens zehn Milliarden Dollar betrogen und dieses Geld unter anderem in Kunstwerken angelegt hat, von denen sie Hunderte kurz vor ihrem Sturz in geheime Verstecke bringen ließ. Nach vielen von ihnen suchten die Nachfolgeregierungen vergeblich – bis heute.

Gefunden wurde die Bulgari-Rechnung am 25. Februar 1986 nicht in New York, sondern im Malacañan-Palast in Manila, der verlassenen Residenz von Präsident Ferdinand Marcos, des langjährigen Diktators der Philippinen: in genau jener Nacht, in der der Gewaltherrscher mithilfe der US-Armee ins Exil nach Hawaii geflohen war, wo er drei Jahre später starb. Vor seiner Flucht hatte er über zwei Jahrzehnte lang sein Land wirtschaftlich ruiniert. Zehn Monate vor Marcos' Vertreibung durch sein Volk hatte *Spiegel*-Redakteur Tiziano Terzani geschrieben, woran das lag. Marcos hatte eine uneingeschränkte Günstlingswirtschaft etabliert, die vielen schadete und wenigen – vor allem Mitgliedern seiner Familie – nutzte: »Unter dem Kriegsrecht regierte Marcos per Dekret, und per Dekret gab Marcos, was er wollte, wem er wollte. (…) 1972 betrug die Staatsverschuldung zwei Milliarden US-Dollar. Heute sind es offiziell 25,6 Milliarden, inoffiziell rund 35 Milliarden. Auch die wirtschaftliche Situation des Volkes hat sich verschlechtert: Ein Drittel der gesamten arbeitsfähigen Bevölkerung hat keinen Job (allein 1983 verlor fast eine Million ihren Arbeitsplatz), die Löhne wurden nie erhöht, die Preise aber sind gestiegen: Ein Kilo Reis kostet heute fünfmal so viel wie 1972, ein Kilo Zucker sogar sechsmal so viel. Hunderttausende Filipinos sterben an Masern, Durchfall und Tuberkulose. In der Kindersterblichkeit stehen die Philippinen gleich hinter Indien und Bangladesch. Jeder dritte Todesfall in allen Altersgruppen ist auf Unterernährung zurückzuführen. Nach den eigenen Zahlen der Regierung leben 85 Prozent der Filipinos inzwischen unterhalb der von den Vereinten Nationen festgelegten Armutsgrenze.«

2,5 Prozent aller Erlöse aus dem Zuckerverkauf flossen direkt in einen Fonds zur privaten Verfügung des Präsidenten, der daraus im Laufe von zehn Jahren über eine Milliarde Dollar ins Ausland verschoben haben soll. Insgesamt hielten Mitglieder des verzweigten Marcos-Romuáldez-Clans Beteiligungen an rund 1000 philippinischen Firmen – und Hunderten weiteren im Ausland, bei denen ohne direkte Provisionszahlungen an die Präsidentenfamilie kaum etwas lief. Gleichzeitig übten die korrupte Polizei und das korrupte Militär ein von Marcos geduldetes und gefördertes Schreckensregime aus. Wer widersprach oder nur kritische Fragen stellte, musste damit rechnen, mit Stacheldraht um den Hals gefoltert oder gleich ermordet zu werden. In den 59 Haftanstalten des Landes saßen zeitweise 50 000 politische Gefangene ein.

Verräterische Rechnung

Auf der 1,4-Millionen-Dollar-Rechnung von Bulgari steht unter dem Namen von Vilma Bautista in Klammern die eigentlichen Adressatin: »Mrs. Imelda Marcos«. Die schillernde Frau des Diktators hatte die teuren Juwelen bei einer ihrer legendären Shoppingtouren gekauft. Die 1929 als Imelda Romuáldez geborene ehemalige Schönheitskönigin war auch die Besitzerin der Luxusimmobilien in Manhattan. Ihr diente das Stadthaus 15 East 66th Street, das zugleich Sitz des philippinischen Konsulats war, als Ort für rauschende Feste, an denen regelmäßig auch der Hollywood-Schauspieler George Hamilton teilnahm. Als sie später in den Olympic Tower umzog, wurde das Stadthaus von den Mitarbeiterinnen und Mitarbeitern von Botschaft und Konsulat intern »the warehouse – das Lager« genannt. Hier nämlich ließ Imelda Marcos einlagern, was sie auf ihren regelmäßigen Touren einkaufte. Zahlreiche weitere Belege sind erhalten und geben Aufschluss. So gab die Präsidentengattin während einer Reise nach Rom, Kopenhagen und New York innerhalb von 90 Tagen sieben Millionen Dollar aus – davon an einem einzigen Tag im Mai des Jahres in Manhattan 560 000 Dollar bei Fred Leighton für antiken Schmuck, 451 000 für Juwelen bei Cartier, 43 730 bei Asprey für Servierteller aus Sterlingsilber, 10 000 für ein antikes Dessert-Service, 34 880 für Limousinen, 10 340 Dollar bei Pratesi für Bettwäsche und 23 000 für Bücher. Zur Ausstattung des Landsitzes auf Long Island bezahlte Imelda Marcos für Kerzenhalter 164 000, für Teppiche 30 000, für Vorhänge 19 500 und für einen Steinway-Flügel 100 000 Dollar. Vilma Bautista hatte bei all diesen Geschäften lediglich als Strohfrau gehandelt – und nach den Käufen von Marcos-Konten die Rechnungen beglichen. Dafür wurde sie aus ihrer Mietwohnung an der West 70th Street regelmäßig von einer Limousine mit Diplomatenkennzeichen abgeholt.

Vilma Bautista war aber nicht nur eine der engsten Vertrauten und die New Yorker Statthalterin der philippinischen Diktatorengattin. Die kleine Frau mit den großen Sonnenbrillen war auch mit dafür verantwortlich, dass es gelingen konnte, schon Monate vor der Vertreibung des Diktatorenpaares durch das philippinische Volk unermessliche Reichtümer beiseitezuschaffen – darunter Hunderte von Kunstwerken, nach denen die philippinischen Behörden seit inzwischen mehr als drei Jahrzehnten vergeblich suchen: Gemälde von van Gogh, Monet und Degas, von Cézanne, Picasso und Mondrian – und angeblich auch von Rembrandt, Goya und Michelangelo. Die Echtheit vieler der Altmeistergemälde aus Marcos-Besitz wird allerdings von maßgeblichen Experten angezweifelt.

Imelda Marcos, die das ihrem Volk abgepresste Geld mit vollen Händen ausgab, hatte nämlich zwar Ahnung von Schuhen. Nach ihrer Flucht wurden in ihrer Residenz neben Juwelen im Wert von 20 Millionen Dollar, neben 15 Nerzmänteln, 65 Sonnenschirmen, 71 Sonnenbrillen, 508 Abendkleidern, 888 Handtaschen auch 1060 Paar Schuhe in der Größe 8½ gefunden.[116] Von Kunst allerdings verstand sie nicht viel. Und deshalb ging es ihr wie vielen Sammlern, die zwar über Geld, nicht aber über Kenntnisse verfügen: Sie ließ sich von Händlern, Vermittlern und Galeristen übers Ohr hauen.

1976 wollte sich die philippinische First Lady aus Anlass eines Treffens des Internationalen Währungsfonds in Manila als Gründerin eines eigenen Kunstmuseums inszenieren. Ein Gebäude, das ursprünglich als Militärmuseum geplant worden war, gab es schon; was fehlte, waren die Werke. Freunde in den USA sorgten für Leihgaben, unter anderem aus dem Brooklyn Museum und dem Los Angeles County Museum of Art, aber auch aus Privatsammlungen wie der des langjährigen Freundes Armand Hammer. Der Ölmilliardär besaß in New York eine eigene Kunstgalerie und hielt Anteile an den Knoedler Galleries. Nach Angaben von Angestellten diente die Museumssammlung regelmäßig als Selbstbedienungsladen für Mitglieder der Marcos-Familie und ihrer Freunde: Sie konnten vom Museum angekaufte Werke ausleihen, ohne sie jemals zurückgeben zu müssen.

Ab Anfang der 1980er-Jahre trat Imelda Marcos dann vor allem am New Yorker Kunstmarkt als aggressive Käuferin auf. Verschiedene Kunsthändler erinnern sich daran, die First Lady habe keinen Zweifel daran gelassen, dass sie innerhalb kürzester Zeit eine bedeutende Kunstsammlung zusammenkaufen wolle – Geld habe keine Rolle gespielt. Als beispielsweise das Auktionshaus Sotheby's im Herbst 1981 die Kunstsammlung des verstorbenen Einkaufszentren-Milliardärs und Philanthropen Leslie R. Samuels mit einem Schätzpreis von fünf Millionen Dollar versteigern wollte, wurde die Auktion, für die der Katalog bereits gedruckt war, im September kurzfristig abgesagt. Eine unbekannte Sammlerin habe den gesamten Bestand en bloc erworben, teilte das Unternehmen mit: englische Gemälde des 17. und 18. Jahrhunderts, Mobiliar und Keramik. Die Käuferin habe auch Interesse daran, Samuels' dreiströckiges Apartment im Haus 660 Park Avenue zu kaufen, das neun Millionen Dollar kosten solle. Als Käuferin outete sich wenig später Imelda Marcos – sie bezahlte für die komplette Samuels-Sammlung knapp sechs Millionen Dollar. Die Wohnung des Sammlers erhielt sie nicht: Die Mietergemeinschaft des Hauses lehnte ihr Angebot ab. Man befürchtete Proteste von politischen Gegnern des Marcos-Regimes.

Viele Werke der Klassischen Moderne wurden von Marcos in den New Yorker Hammer Galleries des Freundes und Geschäftspartners Armand Hammer gekauft. Allein im Monat Dezember 1982 erwarb Imelda Marcos dort ein *Stillleben mit Idol* von Paul Gauguin für 1,5 Millionen Dollar, das Landschaftsbild *Kew Gardens, beim Gewächshaus* von Camille Pissarro für 420 000 Dollar, *Regen* von Claude Monet für 365 000 Dollar, zwei Bilder von Maurice Utrillo und Pierre-Auguste Renoir für zusammen 475 000 Dollar, das Gemälde *Moon Madness* von Andrew Wyeth für 300 000 und sieben Gemälde der US-Malerin Anna Mary Robertson Moses, einer Vertreterin der Naiven Kunst, die sich *Grandma Moses* nannte, für 214 000 Dollar. (Später sollten elf weitere Werke von ihr noch einmal 393 000 Dollar kosten.) Bezahlt wurde mit anonymen Barschecks, geliefert häufig an die Warenhauskette des Ehepaares Tantoco auf den Philippinen – oder in die Stadtwohnungen in Manhattan.

Das größte Geschäft machten die Knoedler Galleries aber wohl, als sich dort, an der 33 West 57th Street, Gliceria R. Tantoco meldete – eine Beraterin und Freundin von Imelda Marcos, Mitbesitzerin einer großen Kaufhauskette und Ehefrau des Mannes, den Ferdinand Marcos zu seinem Botschafter im Vatikan ernannt hatte. Imelda Marcos wünsche sich, so berichtete sie im Mai 1983 nach Recherchen der *New York Times,* »eine große Sammlung von Gemälden eines einzigen Künstlers«. Oder einer Künstlerin: Die Hammer Galleries hatten nach einer erfolglosen Ausstellung noch 52 Bilder von Paule Gobillard im Lager – einer sehr spätimpressionistischen Malerin, die zwar mit Berthe Morisot verwandt und mit Pierre-Auguste Renoir bekannt war, ansonsten in der Kunstgeschichte aber kaum eigene Spuren hinterließ. Und diese Bilder – belanglose Stillleben, Landschaften, Porträts – verkaufte die Galerie en bloc für stolze 273 000 Dollar nach Manila. »Das war eine schöne Möglichkeit, Bilder loszuwerden, die man nicht mehr haben wollte«, ließ sich anschließend ein Kunsthändler zitieren, der an der Transaktion beteiligt war. Insgesamt erwarb Imelda Marcos über die Jahre bei Hammer 77 Kunstwerke im Gesamtwert von 4,61 Millionen Dollar. »Spezialpreise, autorisiert von Dr. Armand Hammer, für Präsident und Frau Marcos«, ist auf einer Rechnung über 2,2 Millionen Dollar vom 20. Juli 1983 zu lesen – ausgestellt auf die Galerie Bleu, den Postershop im Tantoco-Warenhaus in Manila.

Zwölf andere Werke wurden im Privatflugzeug des Vorstandsvorsitzenden der Occidental Petroleum Corporation auf die Philippinen geflogen – darunter auch eine *Madonna mit Kind* des italienischen Frührenaissance-Meisters Fra Filippo Lippi. Imelda Marcos stellte dafür einen Scheck über 700 000 Dollar an die Hammer Galleries aus. Vorher war das Bild bereits acht Jahre lang vergeblich angeboten worden – 1974 auch für eine Million Dollar an das vornehme Privatmuseum Frick Collection in New York. Deren damaliger Direktor, Everett Fahy, lehnte aber ab, weil die Tafel zu schwer beschädigt war.

Immerhin war dieses Bild offenbar echt. Viele andere Altmeistergemälde, die für die Sammlung Marcos angekauft wurden, waren es nach Meinung von Experten wohl nicht. Die 3,5 Millionen Dollar zum Beispiel, die Imelda Marcos vom Juli bis zum 27. Dezember 1983 in vier Tranchen an Adriana Bellini, die Frau des italienischen Kunsthändlers Mario Bellini, überweisen ließ, hätte sie anders sinnvoller ausgeben können. Für das Geld erhielt die Diktatorengattin eine Holztafel, auf der sich angeblich ein von Michelangelo gemaltes Bildnis befindet. Wäre es echt, wäre es schon damals weit mehr als 3,5 Millionen Dollar wert gewesen: Von Michelangelo gibt es nur ein einziges gesichertes Tafelbild – den um 1504 bis 1506 entstandenen *Tondo Doni* in den Uffizien in Florenz. Everett Fahy von der Frick Collection hielt das Marcos-Bild für eine Fehlzuschreibung.

Er kannte auch viele der anderen der insgesamt 75 Gemälde, die Mario Bellini ab 1977 an Imelda Marcos verkauft hatte und die 1979 in einer Ausstellung im Metropolitan Museum of Manila gezeigt wurden. Das Katalogvorwort schrieb die First Lady, die auch als Kuratorin firmierte, selbst. Und auch Kunsthändler Mario Bellini durfte die Bilder, die er für viel Geld nach Manila verkauft hatte, in dem aufwendigen Band in den höchsten Tönen loben.

Mindestens sechzig dieser Werke, urteilte allerdings der unabhängige Altmeister-Experte Everett Fahy damals gegenüber der *New York Times,* stammten nicht von Tintoretto, Canaletto und den anderen Künstlern dieser Qualität, als deren Arbeiten sie ausgegeben wurden. Sie seien vielmehr, so Fahy, das Werk »von unbekannten Provinzkünstlern jener Zeit oder sind Kopien aus dem 19. von Werken aus dem 18. Jahrhundert«. Neun weitere Bilder hätten eine zweifelhafte Zuschreibung, die übrigen sechs hätten unbedeutende Künstler gemalt. Die im Katalog genannten Künstlernamen seien »unerhört«. Ein Altarbild, das darin dem Sieneser Lippo Memmi zugeschrieben wird, stamme beispielsweise von einem ligurischen Maler: »Das ist ein Stück religiösen Mobiliars, das man an einem schlechten Tag für 5000 Dollar im Auktionshaus Parke Bernet mitnehmen könnte.« Ein echter Lippo Memmi würde dagegen »Millionen« kosten. Insgesamt sei die ausgestellte Sammlung aber höchstens eine halbe Million, manche Bilder gerade einmal 1000 Dollar wert. Gegenüber dem Magazin *ARTnews* sprach Fahy sogar von »absolutem Müll«.

Erhebliche Zweifel gab es auch am angeblichen zweiten Hauptwerk der Sammlung Marcos, dem Bildnis der liegenden *Marquesa de Santa Cruz,* das als Hauptwerk von Francisco de Goya gekauft worden war. Zwar gehörte das Bild bis 1977/78 zur Sammlung des Los Angeles County Museum of Art. Das hatte es damals aber diskret an die Londoner Galerie Marlborough Fine Arts verkauft – wegen Zweifeln an Qualität und Eigenhändigkeit. Eine bei Weitem bessere Fassung des gleichen Motivs hängt im Prado in Madrid.

Ihrem Restaurator Jun Gonzalez soll Imelda Marcos auch von einem 3,6 mal 3,6 Meter großen Gemälde von Hans Holbein in ihrem Besitz erzählt haben – einem der gesuchtesten und zugleich seltensten Künstler am Markt. »Wie kann sie einen Holbein gekauft haben?«, fragte sich Gonzalez. »Die ganze Welt würde es wissen, wenn ein Holbein am internationalen Kunstmarkt gekauft worden wäre. Wo soll er hergekommen sein? Wer soll ihn ihr verkauft haben? Oder wurde sie betrogen – wieder einmal?«[117]

Es sei erstaunlich, dass die »wirklich guten Stücke nicht im Museum zu sehen sind«, hielt der angesehene New Yorker Restaurator Marco Grassi entgegen. Als das Ehepaar Marcos

Bellini 1980 nach »wichtigen europäischen Bildern« fragte, verkaufte er ihm authentische Gemälde wie die *Krönung der Jungfrau* von El Greco (für 900 000 Dollar), *David und Goliath,* von Francisco de Zurbarán (für 750 000 Dollar), und die *Apotheose des Aeneas* von François Boucher (für 550 000 Dollar), die er über einen Kunden in Spanien bekommen hatte. Mario Bellini bestritt, jemals bewusst einen Michelangelo nach Manila verkauft zu haben: »Das wäre wundervoll gewesen.« Jack Tanzer von den Knoedler Galleries, der Zugang zum Marcos-Stadthaus an der 66. Straße hatte, berichtete allerdings, Imelda Marcos habe ihm dort das Gemälde gezeigt und von »ihrem Michelangelo« gesprochen. Notizen von Imelda Marcos' Privatsekretärin in Manila, Fe Roa Gimenez, die offiziell auch seit 1980 die Inhaberin eines 40-Millionen-Dollar-Kontos beim Bankers Trust in New York war, ordneten die Zahlung der 3,5 Millionen Dollar an Adriana Bellini ebenfalls einem Michelangelo-Gemälde zu.

Sicher vor dem Zugriff des Kleptokratenpaares Marcos waren die Kunstwerke allerdings auch im Museum in Manila nicht. Laut *Spiegel* berichtete dessen Direktor Arturo Luz, es sei vorgekommen, »dass die First Lady ihn mitten in der Nacht ins Museum beorderte und dort schon auf ihn wartete. Nach kurzem Rundgang durch die Ausstellung wies sie auf ein, zwei Bilder, die ihr gefielen, und ließ sie in ihr Heim schaffen. ›Keine Quittungen, keine Belege‹, so der Direktor, ›sie sagte mir nur, ich solle den Mund halten.‹ Die Bilder kamen nie wieder ins Museum zurück.« Zur Kulturbeauftragten der Philippinen sei die Marcos-Tochter Maria Imelda (»Imee«) ernannt worden: »Damit hatte sie Sitz und Büro im Metropolitan Museum. Auch sie nahm sich für ihre diversen Wohnungen und Gästehäuser an Bildern aus dem Museum, was sie mochte. Keine Quittungen. ›Die Bilder sind wohl für uns verloren‹, klagt Luz. Die Hoffnung, einige der Kunstwerke nach der Flucht der Diktatorsippe eventuell in den Amtsräumen der Kulturbeauftragten wiederzufinden, erfüllte sich nicht. Das Büro war leer – bis auf ein Regal voller Porno-Videos.«[118]

Geschäfte mit dem Waffenhändler

Nachdem Ferdinand Marcos aus dem Amt gejagt worden und außer Landes geflohen war, begann die neue Regierung unter Corazon Aquino sofort damit, innerhalb und außerhalb der Philippinen nach den Reichtümern zu suchen, die das Ehepaar über die Jahre angesammelt hatte. In den bei der Flucht zurückgelassenen Unterlagen fand die Presidential Commission On Good Government unzählige Quittungen und Kaufbelege. Zwar hatte das Ehepaar etwa 2300 Seiten Papiere über wirtschaftliche Verflechtungen mit ins von der US-Regierung geschickte Flugzeug genommen, von dem der Diktator dachte, es bringe ihn nur in seine Heimatregion Ilocos Norte. Diese Unterlagen beschlagnahmte allerdings der amerikanische Zoll. Sie dienten später einem Untersuchungsausschuss des US-Repräsentantenhauses und der neuen Regierung in Manila zur Rekonstruktion der Marcos-Unterschlagungen in Milliardenhöhe.

Vieles, was Imelda Marcos über Jahrzehnte angehäuft und vom Vermögen ihres Volkes bezahlt hatte, konnte sie nicht mit ins Exil nehmen. Das Fluchtgepäck umfasste laut Zollunterlagen unter anderem 300 Kartons und Kisten, darunter 22 mit philippinischen Banknoten im Gegenwert von 1,4 Millionen Dollar, außerdem Schmuck, Gold und Devisen im Wert von mehr als sechs Millionen Dollar – die wegen Verstößen gegen die Einfuhrbestimmungen beschlagnahmt wurden. Bei einem Gesamtvermögen, das der Vorsitzende der Untersuchungskommission, Jovito Solanga, laut *Spiegel* »vorsichtig auf zwischen fünf und zehn Milliarden Dollar« schätzte, war aber klar, dass irgendwo noch deutlich mehr sein müsste. Schließlich belegten die gefundenen Unterlagen den Besitz von Grundstücken und

Gebäuden in Manhattan (350 Millionen Dollar), Texas (2,5 Milliarden Dollar), ein Bankkonto in der Schweiz (800 Millionen Dollar) und fünf weitere Konten (88 Millionen Dollar) und ein wohl auch in der Schweiz bestehendes Golddepot (280 Millionen Dollar). 1986 sperrte die Regierung in Bern vorsorglich alle Konten.

Viele Juwelen und wertvolle Einrichtungsgegenstände fanden sich im Malacañan-Palast und in verschiedenen anderen Residenzen, Büros und Depots auf den Philippinen wieder. 1988 ließ die neue Regierung bei Christie's in New York auch wiedergefundenes Silber, Porzellan, Möbel und Kunstwerke versteigern. 1991 folgten dann noch einmal Altmeistergemälde – darunter auch authentische Werke, die seit dem Ankauf durch Imelda Marcos nie mehr wieder an die Öffentlichkeit gelangt waren. Für El Grecos *Krönung der Jungfrau* bezahlte der New Yorker Händler Stanley Moss 2,1 Millionen Dollar. Eine allegorische Szene mit Maria und dem Jesuskind, das Imelda Marcos 1976 bei Knoedler in New York erworben hatte, erzielte 1,04 Millionen Dollar. Einen frühen Raffael von 1503 ersteigerte für 1,65 Millionen die italienische Regierung für die Uffizien, Tizians *Porträt des Giulio Romano* für 1,1 Millionen der Zürcher Altmeister-Experte David Koetser. Der von Imelda Marcos für 700 000 Dollar angekaufte angebliche Filippo Lippi wurde nun Zanobi Machiavelli zugeschrieben – und auf nur noch 40–60 000 Dollar geschätzt. Jedes der 74 angebotenen Gemälde fand einen Käufer – manche davon weit über dem Schätzpreis.

Zum Aufruf kamen dabei auch 25 der wertvollsten Werke aus ehemaligem Marcos-Besitz, die die US-Regierung zum Teil im Juli 1987 in Frankreich bei dem saudischen Waffenhändler Adnan Mohammed Kashoggi hatte beschlagnahmen lassen – darunter der Raffael, der Tizian und der El Greco, aber auch Werke von Zurbarán und Rubens, Picasso und Degas. Sie waren zunächst auf seiner Yacht »Nabila« vor Cannes, dann in einem

Penthouse in der Stadt versteckt worden. Die Dokumente, die diese Transaktionen belegten, erregten schnell das Interesse der Behörden auf den Philippinen und in den USA, denn Kashoggi verstrickte sich in Widersprüche.

Nachweislich erst im Mai 1986, nach der Flucht des Ehepaares Marcos, waren die Kunstwerke aus dem Malacañan-Palast und aus dem New Yorker Townhouse an der East 66th Street an den Waffenhändler verschickt worden. Nach der Beschlagnahme in der Wohnung in Cannes behauptete dieser gegenüber der französischen Polizei zunächst, er habe das Konvolut von insgesamt 38 Bildern schon 1985 von Imelda Marcos, seiner Nachbarin im Olympic Tower in New York, gekauft: »Mrs. Marcos sagte mir, dass sie einige Gemälde zu verkaufen wünsche.« Der Scheck dafür sei in Monte Carlo ausgestellt worden. Als sich diese Darstellung nicht mehr halten ließ, erklärte Kashoggi, die Bilder hätten als Sicherheit für einen 5,6-Millionen-Dollar-Kredit gedient, den er der Diktatorengattin gegeben habe. Noch später gab er dann zu Protokoll, er habe 20 Bilder für fünf Millionen Dollar an eine panamaische Firma verkauft – von der die Behörden sofort vermuteten, dass Kashoggi selbst dahintersteckte, um die Werke verschwinden zu lassen. Tatsächlich betrug der Preis wohl 6,5 Millionen Dollar, von denen 700 000 sofort in bar ausgezahlt wurden; über die Restsumme wurde ein anonymer Inhaberscheck auf Ferdinand Marcos in Hawaii ausgestellt. Im späteren Gerichtsverfahren kam ans Licht, dass Kashoggis New Yorker Fahrer Ernest Sabatino am 19. Mai 1986 aufgefordert worden war, einen Lastwagen zu mieten und »auf einen Anruf von jemandem mit Namen Irene« zu warten, dem Namen der jüngsten Marcos-Tochter. Als sie anrief, sei Sabatino zu einem Einkaufszentrum in Douglaston, Queens, gefahren, habe das Auto an zwei Männer übergeben und auf dem Parkplatz gewartet. Nachdem er den Truck wieder übernommen habe, sei er zu Kashoggis privater Boeing 747 am Butler Aviation Terminal des Flughafens Newark in New Jersey gefahren. Auf dem Weg dorthin habe er ihn kurz unbewacht in einer New Yorker Seitenstraße geparkt, um sich chinesisches Essen zu kaufen. Ob in der Zeit etwas mit der wertvollen Fracht geschehen sei, könne Sabatino nicht sagen. Er sei später aufgefordert worden, eine Übernahmequittung zu unterschreiben, erinnerte sich der Fahrer: »Sah aus wie Namen und Titel. Ich hatte den Wagen aber nicht beladen, deshalb habe ich mit ›Mickey Mouse‹ signiert.«

In einem Interview 1988 bestritt der Marcos-Helfer dann, dass die Gemälde überhaupt einen größeren Wert hätten: Bei den meisten handele es sich doch ohnehin um Kopien.[119] Kashoggi hatte vom Ehepaar Marcos außerdem vier teure Immobilien an Manhattans Upper East Side übernommen: das Crown Building (730 Fifth Avenue and 57th Street), das Herald Center (1 Herald Square at Broadway and 34th Street), das 70-stöckige Bürohaus 40 Wall Street und den 25-stöckigen Wolkenkratzer 200 Madison Avenue zwischen 35. und 36. Straße.[120] Auch hier waren die Verträge auf mindestens ein halbes Jahr vor der Flucht des Ehepaares Marcos rückdatiert worden, wie sich später herausstellte.

Nachdem er auf Grundlage eines internationalen Haftbefehls bei einem Treffen mit einem anderen Waffenhändler im Hotel Schweizerhof in Bern am 18. April 1989 verhaftet und ins Gefängnis Genfergasse gebracht worden war, kämpfte Kashoggi vergeblich gegen eine Auslieferung in die USA. Aus dem nahe gelegenen Hotel ließ er sich teure Menüs anliefern; zur Ausstattung seiner Einzelzelle gehörte ein Faxgerät. Die Anklage gegen ihn und Imelda Marcos wurde wegen illegaler Geschäfte, Verschwörung, Behinderung der Justiz und Betrugs erhoben. Das Verfahren vor dem US-Gericht am Foley Square in Manhattan endete im Juli 1990 aber überraschend mit einem Freispruch. Nach dem Verfahren erklärten beide Beteiligten überraschend, sie verzichteten auf jeden Anspruch auf die wertvollen Kunstwerke und Liegenschaften. Kashoggis Anwalt James P. Linn bestätigte danach einen Deal mit der Staatsanwaltschaft: »Mein

Mandant war müde, vor den Gerichten unseres Landes zu stehen.« Der Verkaufserlös von 5,9 Millionen Dollar wurde nach Abzug der Gerichtskosten an die Regierung der Philippinen überwiesen. Ob Kashoggi weitere Marcos-Bilder übernommen hatte, ist bis heute unklar. In den Fall einbezogen war auch eine Zwei-Millionen-Dollar-Villa in Beverly Hills, die offiziell dem mit Imelda Marcos eng befreundeten Schauspieler George Hamilton gehörte.

Im Laufe der Jahre hatte Imelda Marcos ihre Kunstsammlung über Wohnsitze auf der ganzen Welt verteilt. Als sich Mitte der 1980er-Jahre das absehbare Ende der Marcos-Herrschaft auf den Philippinen abzeichnete, löste das auch in New York hektische Aktivitäten aus. Augenzeugen berichteten davon, dass vor den Immobilien des Diktatorenpaares immer wieder größere Lieferwagen vorgefahren seien und Transportkisten auf dem Gehweg gestanden hätten, wie sie zum Transport von Kunstwerken verwendet werden. Die wertvollsten Werke hatten offenbar im Gebäude an der 66. Straße gehangen. Als dort unmittelbar nach der Marcos-Flucht an einem kalten Februartag Mitarbeiter der neuen Regierung die Räume durchsuchten, fanden sie allerdings keine Bilder mehr vor. An den Wänden hingen nur noch Messingschilder, die verrieten, mit welchen großen Namen der Kunstgeschichte sich Imelda Marcos hier einst umgeben hatte: van Gogh und Degas, Picasso und Monet. Aus den gefundenen Dokumenten ließ sich rekonstruieren, welche Werke diesen Namen gehörten: Bei Degas handelte es sich um das großformatige Pastell *Le petit déjeuner à la sortie de bain*, bei van Gogh um ein frühes Aquarell, das eine Frau beim Spulen von Wolle zeigt. Von Picasso hing ein wohl 1954 entstandener *Frauenkopf* und von Monet eine Ansicht des westlich von Paris gelegenen Seine-Dörfchens Vetheuil mit Kirche. Ein Blumenstillleben von Henri Fantin-Latour lag, in eine Decke gewickelt, im Schlafzimmer unter dem Bett. Weitere Unterlagen fanden sich in einem Lagerhaus in Hackensack, gegenüber von Manhattan in New Jersey.

Rückkehr mit den gestohlenen Schätzen

Insgesamt rekonstruierte die Presidential Commission On Good Government eine Liste mit 151 Nummern und Werken, von denen zunächst einmal jede Spur fehlte – darunter auch Gemälde, Zeichnungen und Pastelle von Francis Bacon und Jan Brueghel dem Jüngeren, Paul Cézanne und Marc Chagall, Oskar Kokoschka und René Magritte, Piet Mondrian und Édouard Manet, Paul Signac und Alfred Sisley, Jan van Eyck und Rembrandt van Rijn.

Mit 15 der gesuchten Gemälde umgab sich Imelda Marcos ganz ungeniert, als sie 1991 aus dem US-amerikanischen Exil auf die Philippinen zurückkehrte. Seit 2010 saß sie wieder als Abgeordnete im Repräsentantenhaus. In einer ihrer ehemaligen Residenzen an der Don Mariano Marcos Street, Ecke P. Guevarra Street, in Manilas Nobelstadtteil San Juan City ließ sie sich mehrfach fotografieren und filmen. An den Wänden hingen unter anderem die angeblich von Michelangelo stammende *Madonna mit Kind*, die angebliche Goya-Darstellung der Marquesa de Santa Cruz, impressionistische Werke wie Pierre Bonnards Gemälde *La Baignade au Grand Temps* oder Camille Pissarros *Kew Gardens, beim Gewächshaus*, das *Stillleben mit Idol* von Paul Gauguin, eine *Morgendämmerung* des spanischen Surrealisten Joan Miró, eine *Vase mit Chrysanthemen* von Bernard Buffet und die *Liegende Frau VI* von Pablo Picasso. Wie es Imelda Marcos gelungen war, diese Werke während ihres fünfjährigen Exils zu behalten, zu verstecken und in Manila wiederzuerhalten, ist bis heute ungeklärt. Sicher war sie von nach wie vor Marcos-loyalen Angestellten in Justiz und Polizei vor den Razzien gewarnt worden. Und wahrscheinlich wurden die beweglichen Kunstwerke danach schnell bei Freunden und Verwandten eingelagert.

Die Wohnsitze der drei Kinder von Imelda Marcos wurden nicht durchsucht. Ein Freund von Irene Marcos und deren Ehemann Greggy Arenata erinnerte sich später an einen Besuch in deren Haus im kalifornischen Woodside. In der Garage habe er damals ein Dutzend Gemälde gesehen – sorglos verstreut und gestapelt – und einen Renoir erkannt. Gemeldet wurde die Entdeckung offenbar nicht.

Zurück in Manila konnte die vertriebene und zurückgekehrte First Lady, die bei Teilen der Bevölkerung nach wie vor sehr beliebt war, noch lange behaupten, diese Kunstwerke habe sie seinerzeit mit ihrem eigenen Geld bezahlt; deshalb handele es sich um ihr legitimes Eigentum. Ein philippinisches Gericht sah das schließlich anders und urteilte, die Bilder seien aus unterschlagenem Volksvermögen bezahlt worden. Am 29. September 2014 ordnete die Sonderkammer an, dass 15 Werke aus der Marcos-Residenz zugunsten des Staates eingezogen werden dürften. Als die Ermittler versuchten, auch zu einer Eigentumswohnung, in der Imelda Marcos lebte, Zugang zu erhalten, mussten die Sheriffs eine Stunde lang vor der Tür warten. Als sie die Wohnung betreten konnten, trafen sie auf eine weinende Präsidentenwitwe und auf leere Wände, an denen noch Bilderhaken hingen. Auch ihr Kongressbüro und das Elternhaus wurden durchsucht. Die 15 sichergestellten Werke wurden in einen Safe in der Bangko Sentral NG Pilipinas gebracht.

Der Regierungskommission gelang es, Picassos *Frauenkopf* von 1954 wiederzufinden, von dem im Haus an der 66. Straße auch nur das Schild übrig geblieben war. Louis Singer, ein Rechtsanwalt aus Upland/Kalifornien, hatte das Gemälde im Dezember 1997 im Auftrag eines Mandanten, der anonym bleiben wollte, bei Christie's eingeliefert. Der geheimnisvolle Verkäufer wollte sein Inkognito selbst dann nicht lüften, als er den Picasso nach entsprechenden Ansprüchen der Regierung in Manila zu verlieren drohte. Ein New Yorker Gericht erlaubte schließlich die Versteigerung, die am 13. Mai 1999 stattfand. Vom Erlös in Höhe von 992 500 Dollar erhielten die Regierung in Manila und eine philippinische Menschenrechtsorganisation einen Anteil in ungenannter Höhe.

Schließlich spielte auch Vilma Bautista wieder eine zentrale Rolle, als es um die Auffindung der Marcos-Bilder ging. Und spielt sie bis heute, denn möglicherweise ist die ehemalige Sekretärin in Diktatorendiensten die Einzige, die weiß, wo die mehr als hundert noch fehlenden Kunstwerke versteckt sind, die aus den verschiedenen Immobilien in Manhattan spurlos verschwunden sind. Und wieder geht es um Geld, um sehr viel Geld.[121]

Verschiedene Zeugen berichten, dass noch in derselben Nacht, in der das Ehepaar Marcos aus Manila ausgeflogen wurde, also am 26. Februar 1986, ein großer Lastwagen vor dem Haus in der East 66th Street mit Kunstwerken beladen wurde. Geleitet und überwacht habe die Aktion Vilma Bautista. Seit jener historischen Nacht sind die meisten der damals abtransportierten Bilder, Möbelstücke und Ming-Vasen verschwunden. Auch die Schlüsselposition von Vilma Bautista flog erst auf, als eines der verschwundenen Werke nach fast einem Vierteljahrhundert überraschend doch wieder auftauchte.

Spätestens seit den Anschlägen vom 11. September 2001 überwachte das Major Economics Crimes Bureau (MECB) des New Yorker Bezirksstaatsanwaltes ungewöhnliche Geldbewegungen. Als im September 2010 die Summe von 28,1 Millionen Dollar auf ein Geldmarktkonto von Vilma Bautista überwiesen wurde, führte das zu Ermittlungen. Am 13. April 2011, morgens um Viertel vor acht, standen der Ermittlungsbeamte Donato L. Siciliano und der stellvertretende Staatsanwalt Edward Starishevesky vor Bautistas neuer Wohnung in der 188 East 64th Street, Apartment 703.[122] Der Portier rief sie an, die 73-Jährige kam in die Lobby, unterhielt sich mit den Beamten – und erzählte zur Herkunft des Geldes eine seltsame Geschichte. Sie arbeite seit über 30 Jahren für Imelda Marcos, spreche mit ihr auch nach wie vor regelmäßig und habe über die Jahre immer wieder Juwelen und Kunstwerke von der ehemaligen First Lady der Philippinen geschenkt bekommen. Einiges davon habe sie behalten, anderes verkauft. So auch diesmal wieder: Sie habe sich von einer Art Landschaftsbild getrennt, dessen Titel oder Maler sie nicht nennen wolle. Etwa zwei mal zwei Meter groß sei es gewesen.

Warum sie das geheimnisvolle Bild gerade jetzt verkauft habe, wollte Vilma Bautista auch nicht verraten. So viel nur: Einen Teil des Erlöses habe sie an die Marcos-Familie weitergegeben. Mehr wolle sie aber auch dazu nicht sagen. Vor 20 oder 30 Jahren habe sie dieses Bild von Imelda Marcos geschenkt bekommen und seitdem in einer Wohnung auf Long Island aufbewahrt – unversichert. Erst kurz vor dem Verkauf habe es dort eine brasilianische oder panamaische Firma namens »Dalek« abgeholt.

Wie verkauft man einen 35-Millionen-Monet?

Erst nach und nach gelang es den Ermittlern zu rekonstruieren, was sich tatsächlich abgespielt hatte. Das Gemälde, das Vilma Bautista verkauft hatte, war eines der berühmten Seerosenbilder von Claude Monet – eine der gesuchten Fassungen mit der kleinen japanischen Brücke, die über den Teich im Garten des Malers in Giverny führt, von 1899. Auf den Verlustlisten der philippinischen Regierung tauchte das Werk nicht auf. Offenbar hatte Imelda Marcos es schon früh beiseitegeschafft, ohne dabei Spuren zu hinterlassen. So konnte Vilma Bautista den Behörden auch problemlos erzählen, sie habe kein Kunstwerk verkauft, das gesucht werde.

Nachdem ein erster Verkaufsversuch 2009 gescheitert war, hatte die Marcos-Freundin zwei Vermittlerinnen eingeschaltet, die sie aus der Immobilienbranche kannte: Diane D. und Barbara S., die damals von ihrem gemeinsamen Büro an der Madison Avenue aus tätig waren. Beide hatten für Bautista nach eigenen Angaben »eine Immobilien-Transaktion für ihre Familie abgewickelt«. Die beiden Damen, damals 63 und 60 Jahre alt, nahmen Kontakt zu den Acquavella Galleries auf, einem auf Klassische Moderne und zeitgenössische Kunst spezialisierten Unternehmen an der Upper East Side. Einer der Galeriedirektoren begutachtete das in eine Decke eingewickelte, hervorragend erhaltene Monet-Gemälde am 9. April 2010 in der Wohnung von Vilma Bautista. Deren Neffe nahm den Besuch mit einer Videokamera auf. Der Preis, der für das Bild genannt wurde, lautete 35 Millionen Dollar. Für weitere Untersuchungen und Verhandlungen wurde es am nächsten Tag in die Galerieräume an der East 79th Street transportiert.

Dort kamen den Acquavella-Mitarbeitern erste Zweifel. Nicht an der Echtheit des Bildes – die stand außer Frage. Aber daran, ob Vilma Bautista tatsächlich die rechtmäßige Eigentümerin des Kunstwerks war. Alles, was sie als Beleg vorweisen konnte, war ein Zertifikat, das auf 1981 datiert war und angeblich eine notariell beglaubigte Unterschrift von Imelda Marcos enthielt. Die Galerie bat um aktuellere Papiere. Mitarbeiter boten sogar an, selbst nach Manila zu fliegen, um eine Bestätigung von Imelda Marcos zu erhalten, dass diese den Monet verschenkt hatte. Als Vilma Bautista sich weigerte, platzte das Geschäft. Vor Gericht sollte sich später herausstellen, dass die angegebene Notarin die Unterschrift von Imelda Marcos nie beurkundet hatte. In dem Verfahren spielten auch E-Mails der Bautista-Neffen Pongsak N. und Chayiot Jansen N. eine Rolle, in denen von der Notwendigkeit die Rede war, das Bild »auf dem Schwarzmarkt« und »zu einem niedrigeren Preis« anzubieten: »Ich möchte nicht ins Gefängnis kommen, wenn ich versuche, die Echtheit bestätigen zu lassen.« Außerdem gab es Überlegungen, eine Briefkastenfirma in Bangkok zu gründen, »um das Bild sauber zu waschen«. Offenbar war man sich der Tatsache bewusst, dass das wertvolle Monet-Gemälde mit »ill-gotten money« gekauft worden und wahrscheinlich immer noch das Eigentum von Imelda Marcos war.

Trotzdem gingen die Verkaufsbemühungen weiter. Diane D. und Barbara S. stellten Kontakt zur Londoner Galerie Hazlitt, Gooden & Fox her und boten das Gemälde – über einen Mittelsmann – für inzwischen nur noch 32 Millionen Dollar an. Auch dort verlangte man aktuellere Besitzdokumente, gab sich aber schließlich mit einem »Letter of explanation« zufrieden, in dem die ehemalige Sekretärin noch einmal ihr Eigentum bestätigte. Im E-Mail-Verkehr der Neffen heißt es dazu, die Galerie sei »bereit, kreative Wege zu finden, um die Dokumentation zu bekommen, die sie brauchen. Sie werden sie nur eine Erklärung unterschreiben lassen.« Fünf Tage später wurde der Verkauf abgeschlossen.

Neuer Besitzer des Monet-Gemäldes, über das die Kunstverkäufe von Imelda Marcos und Vilma Bautista schließlich aufflogen, wurde der britische Hedgefund-Manager Alan H., dessen Firma ihren Sitz in den Steuerparadiesen Jersey und Cayman Islands hat und dessen Privatvermögen damals auf umgerechnet über zwei Milliarden Dollar geschätzt wurde. Angeblich waren in Verkauf und Kauf in Panama und auf den British Virgin Islands registrierte Firmen einbezogen. Die Galerie kassierte dafür Presseberichten zufolge von den umgerechnet 43 Millionen Dollar, die H. zahlte, eine Provision von 7,5 Millionen Dollar.

Der neue Besitzer musste allerdings noch einmal nachlegen. 1995 hatten 9539 philippinische Menschen eine Sammelklage wegen Verstößen gegen die Menschenrechte gegen das Ehepaar Marcos gewonnen. Ein Gericht in Hawaii sprach ihnen die

Rekordsumme von 1,9 Milliarden Dollar zu – die allerdings erst einmal gefunden werden musste. Die Rechtsvertreter der Marcos-Opfer beanspruchten deshalb vor einem New Yorker Gericht alle Vermögenswerte der Diktatorenfamilie, die sichergestellt werden konnten. Dazu zählten neben einem Konto von Ferdinand Marcos mit 35 Millionen Dollar bei der New Yorker Bank Merrill Lynch auch Monets *Seerosen*, die nun Alan H. gehörten. Die gleichen Ansprüche erhoben allerdings auch alle nach 1986 folgenden philippinische Regierungen – mit dem Argument, dieses Geld stünde allen Bürgerinnen und Bürgern des Landes gleichermaßen zu. Um aus diesem Dilemma herauszukommen, überwies H. im Herbst 2013 die Summe von zehn Millionen Dollar an die Vertreter der Marcos-Opfer.[123] Die Regierung in Manila blieb dennoch bei ihrer begründeten Meinung, dass Vilma Bautista das Monet-Bild nie hätte verkaufen dürfen.

Vom Verkaufserlös erhielten die Maklerinnen D. und S. für ihre siebenmonatige Tätigkeit jeweils 1,9 Millionen Dollar und ein an den Verhandlungen beteiligter angeblicher philippinischer Regierungsmitarbeiter namens Gavino A. eine Million Dollar. 5,1 Millionen überwies Vilma Bautista an ihre beiden Neffen, 2,7 Millionen an andere Verwandte. Sie gestand auch ein, dass sie Geld aus dem Monet-Verkauf an die Marcos-Familie überwiesen habe, nannte aber keinen Betrag. Für 2,2 Millionen Dollar kaufte sie eine Eigentumswohnung in Manhattan – angeblich für sich und ihre Schwestern. 637 000 Dollar dienten der Ablösung einer Hypothek, weitere 1,3 Millionen gab die Marcos-Freundin für Versicherungen und Altersvorsorge aus. 15 Millionen Dollar blieben schließlich aus dem Monet-Verkauf auf ihrem Konto übrig. Neben dem Vorwurf der Verschwörung wurde Vilma Bautista deshalb auch wegen Steuerhinterziehung angeklagt: In ihrer Steuererklärung hatte sie für das Jahr 2010 ein Einkommen von gerade einmal 11 000 Dollar angegeben.

Im November 2012 wurde die inzwischen 74-Jährige verhaftet und wegen Betrugs, Verschwörung und Steuerhinterziehung angeklagt. Sie hatte offenbar versucht, noch weitere der rund 50 Kunstwerke aus ehemaligem Marcos-Besitz zu verkaufen, die sie noch besaß – darunter das Landschaftsbild *Langland Bay* des Impressionisten Alfred Sisley, die Algerien-Ansicht *Le Cypres de Djenan Sidi Said* von Albert Marquet und ein weiteres Monet-Gemälde, *Die Kirche und die Seine in Vetheuil,* von 1881. Außerdem entdeckten die Ermittler mehrere Konten mit achtstelligen Millionenbeträgen. Bezirksstaatsanwalt Cyrus Vance begründete die Vorwürfe erstaunlicherweise auch damit, die »Integrität des internationalen Kunstmarktes« müsse »geschützt werden«.

Eine Jury des State Supreme Court in New York verurteilte Vilma Bautista im Januar 2013 zu sechs Jahren Haft und zur Nachzahlung von 3,5 Millionen Dollar an Steuern – obwohl ihre Verteidiger argumentiert hatten, die Angeklagte habe die Erlöse an die Regierung der Philippinen weitergeben wollen. Richterin Renee A. White hingegen sprach von »überwältigenden Beweisen«. Gegen eine Kaution von 175 000 Dollar blieb Bautista wegen einer Herzerkrankung zunächst auf freiem Fuß; mehrfach ging sie in Berufung, trat dann aber im Dezember 2017 ihre Haft an. Um die bei ihr gefundenen Kunstwerke stritten anschließend die Regierung der Philippinen und der Fonds der Marcos-Opfer.[124]

Zweite Karriere der Diktatorengattin

Dutzende weiter Kunstwerke blieben verschollen. Imelda Marcos kandidierte nach ihrer Rückkehr auf die Philippinen für das Präsidentenamt – trotz vieler treuer Anhänger im Volk und in den Behörden vergeblich. Seit 1995 ist sie aber ununterbrochen Parlamentsabgeordnete und genießt damit – wie auch eine Reihe weiterer Familienmitglieder – Immunität gegen verschiedene Vorwürfe und Anklagen. Bis auf die Sammelklage der Menschenrechtsopfer verlor Imelda Marcos letztinstanzlich auch keinen Prozess. Einige der Nachfolgeregierungen schienen kein großes Interesse daran zu haben, nach den verschwundenen Luxusgütern ernsthaft zu suchen oder die Erlöse aus dem Verkauf an die Opfer des Marcos-Regimes weiterzugeben. So beschwerten sich beispielsweise philippinische Bauernverbände, die damalige Präsidentin Gloria Macapagal-Arroyo habe sich 2004 zur Finanzierung ihres Wahlkampfs bei Schweizer Marcos-Konten bedient. 2013 veröffentlichte Dokumente benennen die Marcos-Familie als Begünstigte von mindestens einer Off-Shore-Firma, dem Sintra Trust, der immer noch im Steuerparadies British Virgin Islands existierte.[125] 2016 ordnete der Oberste Gerichtshof der Philippinen ein Ehrenbegräbnis für Ferdinand Marcos auf dem Heldenfriedhof Taguig City in Manila an.

Natürlich gab Imelda Marcos nie Auskunft über die Kunstwerke, die bis heute verschwunden geblieben sind. Die Presidential Commission On Good Government weiß nach wie vor nicht, wo sich van Goghs Aquarell, der angebliche Rembrandt, die Cézanne-Landschaft, die Bilder von Mondrian, Magritte, Manet und Modigliani und das einst in einer Garage in Kalifornien versteckte Gemälde von Pierre-Auguste Renoir befinden, das es nicht einmal auf die offizielle Verlustliste der Regierung geschafft hatte.[126] Im Dezember 2019 verurteilte ein Gericht in Manila die Marcos-Familie erneut zur Rückgabe von mehr als 100 Kunstwerken im Wert von über 24 Millionen Dollar.

Die anderen

Ferdinand und Imelda Marcos waren nicht die einzigen Herrscher, die ihr Volk bestohlen haben, um ihre Beute in Kunstwerke zu investieren. Der ehemalige indonesische Staatspräsident und Diktator Haji Mohamed Suharto (1921–2008) und der kongolesische Dikator Joseph-Désiré Mobuto (1930–1997) gelten ebenfalls als Kleptokraten, die ihre Völker um zweistellige Milliardenbeträge betrogen und diese ins Ausland geschafft haben.

Beide hatten aber offenbar keine Ambitionen, sich mit wertvoller Kunst zu umgeben oder mithilfe von Kunsthändlern Geld ins Ausland zu verschieben. Mobuto investierte das Geld – angeblich bis zu 50 Milliarden Dollar, die er und seine Familie durch Zwangszahlungen von Unternehmen und durch Korruption kassiert hatten – vor allem in Immobilien, etwa ein Schloss aus dem 16. Jahrhundert in Spanien, einen Palazzo mit 32 Zimmern in der Schweiz und andere luxuriöse Wohnsitze an der französischen Riviera, in Paris und an der Elfenbeinküste. Alle waren – wie der riesige Palast in der Nähe seines Geburtsortes Gbadolite – eher mit Louis-XIV-Möbeln, chinesischem Porzellan und Marmor aus Carrara als mit bedeutenden Kunstwerken ausgestattet. Suharto ließ zwar Werke vor allem asiatischer Künstlerinnen und Künstler ankaufen und verteilte sie auf Wohnsitze, Regierungs- und Repräsentationsgebäude, bei ihm wäre es übertrieben, von systematischem Kunstsammeln zu sprechen. Auch als die tunesische Regierung nach der Absetzung des autokratisch regierenden Präsidenten Zine el-Abidine Ben Ali dessen aus Volksvermögen bezahltes Privateigentum versteigerte, handelte es sich vor allem um Immobilien und Luxusautos wie einen Aston Martin und einen Lamborghini.

Farah Diba dagegen, die ihr Mann, der Schah von Persien, im Oktober 1967 zur Kaiserin krönte, ließ von Beratern und Kunsthändlern vor allem in New York, London und Paris mit staatlichen Geldern Kunst des 19. und 20. Jahrhunderts zusammenkaufen – darunter bedeutende Werke von Jackson Pollock, Andy Warhol, Roy Lichtenstein, Willem de Kooning und Pablo Picasso, von Edgar Degas, Paul Gauguin, Camille Pissarro und Claude Monet. Zu sehen waren diese Gemälde und Skulpturen ab 1977 öffentlich im Museum für zeitgenössische Kunst in Teheran, wo die meisten von ihnen nach der sogenannten »Islamischen Revolution« auch verblieben.

Vertreter der Regierung von Haiti entdeckten 1987, ein Jahr nach dem Sturz von Diktator Jean-Claude Duvalier (1951–2014), in einem Lager der Firma Security Storage Co. in Washington wertvolle 56 Gemälde von haitianischen Künstlerinnen und Künstlern. Die Bilder aus dem angeblichen Besitz eines engen Duvalier-Beraters waren zwischen 1978 und 1982 auf einer Ausstellungstournee in verschiedenen US-Städten zu sehen gewesen und anschließend in der Hauptstadt deponiert worden.

Beim Sohn des äquatorialguineischen Diktators Teodoro Obiang Nguema Mbasogo, dessen Bevölkerung trotz riesiger Ölvorkommen in Armut leben muss, beschlagnahmten die Schweizer Behörden 2016 am Genfer See elf Luxuswagen, die bereits zum Abtransport an den Flughafen gebracht worden waren.[127] In einer 4000 Quadratmeter großen Villa mit 101 Zimmern im vornehmen 16. Arrondissement in Paris fanden die französischen Ermittler außerdem Kunstwerke in Millionenwert – darunter Bilder von Edgar Degas, Paul Gauguin und Pierre-Auguste Renoir, fünf Skulpturen von Auguste Rodin und mehrere Arbeiten, die der afrikanische Kleptokrat 2009 bei der Versteigerung des Nachlasses von Yves Saint-Laurent erworben hatte.[128]

Im Sommer 2016 wurde dann bekannt, dass auch vermeintlich demokratische Regierungen Kunstwerke missbrauchen, um privates Geld beiseitezuschaffen. Die Regierung von Malaysia hatte 2009 auf den Cayman Islands den Fonds 1 Malaysia Development Berhad (1MDB) für Auslandsinformationen gegründet, dessen Aufsichtsratsvorsitz bald der malaysische Premierminister Najib Razak übernahm. Spätestens 2015 war der Fonds in zweistelliger Milliardenhöhe so überschuldet, dass dem gesamten Staat die Pleite drohte; nachdem ein Blog über massive Geldabflüsse auf ein Konto in der Schweiz berichtete, schaltete sich die Finanzaufsicht in Singapur ein. Tatsächlich fanden die Kontrolleure auf einem Privatkonto des Regierungschefs in der Schweiz 681 Millionen Dollar, von denen dieser allerdings behauptete, es handele sich um ein Geschenk des saudischen Königshauses.[129] Der Razak-Freund und Kunstsammler Low Taek Jho wird beschuldigt, große Summen aus dem staatlichen Fonds nicht nur in Immobilien, Flugzeuge, Musikrechte des EMI-Konzerns und den Hollywoodfilm *The Wolf of Wall Street* mit Leonardo DiCaprio, sondern auch in den Ankauf teurer Kunstwerke investiert zu haben (vgl. Kapitel 6).

Gegen Najib Razak ermittelten die malaysischen Behörden mehrere Jahre lang. Kurz vor Veröffentlichung seiner Anklageschrift wurde der Generalstaatsanwalt des Amtes enthoben. Vor einem Gericht in Kuala Lumpur, vor dem im April 2019 der Prozess gegen den ehemaligen Regierungschef wegen des Verdachts auf Korruption und Geldwäsche begann, betonte er mehrfach seine Unschuld in allen sieben Anklagepunkten – zuletzt im Dezember 2019. In den Skandal verwickelt waren nach Meinung der Ermittler auch Bankhäuser in der Schweiz und in Luxemburg. In der Schweiz wird deshalb seit einigen Jahren ebenfalls ermittelt – wegen Korruption und Geldwäsche.[130] Die US-Investmentbank Goldman Sachs bot dem US-Justizministerium Ende 2019 eine Strafzahlung von knapp zwei Milliarden Dollar an, berichtete das Wall Street Journal.

Kapitel 5

Kunstanlage als Betrug

Helge Achenbach und die Aldi-Connection

Bei Helge Achenbach musste immer alles etwas größer sein. Er fuhr kein normales Auto, sondern den Bentley, den ehemals Joseph Beuys besessen hatte. Und nicht nur den, sondern noch vier, fünf weitere Bentleys dazu. Auch die Erste Klasse war ihm beim Fliegen irgendwann nicht mehr genug, es mussten Privatjets sein. Für den Künstler Gerhard Richter mietete er extra geräumige Hallen an, damit dieser zwei besonders große Gemälde malen konnte. Und seine Provision für die Vermittlung eines einzelnen Gemäldes von Pablo Picasso sollte nicht nur, wie vertraglich vereinbart, rund 180000 Euro betragen, er nahm sich heimlich zwei Millionen Euro mehr. Am Ende war Helge Achenbachs Gefängniszelle zehn Quadratmeter klein.

Die Geschichte des Helge Achenbach ist die Geschichte eines Machers aus der westdeutschen Provinz, der in den 1960er-Jahren in kleinbürgerlichen Verhältnissen aufwuchs, um dann von der damaligen Künstlerstadt Düsseldorf aus als selbst ernannter erster Kunstberater Deutschlands den Betrieb mächtig aufzuwirbeln. Achenbach ist als Figur beispielhaft für die fortschreitende Kommerzialisierung der Kunst zum Ende des 20. Jahrhunderts. Profitable Geschäfte waren mit ihr immer gemacht worden, schon vor Jahrhunderten und oft mit zweifelhaften Methoden. Seit den 1970er-Jahren aber entwickelte sich die Kunst auch in der Bundesrepublik zu einem Statussymbol für große Unternehmen und ihre Manager. Kunstberater verkauften den Unternehmern und Vorstandsvorsitzenden vermeintliche soziale Bedeutung – mit zum Teil sehr belanglosen Werken. Wichtig war, darauf hat der Kunstwissenschaftler Wolfgang Ullrich hingewiesen, dass die moderne Kunst für die Chefbüros mit jenen Adjektiven kommentiert werden konnte, die sich auch in den Anforderungsprofilen der Stellenausschreibungen für Manager fanden: Dynamisch, offen, kreativ, innovativ, mutig und konsequent sollten die Bilder sein.[131] Und Helge Achenbach trieb den Verkauf dieser Kunst nach US-amerikanischem Vorbild wie ein Managementberater konsequent und dynamisch voran.

Er feierte sich schon 1995 in einem biografischen Band, der wohl vor allem der Kundenakquise dienen sollte und den – aus heutiger Sicht etwas voreilig gewählten – Titel *Vom Saulus zum Paulus*[132] trug. Knapp zwanzig Jahre später erschien seine nächste Autobiografie, ein großformatiges Buch, die Titelseite komplett mit seinem Porträtfoto versehen, dem eines erfolgreichen, ernsten Mannes mit rücksichtslosem Zug um den Mund. Der Titel lautete diesmal: *Helge Achenbach. Der Kunstanstifter – Vom Sammeln und Jagen*[133]. Erst in seiner dritten Autobiografie, die im Herbst 2019 unter dem Titel *Selbstzerstörung* erschien, sollte er sich selbstkritisch als »Dealer« und »Junkie« in einer Person bezeichnen.

Die ersten Bilder verkaufte Achenbach noch als pubertierender Schuljunge, das berichtete er mehrfach selbst: Einen Freund ermunterte er damals dazu, heimlich Bilder aus den Pornoheftchen dessen Vaters auszuschneiden und dann gemeinsam an Schulkameraden zu verkaufen oder zu vermieten: zehn Pfennige fürs Anschauen, eine Mark für den Kauf der Farbfotos. Als 18-Jähriger handelte er dann, so eine weitere Anekdote aus der Jugendzeit, bei einem Frankreichurlaub die Verkäufer von geschnitzten Ebenholzfiguren brutal auf einen Bruchteil des eigentlichen Preises herunter – um die Figuren dann in Genf für ein Vielfaches wieder zu verkaufen. Der Stolz, immer wieder große Gewinne gemacht zu haben, zieht sich durch viele seiner Erzählungen, auch heute noch.

Achenbach studierte Sozialpädagogik, machte ein einjähriges Praktikum in einer Justizvollzugsanstalt und spielte mit dem Gedanken, in das damals von dem Sozialisten Salvador Allende regierte Chile auszuwandern. Um schließlich – weil der Sozialist von dem durch die CIA unterstützten General Augusto Pinochet aus dem Amt geputscht worden war – doch in einer Galerie in Düsseldorf anzufangen. Zu den Künstlern hatte Achenbach sich schon während des Studiums hingezogen gefühlt; ihm gefielen deren Freiheit, die Libertinage, die schönen Frauen, die Kneipen, der andauernde Feierrausch. Aber Geld verdienen wollte er auch. Die Tätigkeit in der Galerie stellte sich bald als zu geregelt für Achenbach heraus, es gab zu viel Anwesenheitspflicht, er wollte größere Sprünge machen. Also wurde er Kunstberater, fuhr wie ein Drücker von Großbaustelle zu Großbaustelle und versuchte, Unternehmer mit seinem »fundierten Halbwissen« – so die Selbstbeschreibung[134] – zum Kunstkauf zu überreden. Denn Menschen zu überreden, das konnte Achenbach immer gut.

Der Menschenfänger und die Korruption

Zusammen mit einem in der Kunst versierten Architekten, Horst Kimmerich, gründete er 1977 die erste deutsche Firma für Art Consulting. Achenbach hatte begriffen, dass Kunstwerke zu Prestigeobjekten für soziale Anerkennung geworden waren, genügend Geld aber nur selten mit großer Kenntnis einherging. Hier sah der junge Mann seine Chance: Er kaufte sich ein 30 000 D-Mark teures, mehrere Kilo schweres Autotelefon und knüpfte eifrig Netzwerke. Achenbach scheint eine besondere Begabung zu haben, Nähe herzustellen, Freunde zu suchen und zu finden. Und das auch im Milieu der Reichen, die gemeinhin als eher vorsichtig bei der Wahl neuer Freunde gelten. Kaspar König, der ehemalige Direktor des Museum Ludwig in Köln, erzählte, dass Achenbach sich mit ihm zuvor unbekannten, an Kunst völlig uninteressierten Wirtschaftsbossen nur für zwei Stunden verabreden musste, schon waren neue Sammler rekrutiert. Bald trug der ehemalige Sozialpädagogikstudent maßgeschneiderte Dreiteiler und verkehrte mit Bankern, Versicherungsmanagern und den kommerziell besonders erfolgreichen Künstlern. Gerhard Richter, Jörg Immendorff, Günther Uecker und später auch den Fotografen Andreas Gursky nannte er seine Freunde und besorgte ihnen Aufträge aus der Wirtschaft. Manche Künstler, es waren fast ausschließlich Männer, verdienten sehr gut mit ihm. Anderen missfiel sein Tun.

Mit dem Aufkommen der Kunstberater sahen viele den Niedergang des traditionellen, von Leidenschaft getriebenen Sammelns verbunden. Die neuen, von den Kunstberatern betreuten Sammler, so klagen Kunsthändler und Galeristen bis heute, seien an der Kunst vor allem auch als Wertanlage interessiert. Sie wollten Renditen am liebsten garantiert bekommen. Und Achenbach sprach ebenso gern über seine Künstlerfreundschaften wie über die Wertzuwächse, die die von ihm gekaufte oder vermittelte Kunst angeblich versprach.

Schon kurz nach der Gründung der laut Eigenwerbung ersten Kunstberatung in Europa täuschte er potenziellen Geschäftspartnern ein florierendes Beratungsunternehmen vor, ließ sich etwa während Kundengesprächen von Freunden anrufen, um eine gesteigerte Nachfrage zu simulieren. Die Tricks wirkten. An die Victoria-Versicherung, die heute zur Ergo Group gehört, vermittelte er zwei gigantische Gemälde, farbige Abstraktionen, die Gerhard Richter als Auftragsarbeiten schuf. Auch die Allianz, Audi, die Hypo-Bank, die Telekom wurden seine Kunden. Das Rheinland war in den 1980er-Jahren neben New York zum internationalen Epizentrum des boomenden Kunstmarkts geworden. »Es waren die Bonanza-Zeiten für die zeitgenössische

Kunst, und Achenbach der erfolgreichste Goldgräber von Düsseldorf«, sagte einer, der den Kunstberater lange kennt und wie viele andere Weggefährten nur anonym über »den Helge« reden will. Gerhard Richter nannte Achenbach öffentlich einen »Filou«. »Er war der Beschaffer und hemmungslose Vermarkter der Kunst«, sagte ein anderer, der ihn in Düsseldorf oft erlebte: »Man roch selbst bei sehr viel Gegenwind seinen toleranten Umgang mit den Gesetzen.« Auch mit dem Künstler Thomas Struth hat Achenbach einige Kunstprojekte organisiert. »Er hat großen Ehrgeiz, er ist ein Verführer und hat Spaß am Einfluss«, sagte Struth später.[135] Als Verführer agierte Achenbach auch im Privaten, er fasst sein Liebesleben heute so zusammen: »Ich habe acht Kinder von vier Frauen. Ich liebe meine Kinder über alles und habe jede meiner Frauen intensiv geliebt. Andererseits war ich nicht immer treu. Habe Frauen für Sex bezahlt. Affären? Einige, ja.«[136]

Schon bald war Achenbach allerdings auch direkt in Korruption verwickelt, wie er in seinem Buch *Selbstzerstörung* von 2019 berichtet: Damit er die neue Hauptverwaltung eines großen Konzerns mit Kunst ausstatten durfte, habe er zehn Prozent der hohen sechsstelligen Auftragssumme an die Frau eines führenden Managers dieses Konzerns zahlen müssen. Überprüfen lässt sich diese Geschichte nicht, es werden keine Namen genannt. Vorstände verlangten für Kunstdeals, die sie im Namen ihrer Unternehmen beauftragten, laut Achenbach angeblich auch Bilder berühmter Künstler als kleine Beigaben für ihre Privatsammlungen. Für einen Kurator habe er die Hochzeit finanziert.

Mit dem Geschäft wuchs Achenbachs Firmenimperium. Er eröffnete Büros in München, Heidelberg, Bonn, Frankfurt, Hamburg, Berlin und Leipzig. Er gründete ein Geflecht an Gesellschaften. Seine Geschäfte verwaltete er über die AKB GmbH, die wiederum der Achenbach Beteiligungs GmbH gehörte. Viele seiner Angestellten waren wiederum über die AAC Leasing und Verwaltungsgesellschaft mbH angestellt. Im Jahr 2006 gründete Achenbach außerdem die State of the Art AG, deren Aktien zu 82 Prozent ihm selbst gehörten. In Düsseldorf eröffnete der Kunstunternehmer 2002, nach ersten gastronomischen Versuchen schon in den 1970er-Jahren, einen Beachclub, später drei Restaurants, die nach den dort abgestellten Affenskulpturen von Jörg Immendorff Monkey's East, Monkey's West und Monkey's South benannt wurden – und grotesk hohe Verluste einfuhren. Aber um den finanziellen Profit ging es hier offensichtlich nicht, sondern um eine Bühne, auf der man sich mit Schauspielern und Künstlern, Wirtschaftsbossen und Politikern, Fußballern und schönen jungen Frauen zeigen konnte. Achenbach war sich für keine Kooperation zu schade. In Zusammenarbeit mit einer großen Süßigkeitenfirma organisiert er sogenannte »Black Dinners«, auf denen Gerichte auf Lakritzbasis serviert wurden. Auf mindestens ein Milliardärspaar sollten diese Schickeria-Events in den Monkey's-Restaurant einen so nachhaltigen Eindruck machen, dass sie Achenbach schon bald enorm hohe Summen für Kunstkäufe zur Verfügung stellten.

Achenbach suchte bewusst die Nähe der großen Player in Wirtschaft, Sport und Politik – den SPD-Politiker und späteren Bundeskanzler Gerhard Schröder nannte er einen Freund. Und Kuratoren suchten seine Nähe, denn der auch körperlich mächtige Mann verströmte den Nimbus scheinbar unversiegbarer Geldquellen. Er konnte Zuschüsse für Ausstellungen besorgen, Leihgeber vermitteln. Mit einigen der international umtriebigsten Museumsmenschen wie Martin Roth, Hans Ulrich Obrist und Klaus Biesenbach arbeitete er zusammen.

Letzterer war auch an einem der – bis heute – größten Spektakel beteiligt, die Achenbach veranstaltete. Um den VW-Konzern als progressives Unternehmen erscheinen zu lassen, organisierte Achenbach 2011 eine finanzkräftige Partnerschaft zwischen der Autofirma und dem Museum of Modern Art (MoMA) in New

York. Der deutsche MoMA-Kurator Biesenbach und VW-Vorstandschef Martin Winterkorn gaben der *Welt am Sonntag* zu Beginn dieser Partnerschaft im Mai 2011 ein gemeinsames Interview, in dem der Automanager das Kunstengagement so begründete: »Für uns ist interessant, dass sich zeitgenössische Künstler intensiv und kritisch mit den großen gesellschaftlichen und politischen Fragen unserer Zeit beschäftigen. Klimaschutz, soziale Gerechtigkeit, faire Chancenverteilung, um nur einige zu nennen.«[137] Seine Firma beschäftige sich mit der Frage, wie man die Welt wirklich verändern könne, und baue deshalb umweltfreundliche Autos in effizienten Fabriken.

Acht Jahre später sollte Winterkorn wegen seiner Rolle im VW-Abgasbetrug angeklagt werden, doch damals wurde das Sponsoring in New York noch groß gefeiert. Deutsche Journalistinnen und Journalisten wurden per Business Class eingeflogen, Madonna kam zum Dinner, Yoko Ono, Lou Reed, Patti Smith, auch Salman Rushdie; James Franco spielte den DJ, und Winterkorn durfte mit der Schauspielerin Lucy Liu in einem Ein-Liter-Auto vorfahren. Die *Bunte* berichtete: »Eine atemberaubende Performance bot der junge koreanische Wundergeiger Hahn-Bin. *Sex and the City*-Star Kim Cattrall plauderte entspannt mit Stararchitekt Richard Meier und Kunstberater Helge Achenbach, der die Verbindung von Kultur und Industrie eingefädelt hatte.«[138] Glenn D. Lowry, der Direktor des MoMA, sagte später: »Helge ist ein überschwänglicher Mensch voller Ideen – einige sind verrückt, andere brillant … Ich weiß nicht genau, wie er das macht, aber es scheint, als könne er große Dinge bewegen.« Achenbach war zufrieden, er ließ das Zitat des Museumsdirektors, dem er Millionen Dollar aus der deutschen Autoindustrie verschafft hatte, 2013 in großen roten Lettern an den Anfang seiner *Kunstanstifter*-Biografie setzen.

Gefälschte Rechnungen für Kokoschka, Picasso und Lichtenstein

Zu Fall brachten Achenbach schließlich weder die defizitären Restaurants noch die teuren Partys oder seine regelmäßigen Besuche bei einer Escort-Dame, sondern die Geschäfte mit seinem besten Kunden. Dass er einen weißen Wal an der Harpune habe, muss Achenbach Ende der 2000er-Jahre geglaubt haben: einen Kunden, von dem er immer noch mehr nehmen könne als von allen anderen Kunden zuvor; einen, der ihn noch viel reicher werden ließ. Es handelte sich um Berthold Albrecht, den 1954 in Essen geborenen Sohn von Theo Albrecht, einen der beiden Gründer der Supermarkt-Kette Aldi. Die Albrechts gelten seit Jahrzehnten als einer der reichsten, aber auch diskretesten Milliardärsclans in Deutschland. Achenbach hatte den Sohn aus der Aldi-Nord-Familie und dessen Frau Babette Albrecht bei einem privaten Abendessen von gemeinsamen Bekannten kennengelernt. Man freundete sich langsam an, traf sich zum Essen beim Italiener oder in den Monkey's-Restaurants.

Ende 2008 folgte schließlich der Auftrag an Achenbach, rund 60 Millionen Euro in eine Kunstsammlung zu investieren. Ihr Mann wollte Geld in Kunst anlegen, weil die Zinsen auf der Bank keine Rendite mehr versprachen, erklärte später Babette Albrecht. Und: »Eine Aktie ist eine Aktie, Kunst kann man sich wenigstens anschauen.« Berthold Albrecht hatte bis dahin – wie der Rest der Familie – sein Leben sehr zurückgezogen verbracht. Beim Kunstkauf fürchtete er, dass ihm überhöhte Preise in Rechnung gestellt werden könnten, wenn Galeristen erfahren würden, dass ein Aldi-Erbe ihr Kunde sei. Sie wollten keinen »Albrecht-Aufschlag« zahlen, sagte seine Frau Babette später, als die einstige Freundschaft vor Gericht verhandelt wurde.

Der Freund Helge Achenbach sollte deshalb als Agent dienen, der die wirklich gute Kunst ausfindig macht, dabei seinen eigentlichen Auftraggeber diskret verschweigt und für marktgerechte Preise sorgt. Man einigte sich für diese Dienste auf ein Beraterhonorar von fünf Prozent auf den jeweiligen Verkaufspreis. Ein Anteil, so behauptete Achenbach später, der viel zu gering gewesen sei, um die Kosten seiner Tätigkeit zu decken.

Normalerweise nehmen Kunsthändler oder Berater durchaus zehn Prozent oder mehr für ihre Dienste bei der Vermittlung von Kunst, doch geht es dann meist um geringere Summen als im Fall Albrecht. Die Kunstkäufe des Aldi-Erben rangierten in einer Größenordnung, die in Deutschland sehr außergewöhnlich ist – von den geschätzten 67 Milliarden Dollar Gesamtumsatz weltweit mit Kunst in 2018 wurden laut *Art Market Report* der Kunstmesse Art Basel nur ein Prozent in Deutschland getätigt. Achenbach hatte also einen für die hiesigen Verhältnisse sehr vielversprechenden Kunden gewonnen, und trotz des geringen Prozentsatzes seiner Provision hätte er allein bei der Einkaufssumme von 60 Millionen Euro schon drei Millionen Euro verdient. Doch das war für ihn zu wenig – viel zu wenig.

Schon beim ersten für den zuvor wenig kunstbegeisterten Neukunden Berthold Albrecht arrangierten Bilderhandel – ein Gemälde der Londoner Tower Bridge von Oskar Kokoschka –, fälschte Achenbach 2009 einfach die Rechnung des Verkäufers, der Marlborough Gallery in London. Aus dem von Achenbach dort ausgehandelten Preis von 800 000 Dollar bastelte er am Fotokopierer einen neuen Preis: 950 000. Er ersetzte aber auch das Dollarzeichen durch ein Eurozeichen, wodurch der Gewinn bei dem damaligen Devisenkurs zusätzlich noch einmal um mehr als 200 000 Euro wuchs. Dementsprechend stiegen auch noch einmal alle anderen Kosten für Albrecht prozentual: die Höhe der Provision, die Mehrwertsteuer. Achenbach hatte also nicht nur die fünf Prozent für sein Beraterhonorar berechnet – eine Summe, die bereits in etwa bei dem durchschnittlichen Jahresgehalt eines Arbeitnehmenden in Deutschland gelegen hätte –, sondern durch die gefälschte Rechnung mehr als fünfzig Prozent des ursprünglichen Preises (von umgerechnet rund 630 000 Euro) draufgeschlagen. Er verdoppelte sein Honorar nicht, er verzehnfachte es. Auch beim Betrug war Achenbach maßlos. Und so ging es munter weiter.

Der zweite Kunstkauf Albrechts im März 2009 war das Gemälde *Mutter und Sohn* von Ernst Ludwig Kirchner: Achenbach kaufte es für rund 1,3 Millionen Euro bei dem Galeristen Michael Werner, nannte Albrecht aber als Einkaufspreis 1,8 Millionen Euro. Zuzüglich der – durch die verdeckte Marge noch einmal erhöhten – Provision von fünf Prozent. Mehr als eine halbe Million Euro hatte Achenbach mit diesem Verkauf verdient. Einen Monat später kaufte er für Albrecht zwei weitere Gemälde Kirchners vom selben Händler – und verdiente auch daran, erhöht durch Manipulationen, knapp eine Million Euro. Im Juni 2009 besuchte das Ehepaar Albrecht gemeinsam mit Achenbach die Kunstmesse Art Basel und kaufte von der Galerie Richard Gray aus Chicago Picassos *La famille du jardinier* (1965) für angeblich 5,5 Millionen Euro netto. Achenbach hatte bei diesem Geschäft insgesamt gut zwei Millionen Euro in Heimarbeit aufgeschlagen.

Es gab auch Deals mit Bildern, etwa von Neo Rauch und Anselm Kiefer, bei denen Achenbach keinen betrügerischen Aufschlag kassierte. Doch dann waren da wieder Geschäfte mit Werken von Albert Oehlen, Takashi Murakami und Francis Picabia, bei denen er den Freund aus Essen um weitere Fantasiesummen betrog. Beim Verkauf eines Gemäldes von Roy Lichtenstein im Frühling 2010 verdiente er heimlich eine Million Euro. In den Deal war indirekt auch Kasper König, der damalige Direktor des Museum Ludwig in Köln, verwickelt: König hatte Achenbach für den Kunsthandel eine Verbindung zum Nachlass von Roy Lichtenstein vermittelt, wofür sich Albrecht mit einer Spende von 100 000 Euro an das Museum Ludwig revanchierte, die wiederum eine Lichtenstein-Ausstellung im Kölner Museum mitfinanzieren half. Von den überhöhten Preisen, die der Kunstberater im nahen Düsseldorf dabei kassierte, wusste König damals nach eigenen Angaben nichts.

Im Herbst 2010 beschloss Berthold Albrecht, dass er nun genug Kunst in seinem Haus habe. Er konzentrierte sich jetzt auf den Kauf von Oldtimern, und auch hier half ihm Achenbach – und kassierte über seine Firma State of the Art erneut satte Provisionen und Margen. Statt Marken wie Richter, Picasso und Kirchner wurden jetzt eben Bentley, Bugatti und Jaguar gesammelt. Beim Kauf eines Mercedes Benz 540 K Special Roadster für gut zwölf Millionen Euro verdiente Achenbach 2011 mehr als 1,5 Millionen Euro. 2012 kaufte Albrecht auf Vermittlung Achenbachs einen Ferrari 121 LM mit zusätzlichem Renntransporter für mehr als elf Millionen Euro – von denen gut drei Millionen an die Firma des Kunstberaters gingen.

Kunst als Anlageklasse

Der Aldi-Erbe war nicht das einzige Opfer von Achenbachs betrügerischer Praxis. Immer nach Expansion strebend, hatte Achenbach zusammen mit der Privatbank Berenberg aus Hamburg eine Kunstberatungsfirma für deren Kunden gegründet, die Berenberg Art Advice GmbH. Neben Achenbach sollte auch ein ehemaliger Mitarbeiter einer wichtigen deutschen Kunstversicherung bei der Beratung helfen. Als führender Versicherungsmanager hatte der Mann jahrelang Zugang zu diskreten Privatsammlungen und den Lagern der Kunsthändler gehabt und konnte so ein auf dem Markt enorm wertvolles Wissen über den Standort von Meisterwerken anhäufen. Nun wurde er Achenbachs Kompagnon. Die Bank hielt 51 Prozent der Gesellschaft,

Achenbach 39 und der ehemalige Versicherungsmann zehn Prozent. Einige Jahre später teilte er sich mit Achenbach auch die Anklagebank im Essener Landgericht.

Die Firma war 2011 werbewirksam mit Auftritten der Beteiligten in verschiedenen Medien gestartet. Hatte schon Achenbachs Art Consulting die aus der Wirtschaft bekannte Beratungskultur auf dem Feld der Kunst eingeführt, so sollte die Kunst nun auch zum Instrument von erweiterten finanzwirtschaftlichen Methoden werden. Immer mehr private Investoren würden sich dafür interessieren, so ein Vertreter der Bank in einer Pressemitteilung, in diese »Anlageklasse« zu investieren: »Aus unserer langfristigen strategischen Sicht tragen Investitionen in Kunst positiv zur Diversifizierung eines Gesamtvermögens bei.«[139] Interessanterweise wurde Helge Achenbach in dieser Pressemitteilung explizit mit einer Warnung vor überhöhten Preisen zitiert: »Ein Künstler ist immer dann überbewertet, wenn sich eine Gruppe von Sammlern und Händlern zusammenschließt, abspricht und möglicherweise sogar auf Auktionen die Preise künstlich hochtreibt.« Mit Berenberg Art Advice wolle man vor allem die Käufer von Kunst »schützen«, ergänzte der Bankvertreter. Die neue Firma solle für die Kunden die »notwendige Transparenz in den Kunstmarkt« bringen – bei gleichzeitig »größtmöglicher Diskretion«. Dass man dafür den Bock zum Gärtner gemacht hatte, war der Vorstandsetage offenbar nicht bewusst.

Im November 2012 wurde auch ein Kunstfonds gegründet, der Berenberg Art Capital Fund. Fünfzig Millionen Euro sollten bei Anlegerinnen und Anlegern eingesammelt werden, um von dem Geld bis zu zweihundert Kunstwerke zu kaufen. Nach sieben Jahren sollten die Arbeiten wieder verkauft werden – die Rendite wurde auf sieben bis neun Prozent pro Jahr geschätzt. Die Mindestbeteiligung am Fonds lag bei 100 000 Euro. Im April 2013 meldete ein Mitarbeiter der Firma, man habe schon zehn Millionen Euro eingesammelt. Wenige Monate später, im Juli

2013, erklärte die Bank dann allerdings schon das Ende des ambitionierten Projektes: Man habe nicht genügend Interessenten gefunden.

Dutzende von ähnlichen Fonds-Projekten sind auf der ganzen Welt bereits gescheitert, darunter auch einige, deren Modell man eher als Betrug denn als Form seriöser Geldanlage bezeichnen kann. Meistens straucheln Kunstfonds entweder an zu wenig Finanzkönnen oder an mangelndem Kunstwissen.

Das Scheitern des Berenberg-Fonds erklärte der Anlagespezialist der Privatbank, Jürgen Raeke, damals auch mit der Verfasstheit des Kunstmarktes. Der Banker beschäftigte sich als Geschäftsführer der Berenberg Private Capital GmbH normalerweise mit Anlagen in Sachwerten, von Immobilien über Parkhäuser bis zu Ackerland und Wald, hatte sich aber auch in den Kunstmarkt eingearbeitet. Von den anderen Märkten unterscheide sich das Geschäft mit der Kunst durch seine große Intransparenz, durch einen sehr ungleich verteilten Informationsstand und eine sehr begrenzte Anzahl von Mitspielern. Der Insiderhandel ist auf dem Kunstmarkt nicht verboten, die Preise auf öffentlichen Auktionen können leicht durch die Vertreter der Künstler manipuliert werden. »Das ist eine andere Welt, die teilweise schon suspekt ist«, sagte der Banker Raeke damals, nach dem Ende des Kunstfonds.[140] So geheimnisvoll wie auf dem Kunstmarkt seien die Gepflogenheiten sonst nur auf dem internationalen Diamantenmarkt – doch könne man sich auf diesem immerhin relativ leicht auf den Wert eines Diamanten einigen.

Es war also nicht nur die Intransparenz des Kunstmarktes, die das Feld für Fondsmanager so schwierig macht, sondern auch die komplizierte Frage nach dem – fiktiven – Wert der Kunst. In die Rekordpreise der Auktionshäuser ist immer auch das symbolische Kapital der Kunst und des Kunstkaufs eingerechnet: Das Ersteigern eines bestimmten Kunstwerks ist ein Akt, mit dem man seine Zugehörigkeit zu einer Elite beweisen kann oder sich innerhalb dieser Elite distinguiert. Wer aber bloß einen Fondsanteil kauft und nicht das Bild von Picasso selbst, der kann von diesem symbolischen Kapital nicht profitieren. Und selbstverständlich auch nicht davon, was Banker die »emotionale Rendite« nennen. Jene Erfahrung also, die der Mensch beim Betrachten von Kunst macht.

Mit dem Kunstfonds stellte die Berenberg Bank 2013 auch die Firma Berenberg Art Advice ein, die mit Achenbach und dem ehemaligen Versicherungsmitarbeiter gegründete Firma, die reiche Kunden bei Kunstgeschäften betreuen sollte. Man habe kaum Kunden gewonnen, sagte Achenbach später, die Umsätze seien sehr viel geringer gewesen als geplant. Für das Ende des Traums von den großen Renditen gab es jedoch noch einen anderen Grund, einen Grund, der damals der Öffentlichkeit lieber verheimlicht wurde.

Der Pharmaunternehmer und die Kunst des Schreibens von falschen Rechnungen

Einer der wenigen großen Kunden der Berenberg-Kunstberatungsfirma war der Pharmaunternehmer Christian Boehringer. Der Vorsitzende des Gesellschafterausschusses des Traditionsunternehmens Boehringer Ingelheim hatte damals bereits begonnen, Werke zum Thema »Art of Writing«, also zur Kunst des Schreibens, zu sammeln; nun wollte er dabei professionell beraten werden. Auf der Kunstmesse The European Fine Art Fair (TEFAF) in Maastricht lernte er 2012 Helge Achenbach kennen, der mit ihm die Sammlungskonzeption besprach und ihm beim Kauf eines Gemäldes von Gerhard Richter, *Ohne Titel – Grün,* half. Im September 2012 schloss man einen Vertrag, Boehringer wollte jährlich 1,5 Millionen Euro in Kunst investieren. Gleich im September kaufte Achenbach zusammen mit dem Pharmaunternehmer Tracey Emins Arbeit *I Can't Believe How Much I Loved You* und berechnete ihm dafür brav nur die vereinbarten fünf Prozent Provision. Doch bei späteren Käufen – Werke von

Lawrence Weiner, Alighiero Boetti und Andreas Gursky – ging er wie bei dem Aldi-Erben Albrecht vor, schlug heimlich hohe Margen auf die Preise auf und fälschte Rechnungskopien der Galerien. Da die Geschäfte von Berenberg Art Advice allerdings durch die Bank geprüft wurden, wickelte er die Ankäufe zunächst über seine eigene Kunstberatung ab, um sie dann erst mit den gefälschten Rechnungen an die Bank weiterzureichen. Trotzdem flog eines der überhöhten Geschäfte mit Boehringer schließlich auf.

Einem Unternehmerehepaar aus Niedersachsen, langjährige Kunden der Berenberg Bank, wurde unterdessen in einem weiteren Fall ein Frühwerk von Georg Baselitz für 875 000 Euro angeboten, das Achenbach und der ehemalige Kunstversicherer für 200 000 Euro einem bekannten Kölner Fotografen und alten Freund des Künstlers abgekauft hatten. Der anvisierte Kunstkauf des Ehepaars war, wie es später im Prozess gegen Achenbach aussagte, auch steuerlich motiviert. Das Gemälde sollte an einen Sohn verschenkt werden – Kunstwerke sind unter bestimmten Voraussetzungen von der Schenkungssteuer befreit. Es gab zwar eine Anzahlung, doch das Geschäft wurde nicht mehr vollzogen. Und auch alle anderen Geschäfte über Berenberg Art Advice fanden plötzlich ein Ende. Nicht oder nicht nur, weil sich nicht genügend Interessenten für den Kunstfonds fanden und die Umsätze kaum den Erwartungen entsprachen, wie öffentlich verbreitet wurde. Die Bank hatte einen Tipp bekommen und die Notbremse gezogen.

Ein freier Mitarbeiter Achenbachs, Thomas Kellein, der zuvor als Direktor verschiedener Kunsthallen in der Schweiz, Deutschland und den USA gearbeitet hatte, klärte Berenberg im Juni 2013 über die betrügerischen Praktiken mit den verdeckten Margen auf. Er selbst hatte beim Verkauf eines Kunstwerks zum erhöhten Preis von Achenbach zunächst einen Bonus in Höhe von 200 000 Euro ausgezahlt bekommen. Nun aber machte er die Bank auf das sonderbare Geschäft mit dem Frühwerk von Baselitz aufmerksam, zahlte seinen Bonus zurück und organisierte schließlich das Original einer Rechnung der New Yorker Marian Goodman Gallery, bei der Achenbach die Arbeiten von Lawrence Weiner für Christian Boehringer besorgt hatte. Der Mitarbeiter war zum Whistleblower geworden.

Unter dem Vorwand, mit Achenbach und seinem Kompagnon einen Imagefilm drehen zu wollen, lockte die Berenberg Bank die beiden Männer am 5. Juli 2013 in die Firmenzentrale nach Hamburg. Getrennt voneinander wurden sie mit den Vorwürfen des Mitarbeiters konfrontiert. Achenbach gab die heimlichen Margen im Fall Boehringer zu, der ehemalige Versicherungsmann bestritt sie. Beide mussten noch an diesem Tag ihre Gesellschafteranteile an Berenberg Art Advice abgeben. Ein dafür extra in die Bank bestellter Notar beaufsichtigte das Ende jener Firma, die zwei Jahre zuvor gegründet worden war, um für mehr »Transparenz« und »Schutz« auf dem Kunstmarkt zu sorgen.

Von der Ersten Klasse in die Zelle

Die Bank und Achenbach entschädigten Christian Boehringer, das noch nicht komplett vollzogene Baselitz-Geschäft mit dem Unternehmerpaar aus Niedersachen wurde rückabgewickelt – leise und diskret, wie im Privatbankengeschäft üblich, um bei den schwerreichen Kundinnen und Kunden den eigenen Ruf nicht zu beschädigen. Das Leben war weiterhin schön für Helge Achenbach. Im Dezember 2013 schwamm er, der seinen ein Jahr zuvor verstorbenen Freund Berthold Albrecht um Millionen Euro erleichtert hatte, gerade in einem Pool in einem Jetset-Skiort, als ihn, so seine eigene Darstellung, eine Frau ansprach: Sie war für Münchner Unternehmer tätig, die damals das Hotel für die deutsche Fußballnationalmannschaft in Brasilien planten, das Campo Bahia. Achenbach war ganz in seinem Element, wie er in seiner jüngsten Autobiografie beschreibt. Er traf umgehend die Unternehmer, und stattete schon wenige

Wochen später das Campo Bahia mit Werken von brasilianischen und deutschen Künstlern wie Andreas Gursky und Claus Föttinger aus. Doch den Sieg der deutschen Mannschaft im Finale der WM sollte Achenbach nicht wie geplant im Stadion miterleben, sondern an einem Fernseher in der Justizvollzugsanstalt Essen.

Am 10. Juni 2014 landeten Helge Achenbach und seine Frau Dorothee frühmorgens am Flughafen Düsseldorf. Sie kamen von einer dreitägigen Feier in Washington, waren über Nacht in der ersten Klasse nach Frankfurt geflogen und dort umgestiegen. Beim Verlassen des Flugzeugs in Düsseldorf gingen dann zwei Männer auf Achenbach zu, sprachen ihn an, präsentierten ihm einen Haftbefehl und nahmen ihn fest. Er habe, so berichtet Achenbach, zunächst an einen Irrtum geglaubt.

Doch diesmal ließ sich das Problem nicht so schnell und einfach lösen wie zuvor so viele andere Probleme im Leben des Rheinländers. Die Polizei hatte wochenlang ermittelt, es ging um den Betrug an Berthold und Babette Albrecht. Die Bank hatte bei der Abwicklung von Berenberg Art Advice auf einem Computer eine Liste mit vielen weiteren Kunstwerken gefunden, für die jeweils stark abweichende Preise verzeichnet waren. Sie informierte die Familie Albrecht, die nach eigenen Recherchen schließlich Strafanzeige stellte. Und der Fall kam ins Rollen. Achenbachs Telefone wurden abgehört, Zeugen vernommen – und schließlich der Haftbefehl ausgestellt.

Das Foto auf dem Cover seiner ein Jahr zuvor erschienenen Autobiografie über den »Kunstanstifter« erinnert seither an einen sogenannten Mugshot, ein erkennungsdienstliches Foto, das Polizisten von Festgenommenen machen. Manche Sätze aus dieser Autobiografie lesen sich nun besonders verlogen. »Ich hatte immer das Ziel, das System transparenter zu machen«, schrieb Achenbach 2013, nachdem er Rechnungen gefälscht und Millionen Euro erschwindelt hatte: »Von Anfang an war es mir ein Anliegen, die Sammler und die Unternehmen, die ich berate, vor den Auswüchsen eines schnelllebigen Kunstmarktes zu schützen.« Ein bisschen fühle er sich wie ein Lotse, der seine Kunden sicher durch die schwierigen Gewässer des Marktes leite. »Wir müssen die Kunst vor dem Markt schützen, damit unsere Gesellschaft ihre Kraft wieder mehr spürt.«[141]

Achenbach kam in Untersuchungshaft und bezog eine Zelle in der JVA Essen auf jenem Flur, auf dem dann im November 2014 auch Thomas Middelhoff, der von Rainald Goetz in seinem Roman *Johann Holtrop* porträtierte ehemalige Manager von Bertelsmann, KarstadtQuelle und Arcandor wegen Untreue und Steuerhinterziehung einsitzen sollte. Zwei der ganz großen Macher aus Deutschland, beide gewohnt, sich nicht einmal mehr an Flugpläne halten zu müssen, weil man wie Achenbach auch im Privatjet nach Miami fliegen kann oder wie Middelhoff im Hubschrauber zum Arbeitsplatz, wenn sich am Kamener Kreuz mal wieder der Berufsverkehr staute, sangen jetzt gemeinsam im Gefängnischor. Middelhoff als Bariton, so Achenbach, er selbst als Bass.[142]

Der Prozess

Es war auch dieselbe Anklagebank im selbstverständlich großen, hohen Saal 101 im Essener Landgericht, auf der zuvor schon Thomas Middelhoff verurteilt worden war und auf der nun Helge Achenbach für zahlreiche Verhandlungstage Platz nehmen musste. Der mit hellem Holz verkleidete Saal war die lichtdurchflutete Bühne für einen Prozess, der einer packenden Fernsehserie glich. Einer Serie über die dunkle Seite des Kunstmarktes, einem Epos über Geld und schöne Bilder, Freundschaft und Täuschung, berühmte Künstler und die reichsten der Reichen. Vor allem aber über den Aufstieg und Fall des Hauptangeklagten Helge Achenbach.

Jeder Prozesstag war eine neue Folge mit neuen Wendungen und Verdachtsmomenten. Am Kopfende des Saals thronten die drei Richter, zwei Schöffinnen und eine Protokollantin. Helge Achenbach und sein Mitangeklagter Ex-Kompagnon, der ehemalige Kunstversicherer, saßen mit ihren insgesamt vier Anwälten auf der Anklagebank, ihnen gegenüber, ganz allein, die junge Staatsanwältin Valeria Sonntag.

Am 9. Dezember 2014 betrat ein bleicher, geradezu zurückhaltend auftretender Helge Achenbach den Saal zum Prozessauftakt. Der Kunstberater hatte in der Untersuchungshaft mehrere Kilo abgenommen, weshalb sein Maßanzug um den Bauch herum etwas schlotterte. Der Kompagnon bestritt weiterhin jegliche Vorwürfe: Er sei an illegalen Geschäften nicht beteiligt gewesen. Achenbach hingegen, dessen Verteidigungsstrategie noch niemand kannte, kündigte für den zweiten Prozesstag eine ausführliche Erklärung an. Sein Verteidiger Thomas Elsner skizzierte in einer kurzen Einlassung vor Gericht aber schon seine Argumentationslinie: Helge Achenbach habe keinen Betrug begangen, denn auch die von ihm mit zusätzlichen Margen versehenen Preise hätten dem Marktwert der Kunstwerke entsprochen oder teilweise sogar noch unter dem Marktwert gelegen. Außerdem sei der Aufwand Achenbachs durch die Provisionen nicht abgedeckt gewesen. Angeblich habe der Kunstberater dem Käufer Albrecht nämlich eine sehr großzügige Rückgabegarantie gegeben: Der Milliardär hätte die Kunstwerke fünf beziehungsweise sieben Jahre lang zum vollen Kaufpreis zurückgeben können. Achenbach hätte ihm sogar zusätzlich noch Zinsen von vier Prozent pro Jahr bei einer Rückgabe versprochen.

Auch wenn die Erben Albrechts die Existenz dieser Rückkaufgarantie bestritten und auch die Richter nicht an ihre Existenz glaubten: Sie zeigt das Symptomatische des Falles Achenbach für den seit Jahren heiß laufenden Kunstmarkt. Auf welchen

Märkten sonst könnten heute überhaupt noch über halbe Jahrzehnte solche Zinsen garantiert werden? Kann man einen weiteren Boom des Kunstmarkts überhaupt garantieren? Achenbach hätte mit diesen Garantien, falls es sie denn tatsächlich gab, die fantastischen Profithoffnungen einiger Reicher in die Kunst jedenfalls auf die Spitze getrieben. Die Kunst durfte nicht mehr nur Kunst sein, sie sollte das perfekte Anlagemodell sein. Und weil Achenbach aus seiner Sicht die Aufgaben als Anlageberater übererfüllte, hatte er sich dafür hohe Margen genehmigt – Margen, wie sie im allzu diskreten, im Vergleich zu anderen Anlagemärkten unregulierten Kunstmarkt durchaus üblich sind.

In der zweiten Folge des Kunstkrimis vor dem Essener Landgericht, am zweiten Prozesstag, gestand der Kunstberater dann aber, Berthold Albrecht beim Kauf von Kunstwerken und Oldtimern teilweise nicht nur die vereinbarten fünf beziehungsweise drei Prozent berechnet zu haben, sondern zusätzlich auch die hohen, verdeckten Margen. Achenbach gestand, Rechnungskopien von Galerien frisiert zu haben, und nannte sie dreist »Collagen« – als wäre er selbst ein Künstler, als wäre auch noch der Betrug bei ihm kein echter Betrug, sondern ein irgendwie geniales kreatives Werk.

Der Vorsitzende Richter Johannes Hidding war der Star dieses Prozesses. Nicht weil er sich durch herrische Gesten oder Ähnliches produziert hätte: Der junge Jurist war im Gegenteil sehr zurückgenommen und höflich. Er stellte einfach nur sehr konzentriert und unerbittlich die richtigen Fragen und forschte so dem mutmaßlichen Betrug mit der schönen Kunst nach. Ganz en passant deckte er dabei auch die Sonderlichkeiten des globalen Kunstmarkts im Allgemeinen und des rheinischen im Besonderen auf. Parteilichkeit konnte man ihm dabei nicht vorwerfen, immer unvoreingenommen fragte er die Zeugen aus, manche von ihnen stundenlang. Richter Hidding war so korrekt wie seine streng gescheitelte Frisur. »Wie funktioniert das nun genau mit den Auflagen bei den Fotografien von Andreas

Gursky«, fragte er eine Zeugin, eine der mächtigsten Galeristinnen der Republik.

Zu Beginn des Prozesses hatte man wegen solcher scheinbar banalen Fragen den Eindruck, dass dieser Richter sich mit dem Kunstmarkt nicht besonders gut auskenne. Schnell zeigte sich jedoch, dass genau das Gegenteil stimmte. Hidding und seine Beisitzer hatten sich bis in die kleinsten Details dieses Falls eingearbeitet, stets waren sie auf der Suche nach entlastenden oder belastenden Fakten. Sie versuchten, das Geschehen zudem in der Logik des Kunstmarkts zu verstehen. Und stellten so – gewollt oder nicht – die Absurditäten des Systems bloß.

Etwa das Problem mit den Auflagen von Gursky-Fotografien: Immer wieder fragte Hidding die Galeristin und zuvor auch die beiden Angeklagten nach den Umständen, unter denen die Edition 2 von 6 einer unbetitelten Fotoserie Gurskys verkauft worden war. Auf den Fotografien sieht man Seiten aus Robert Musils *Mann ohne Eigenschaften*, doch sind die Fotografien so bearbeitet und collagiert, dass wichtige Sätze Musils in einem neuen Zusammenhang stehen. Den Richtern war aufgefallen, dass dem Kunden Boehringer die Edition 2 von 6 nicht nur zu einem erhöhten Preis verkauft worden war, sondern dass dieselbe Editionsnummer der Fotoserie laut Angaben eines Museums in Sydney in dessen Sammlung hing. Hatte Andreas Gursky seine angeblich streng limitierten Abzüge also doppelt verkauft?

Die Galeristin konnte aufklären, dass im Museum in Sydney eine andere Editionsnummer hänge und einfach nur eine Verwechslung vorliege. Doch ihre Antworten auf Richter Hiddings Fragen entlarvten zugleich das absurde, aber für die hohen Preise so wichtige System der künstlichen Verknappung einer Fotografie, die ja eigentlich qua Medium unendlich reproduzierbar ist. Die Zuschauer erfuhren zudem, dass es bei Gursky wie bei vielen anderen Fotografinnen und Fotografen zusätzlich zu den streng limitierten Editionen auch noch sogenannte »exhibition copies« gebe, dass einzelne Abzüge schnell auch mal von einer Edition in eine »exhibition copy« umgewidmet werden könnten. Und dass »exhibition copies« – anders als die völlig identischen Abzüge für den Handel – einfach weggeworfen werden, wenn sie ihren Zweck in Ausstellungen erfüllt haben. Sie haben keinen Wert, kosten keine Versicherung, können lässig transportiert werden. Das sei schwierig zu verstehen, gab die Galeristin zu.

Obwohl Albrecht über Achenbach zwischen 2009 und 2011 für insgesamt gut 120 Millionen Euro Kunst und Oldtimer einkaufte, gab es keinen schriftlichen Rahmenvertrag über Provisionen – ein Umstand, der mit der freundschaftlichen Beziehung der beiden Männer erklärt wurde. Tatsächlich sind mündliche Absprachen im Kunstmarkt nach wie vor häufig die Regel. Vielleicht musste es also irgendwann zu diesem Skandal kommen: Da ist ein Markt, auf dem von Jahr zu Jahr immer aberwitzigere Summen ausgegeben werden und der dennoch weitgehend ohne Regeln funktioniert.

»In der Kunstszene ist man schnell befreundet«, stellte die Witwe des geschädigten Berthold Albrecht bei ihrer stundenlangen Vernehmung fest. Je länger der Prozess dauerte, desto engmaschiger erschien die Vernetzung der Angeklagten mit den Spitzen des internationalen Kunstbetriebs. Da kam zum Beispiel heraus, dass der Direktor des hoch angesehenen Wiener Museums Albertina, Klaus Albrecht Schröder, die Aldi-Erben auf Anregung Achenbachs stundenlang über die Kunstmesse Art Basel geführt hatte. Am Ende riet er ihnen schließlich zum Kauf eines Gemäldes von Francis Picabia und stellte sich als Leiter eines öffentlichen Hauses damit in den Dienst privater Sammler und Kunsthändler und ihrer kommerziellen Interessen. Auf Nachfrage erklärte Schröder, dass eine solche Führung durchaus zum Bildungsauftrag eines Museumsdirektors gehöre und er dafür keinerlei Gegenleistung erhalten habe.[143]

Jeder hängt im Kunstmarkt mit jedem zusammen, lernten die Prozessbesucher, und bis auf die Reichen scheint sich auch jeder bei jedem zu verschulden. Achenbachs Kompagnon, ein Banker und viele andere hatten, wie im Laufe des Prozesses bekannt wurde, angeblich Schulden bei Helge Achenbach. Später steckten dann Achenbachs Firmen wie die *Achenbach Kunstberatung*, *State of the Art* und die von ihm gegründeten *Monkey's*-Restaurants in Düsseldorf in der Insolvenz. »Weit über hundert Gläubiger« hätten sich bei ihm gemeldet, so Marc D'Avoine, der Insolvenzverwalter von zehn Achenbach-Firmen, vor dem Landgericht. Die Summe der Forderungen schätze er auf 40 bis 50 Millionen Euro. Gut 2300 Kunstwerke aus dem Lager der Achenbach-Firmen sollte D'Avoine noch im selben Jahr versteigern lassen. Auch der Insolvenzverwalter berichtete sichtlich erstaunt von den Geschäftsabläufen auf dem Kunstmarkt, von fehlenden Rechnungen, mündlichen Abmachungen und Forderungen von ominösen Galerien aus der Schweiz. Er müsse jetzt erst mal versuchen, festen Boden unter den Füßen zu bekommen. Drei Anwaltskollegen und ein Buchhalter sollten ihm dabei helfen.

Mit jedem Prozesstag tauchten die Beobachterinnen und Beobachter tiefer in den Stoff ein, glaubten irgendwann, die Hauptdarsteller inzwischen ganz gut zu kennen – und wurden dann doch wieder überrascht durch neue Beweise, neue Querverbindungen. Gespannt wartete jede Woche eine Gruppe von zumeist angereisten Journalistinnen auf die neuen Akteure, die als Zeugen aussagen mussten. Der Künstler Tony Cragg etwa, oder der ehemalige Museumsdirektor Thomas Kellein, der die verdeckten Margen Achenbachs aufgedeckt hatte.

Das Urteil

»Auch Superreiche sind kein Freiwild. Das Vermögen wohlhabender Menschen wird vom Strafgesetzbuch genauso geschützt wie das normal verdienender Menschen.« So begründete Richter Johannes Hidding am 16. März 2015 das Urteil gegen Helge Achenbach und dessen ehemaligen Kompagnon. Achenbach wurde wegen Betrugs in 18 Fällen, teilweise in Tateinheit mit Untreue, sowie wegen versuchten Betrugs in einem Fall zu einer Gesamtfreiheitsstrafe von sechs Jahren verurteilt. Sein ehemaliger Partner, dessen Anwälte wegen Unschuld auf Freispruch plädiert hatten, erhielt wegen Betrugs in zwei Fällen sowie wegen versuchten Betrugs eine Gesamtfreiheitsstrafe von einem Jahr und drei Monaten auf Bewährung. Als strafverschärfend wertete die Kammer, dass Achenbach sein gutes Freundschaftsverhältnis zu dem zurückgezogen lebenden Milliardär Albrecht ausgenutzt habe. Strafmindernd wirkte sich das Teilgeständnis des Kunstberaters aus – doch wurde er jetzt auch für mehrere Deals etwa mit Oldtimern verurteilt, deren Korrektheit er während des Prozesses stets beteuert hatte. »Achenbach geht Risiken ein«, charakterisierte Richter Hidding den Verurteilten. Als Motiv für den Betrug nannte er unter anderem die Schulden, die Achenbachs *Monkey's*-Restaurants in Düsseldorf machten: »Ein Geschäft, das Achenbach nicht beherrschte.« Doch wo all die ergaunerten Gelder geblieben seien, war auch nach dem Prozess noch unklar.

Es sollten weitere Urteile gegen Achenbach in Zivilprozessen folgen. Im Juni 2017 wurde der verurteilte Betrüger vom Landgericht Düsseldorf zur Zahlung von 18,8 Millionen Euro an die Erben von Berthold Albrecht verurteilt. Das Oberlandesgericht senkte im Juni 2018 zwar die Summe auf 16,2 Millionen Euro, bestätigte aber das Urteil in zweiter Instanz. Auch ein Mitglied der Familie Viehof, mit der Achenbach die Sammlung Rheingold gegründet hatte, deren Sammlung in Museen gezeigt und frühestens nach zwanzig Jahren weiter veräußert werden sollte, verklagte Achenbach wegen Unregelmäßigkeiten beim Kunstkauf. Nach dessen Verhaftung wurde die Sammlung Rheingold schnell aufgeteilt und aufgelöst.

Die Auktionen von rund 2300 Kunstwerken aus den Lagerhallen der Achenbach'schen Unternehmen brachten dem Kölner Auktionshaus Van Ham den Rekord für die größte Auktion zeitgenössischer Kunst in Deutschland – und zusammengerechnet rund zehn Millionen Euro für die Gläubiger der insolventen Firmen: eine große Summe, doch nur ein kleiner Teil der Schulden. Im Jahr 2019 beschwerte sich Achenbach, dass viele Kunstwerke in der Auktion weit unter Wert geschätzt waren. 25 Millionen Euro hätte man einnehmen können, behauptete er großspurig.

Neuanfang eines Narzissten

Im Juni 2018 wurde Helge Achenbach vorzeitig auf Bewährung entlassen. Im Gefängnis hatte er nicht nur im Häftlingschor gesungen, sondern auch Malstunden genommen – ein Hobby, das er später nach seiner Freilassung zu professionalisieren versuchte. Bei Instagram sind Achenbachs Gemälde zu finden: Himmels- oder Meerlandschaften, Berge, meist in vielen verschiedenen Schattierungen einer Farbe gehalten. Den Stil könnte man als postimpressionistisch beschreiben. Viele der Bilder tragen den wenig vieldeutigen Titel *Spirit of Freedom.*

In einem alten Bauernhof nahe Düsseldorf will Achenbach mit dem gemeinnützigen Projekt Kultur ohne Grenzen ein Refugium für politisch verfolgte Künstlerinnen und Künstler aufbauen. Der befreundete Architekt David Chipperfield hat bereits Pläne für einen Anbau entworfen. Achenbach selbst zog in eine Dachgeschosswohnung in Köln, die ihm der Journalist und Autor Günter Wallraff zur Verfügung stellt. Bis er seine Schulden in Millionen-Euro-Höhe zurückgezahlt hat, darf der ehemalige Millionär von den Einnahmen seiner Tätigkeiten nur ein durchschnittliches Monatseinkommen behalten, der Rest wird gepfändet. Und dennoch träumt Helge Achenbach, der sich selbst als Narzissten beschreibt, noch immer von den ganz großen Geschäften. Dem Magazin *Stern* berichtete er im September 2019 von einem potenziell großen Deal auf Mallorca, bei dem es um die Verwandlung einer Scheich-Finca in einen Skulpturenpark gehen soll. Achenbach scheint wieder einmal ein großes Geschäft im alten Metier zu wittern.

Seine letzte Autobiografie, die im Herbst 2019 erschien, trägt zwar den Titel *Selbstzerstörung,* und Achenbach formuliert darin auch Selbstkritik und Schuldeingeständnisse – doch über weite Strecken liest es sich wie ein langes »War ja nicht alles so schlimm«. In vielen Anekdoten skizziert sich Achenbach als wagemutigen Mann mit dem richtigen Gespür zur rechten Zeit. Gern beziffert er die angeblichen Wertsteigerungen der von ihm einst vermittelten Kunstwerke von Gerhard Richter, Yves Klein oder Andy Warhol. Geradezu zwanghaft muss er die Renditen und Gewinnzuwächse seiner Kunstgeschäfte nennen – zu den Bildverkäufen an die Aldi-Albrechts gibt es sogar eine Tabelle mit geschätzten Wertsteigerungen. Immer sind es große Millionenbeträge, wenn nicht Milliarden. Die Kunst, die er im Laufe seiner wechselvollen Karriere vermittelte, sei heute vier oder fünf Milliarden wert, behauptet er. Das Buch liest sich wie eine nachträgliche Verteidigungsschrift – und wie der verzweifelte Versuch, gesellschaftlich wieder Fuß zu fassen.

Maßlos, großmannssüchtig, narzisstisch – alle Adjektive, mit denen sich Achenbach selbst belegt, können auch für den Kunstmarkt gelten. »Wer sich in diesem Haifischbecken bewegt, egal ob Händler, Galerist oder Künstler, weiß, dass falsches Spiel hier nicht die Ausnahme ist, sondern die Regel«, schreibt Achenbach in seinem Buch. Es gebe eine Kultur des Kunstmarkts, die »Zynismus und Korruption begünstigt, die den Ehrlichen zum Dummen macht«. Helge Achenbach war jahrzehntelang einer, der diese Kultur mitgeprägt hat. Und der anscheinend immer noch versucht ist, als Haifisch wieder auf Jagd zu gehen.

Im Dezember 2019 kündigte er an, den Verkauf von rund 500 Zeichnungen vermitteln zu wollen, die angeblich Gerhard Richter vor seiner Flucht in den Westen 1961 in der DDR zurückgelassen haben soll. Das Konvolut, dessen Besitzverhältnisse unklar und umstritten sind, kursiert seit mehr als zehn Jahren am Kunstmarkt. Der Künstler selbst hat mehrfach betont, dass er auch jene Arbeiten, die von ihm stammen könnten, nicht seinem künstlerischen Œuvre zurechnet.

Kapitel 6

Schmutziges Geld und saubere Kunst

Van Gogh im Keller, Basquiat in der Kiste – wie der Kunstmarkt der internationalen Geldwäsche dient

Irgendetwas konnte mit diesen Preisen eigentlich nicht stimmen – auch wenn es nur Schätzungen waren: ein kleines, typisches, signiertes Joan-Miró-Pastell auf Karton – nur 30 000 Euro. Eine um 1880 entstandene Kreideskizze von Edgar Degas für 10 000, eine Bleistiftzeichnung von Amedeo Modigliani für 20 000, ein etwas ausgeblichenes Collioure-Aquarell von Henri Matisse für 30 000 Euro. All diese Taxen waren ebenso deutlich zu niedrig wie die 50 000 Euro, die zwei sitzende Bauersfrauen in Pissarro-typischen leuchtenden Pastelltönen kosten sollten. Und doch war alles in Ordnung mit den 55 Werken großer Künstlerinnen und Künstler der Klassischen Moderne, die Ende Oktober 2019 im Auktionshaus Pandolfini in Florenz unter den Hammer kamen. Selbst ein abstraktes Kandinsky-Aquarell von 1931, eine etwas kitschige Chagall-Gouache mit seinen beliebten Versatzstücken Hahn, Liebespaar und Geiger und eine pointillistische Landschaft von Signac waren – wie sonst, bei solchen Niedrigschätzungen – keine Fälschungen oder Werke mit schlechtem Erhaltungszustand. Alle Bilder verfügten über Gutachten der maßgeblichen Fachleute, waren in den relevanten Werkverzeichnissen zu finden oder in den vergangenen Jahrzehnten bereits in seriösen Galerien und Auktionshäusern verkauft worden.

Das Geheimnis hinter der Sammlung, die unter dem Titel *Wiedergefundene Schätze* beworben wurde, betraf den Einlieferer. Versteigert wurden diese und 123 weitere, nur online angebotene Kunstwerke nämlich nicht von einem Privatsammler, sondern vom staatlichen italienischen Institut für Gerichtsverkäufe – und das aus gutem Grund. Alle 178 Werke waren weder verschollen gewesen, noch handelte es sich um »wiedergefundene Schätze«. Ganz im Gegenteil: Jeder konnte die Gemälde, Gouachen, Aquarelle, Zeichnungen und Plastiken kennen. Im Dezember 2009 waren einige der wichtigsten Bilder sogar in den Hauptnachrichten des italienischen Fernsehens zu sehen gewesen. Auch Medien in anderen europäischen Ländern berichteten damals darüber, wie Carabinieri in grauen Uniformen und Schirmmützen die Werke behutsam in einen Saal der Finanzverwaltung trugen. Bei einigen, wie van Goghs frühem *Stillleben mit Apfelkorb,* sah man, dass es sich nur um Reproduktionen handelte. Bei anderen wurden der versammelten Presse tatsächlich die Originale vorgeführt. Diese Kunstwerke hatten einem Unternehmer dazu dienen sollen, Geld vor dem Staat zu verstecken. Die Sache flog auf, und deshalb war es die Finanzbehörde, die Kunst im Herbst 2019 zu solch niedrigen Schätzpreisen versteigern ließ.

14 Milliarden Schulden

Es handelte sich um den ehemaligen Besitz des italienischen Großindustriellen Calisto Tanzi, der vor allem mit dem 1961 gegründeten Lebensmittelkonzern Parmalat zum Milliardär geworden war. Als das Unternehmen 2003 in die Insolvenz ging, blieben 14 Milliarden Euro Schulden und 32 000 geschädigte Investoren und Kleinanleger zurück. Tanzi wurde wegen Börsenmanipulation und Korruption zunächst zu zehn Jahren und in einem zweiten Prozess wegen Insolvenzbetrugs und Bildung einer kriminellen Vereinigung 2010 noch einmal zu 18 Jahren Haft verurteilt. Teile seines Privatvermögens blieben verschwunden – bis sein Schwiegersohn zwischen beiden Verfahren die Steuerfahndung in drei Wohnungskeller in Parma führte.

Dort hatte Tanzi versucht, Geld und Besitz auch in Form von Kunstwerken zu verstecken. Als diese gefunden wurden, schätzten Medien den Gesamtwert der Sammlung auf rund 100 Millionen Dollar – wohl vor allem wegen der Namen van Gogh, Gauguin, Cézanne, Manet, Degas, Signac, Monet oder Modigliani. Tatsächlich handelte es sich aber bei den meisten Bildern weder um Hauptwerke noch um großformatige und damit automatisch teure Arbeiten. Entsprechend behutsam legten die italienischen Finanzbehörden die Schätzpreise fest – selbst bei teureren Bildern. Eine signierte Varengeville-Ansicht von Claude Monet, von ihm selbst auf 1882 datiert, wurde mit moderaten 800 000 Euro aufgerufen – und erzielte schließlich 1,53 Millionen Euro. Auch um van Goghs Frühwerk *Stillleben mit Apfelkorb* von 1885 für 280 000 Euro und seine erstaunlich große Wasserfarbdarstellung einer Kopfweide für nur 80 000 Euro weniger gab es Bietergefechte, die schließlich mit Zuschlägen weit oberhalb der Schätzpreise endeten: 495 000 Euro für das Obstbild, 800 500 Euro für den aquarellierten Baum. Im Online-Teil der Auktion wurde allerdings transparent, dass der verurteilte Betrüger Calisto Tanzi sich gelegentlich auch selbst übers Ohr hauen ließ. Verschiedene dort angebotene Werke trugen den Hinweis »Werk ist nicht authentisch« – angebliche Gemälde von Giovanni Boldini und Giovanni Fattori zum Beispiel oder gefälschte Bronzen nach Giorgio de Chirico und Alberto Giacometti. Dessen angebliche Arbeit *Weibliche Figur,* für die Tanzi deutlich mehr bezahlt haben dürfte, wurde für nur 800 Euro angeboten – zugunsten der italienischen Staatskasse und der Parmalat-Opfer.[144]

»*Kunst ist attraktiv für Geldwäsche*«

Wenn man Geldwäsche als den Versuch definiert, illegal erworbenem Geld durch Käufe und Verkäufe den Anschein zu geben, es handele sich in Wahrheit um vollkommen legal erworbenes Geld, dann ist Calisto Tanzi kein Einzelfall. In allen großen Enthüllungen über illegale Vermögensverschleierung – hießen sie nun »Panama Papers«, »Paradise Papers«, »Bahamas Leaks«, »Offshore Leaks« oder »Russian Laundromat« – spielte die Anlage von Schwarzgeld in Kunst eine maßgebliche Rolle. Der brasilianische Richter, Kriminalwissenschaftler und Geldwäsche-Experte Fausto Martin de Sanctis hat in seinem Standardwerk *Money Laundering Through Art (Geldwäsche durch Kunst)* die Gründe dafür benannt, dass der Kunsthandel in diesem Bereich in den vergangenen Jahren immer bedeutender geworden ist: »Kunst ist ein attraktiver Sektor für die Praxis der Geldwäsche wegen der großen finanziellen Transaktionen, der durchgängige Fremdheit und Vertraulichkeit, die die Kunstwelt umgeben, und der ungesetzlichen Aktivitäten, die mit ihr verbunden sind (Diebstahl, Raub und Fälschung).«[145] Und de Sanctis weist darauf hin, dass es weder in der Branche selbst noch gesamtgesellschaftlich ein ausreichendes Problembewusstsein gebe: »Fortwährende Toleranz gegenüber illegalen Aktivitäten in der Kunstwelt, die bekanntermaßen weit verbreitet ist, untergräbt den Markt und seine Glaubwürdigkeit in einem Ausmaß, das es Behörden unmöglich gemacht hat, die bewährten Verfahren ordentlich durchzusetzen, die sowohl das Gesetz als auch die Gesellschaft verlangen.«

Konkrete Beispiele aus den vergangenen Jahren belegen diese Beobachtungen. Eine Klimakiste zum Beispiel, die 2007 als Frachtgut am New Yorker Kennedy International Airport abgefertigt werden sollte, kam dem Zollpersonal doch etwas zu groß und teuer für das vor, was sie angeblich enthalten sollte. Ein Kunstwerk im Wert von gerade einmal 100 Dollar gaben die Begleitpapiere aus London an, wo die Sendung aufgegeben worden war; ein Titel oder Künstler wurden nicht genannt. Die angeordnete Kontrolle ergab, dass die Box tatsächlich das 1982 entstandene Gemälde *Hannibal* des Malers Jean-Michel Basquiat enthielt: 152 mal 152 Zentimeter groß, Acrylfarbe und Papiercollage auf Leinwand, die auf vier an den Enden zusammengebundene Holzstäbe gespannt war – Wert: mindestens acht Millionen Dollar.

Das kostbare Bild war eines von rund 12 000 Werken, die der brasilianische Bankier F. zusammengekauft hatte. Nach Meinung der Strafverfolgungsbehörden geschah das mit Geld, das er aus Anlegerfonds der Banco Santos abgezogen und veruntreut hatte. Als sein System 2004 zusammenbrach, hinterließ F. Schulden in Höhe von einer Milliarde Dollar. Bevor er zwei Jahre später in São Paulo wegen Bankbetrugs, Steuerhinterziehung und Geldwäsche zu 21 Jahren Haft verurteilt wurde, gelang es dem Bankier, Kunstwerke im Wert von mindestens 30 Millionen Dollar aus Brasilien herauszuschmuggeln. Viele Werke – auch das Basquiat-Bild – hatten F. und seine Frau über eine in Panama registrierte Firma mit Namen Broadening-Info Enterprises gekauft. Dieses Unternehmen versuchte später auch, die Bilder über den Kunsthandel wieder zu verkaufen. Wo das gelang, wurde auf diese Weise aus illegal erworbenem Geld über die Kunst weißgewaschenes Geld, dessen Herkunft kaum nachzuvollziehen war. »Man kann eine Transaktion durchführen«, erläutert Sharon Cohen Levin, Chefin der Abteilung für Vermögensabschöpfung im New Yorker Büro des US-Staatsanwaltes, »bei der der Verkäufer nur als ›Privatsammler‹ gelistet ist, und der Käufer ist auch nur ein ›Privatsammler‹. In jedem anderen Gewerbe würde damit niemand davonkommen.«[146]

Zumal die Preise im Kunsthandel freihändig festgelegt werden können: Wie viel ein Besitzer für ein Basquiat-Bild fordert und wie viel ein Interessent zu zahlen bereit ist, legt häufig allein das gute alte Wechselspiel von Angebot und Nachfrage fest, das sich im Kunstmarkt meist auf ein Unikat, also auf ein nicht vergleichbares Objekt, bezieht. Die großen Auktionsrekorde der vergangenen Jahre sind auf diese Weise zustande gekommen. Auch die wenigen spektakulären Preisrekorde, die aus dem diskreten Privathandel an die Öffentlichkeit gedrungen sind, lassen vermuten, dass es nach oben keine Grenzen gibt: angeblich 300 Millionen Dollar für Paul Gauguins Tahiti-Bild *Nafea faa ipoipo* aus der Sammlung Staechelin, angeblich 320 Millionen für Paul Cézannes *Kartenspieler* aus der Sammlung Embiricos. Andererseits lässt sich bei keinem dieser Preise belegen, dass sie wirklich gezahlt und nicht nur behauptet wurden.

Picasso, Matisse und Damien Hirst

Der Kunsthändler Matthew G., dessen Vater eine Galerie in London gehört, wurde im Frühjahr 2018 vom US-Justizministerium beschuldigt, an einem sich über viele Jahre hinziehenden Betrugsverfahren beteiligt gewesen zu sein. Es ging auch um Geldwäsche. Den Ermittlungen zufolge hatten zwei Manager der Investmentfirma Beaufort Securities über illegale Kursmanipulationen Anleger um deren Geld betrogen. Die illegalen Gewinne seien dann, so die 29 Seiten umfassende Anklageschrift, unter anderem über den Kunstmarkt gewaschen worden. G., den britische Medien als Bekannten von Premierminister Boris Johnson bezeichnen, flog im Februar 2018 bei einem Treffen mit einem vermeintlichen Kunden in London auf. Tatsächlich handelte es sich um einen verkabelten Undercoveragenten, der in seiner Rolle angab, dass auch er über Börsenmanipulationen illegales Geld angehäuft habe. G. bot dem vermeintlichen Kunden laut Anklage an, das 1965 entstandene

Picasso-Gemälde *Personnages* für 6,7 Millionen Dollar pro forma zu verkaufen. Nach einer bestimmten Zeit würde G. das Gemälde dann wieder verkaufen und danach die 6,7 Millionen über eine US-Bank auf ein Konto des Mannes überweisen, der so tat, als wollte er auf diese Weise ganz offensichtlich Geld waschen – tatsächlich aber ein verdeckter Ermittler war.[147] Damit hatte sich G. nach Ansicht der Ermittler der Beihilfe schuldig gemacht. Im Mai 2019 ging seine Galerie bankrott.[148] Der Kunsthändler floh nach Spanien, wo er sich einer Behandlung in einer Suchtklinik unterzog. Ein Prozess hat bislang nicht stattgefunden.

In New York bekannte sich am 11. Mai 2009 der ehemalige Anwalt Marc Dreier des Betrugs und der Geldwäsche für schuldig. Ähnlich wie der berüchtigte 65-Milliarden-Dollar-Betrüger Bernie Madoff hatte er über einen Zeitraum von fünf Jahren professionelle Geldanleger wie Hedgefonds mit gefälschten Schuldscheinen um insgesamt 400 Millionen Dollar betrogen.[149] Das auf diese Weise ergaunerte Vermögen wusch er weiß, indem er dafür unter anderem Kunstwerke erwarb. Eine Auflistung seiner Vermögenswerte durch die New Yorker Staatsanwaltschaft umfasst mehr als 150 Arbeiten – darunter Gemälde von Alex Katz (*Red Tulips,* 1967), Roy Lichtenstein (*First Painting with bottle,* 1975), Agnes Martin (*Loving Love,* 2000), Mark Rothko (*Untitled,* 1957–63) und neun Leinwände von Andy Warhol. Offenbar fragte niemand nach, woher das Geld stammte, mit dem er in Galerien und Auktionshäusern bezahlte.

Verkäufe über Panama

In den »Panama Papers« findet sich die Geschichte der griechischen Familie Goulandris – einer von mehreren Reederdynastien, die ihr Vermögen unter anderem in großen Kunstsammlungen anlegten, die über Off-Shore-Unternehmen verwaltet wurden oder ihnen nominell sogar gehörten. Der Kontrolle ihres Heimatlandes waren sie damit zumindest teilweise entzogen.

Verliehen hatte das Ehepaar Basil und Elise Goulandris seine Bilder immer gern. Die beiden besaßen Gemälde, für die mancher Museumsdirektor einen Mord begehen würde. Ein Selbstbildnis von Cézanne zählt dazu, eine der berühmten Ansichten, die Monet von der Kathedrale in Rouen malte, abstrakte Bilder von Kandinsky und Klee, ein Porträttriptychon von Francis Bacon, ein Drip-Painting von Jackson Pollock und gleich ein halbes Dutzend Hauptwerke von Vincent van Gogh – darunter das berühmte *Stillleben mit Kaffeetopf*, eine Variante der *Olivenpflückerinnen* oder eine Ansicht der Gräberallee *Les Alyscamps* im südfranzösischen Arles. Rund zweihundert Werke im Gesamtwert von geschätzt einer halben Milliarde Dollar hatten beide im Laufe eines halben Jahrhunderts zusammengetragen. Basil Goulandris sorgte 1957 weltweit für Schlagzeilen, als er – in ständiger Sammlerkonkurrenz zu seinen Landsleuten Stavros Niarchos, George Embiricos und Aristoteles Onassis – in Paris für ein *Stillleben mit Äpfeln* von Gauguin den damaligen Weltrekordpreis von umgerechnet 297 000 Dollar bezahlte. Fast alles, was danach folgte, hatte museale Qualität: eines der letzten Bilder zum Beispiel, das Cézanne 1906 kurz vor seinem Tod von seinem Gärtner malte. Viele Werke hingen, wie Fotos belegen, über die Wintermonate im Chalet in Gstaad; über den Sommer wurden die Bilder dann in die Villa nach Lausanne oder in ein Lagerhaus gebracht.

Wer immer für eine Retrospektive oder Themenausstellung eines der Bilder benötigte, konnte auf die Unterstützung des Sammlerpaars mit Wohnsitz in der Schweiz rechnen. Im Sommer 1999, ein Jahr vor ihrem Tod, entschied sich Elise Goulandris sogar, die Hauptwerke für knapp drei Monate öffentlich zu zeigen – im kleinen strahlend weißen Kunstmuseum auf der Kykladeninsel Andros, das das Paar selbst hatte bauen lassen. Verkauft wurde zu Lebzeiten der Sammler nur selten. Ein zweites Kathedralen-Bild von Monet wechselte 1990 über die Baseler Galerie Beyeler in die Sammlung der japanischen Sicherheitsfirma Nomura: Zwei Fassungen desselben Motivs schienen selbst für Milliardäre ein zu großer Luxus.

Im April 1994 starb Basil Goulandris, der sein Geld mit den Tankern der Orion Shipping & Trading Company gemacht hatte und vor der Demokratisierung in seinem Heimatland enge Kontakte zum dortigen Militärregime unterhalten hatte, im Alter von 81 Jahren. Seine Frau Elise überlebte ihn um sechs Jahre. Noch zu Lebzeiten hatten beide festgelegt, dass ein Kernbestand ihrer Sammlung einmal in einem Museum in Athen gezeigt werden sollte. Mit dem Bau war der japanische Architekt Ieoh Ming Pei beauftragt worden: Grundfläche: zehntausend Quadratmeter. Geschätzte Kosten: rund 27 Millionen Euro. Der griechische Staat stellte ein Grundstück zur Verfügung. Der Bau stoppte aber schon, als Arbeiter im Herbst 1996 beim Ausschachten auf die antiken Mauern eines Lyzeums stießen, in dem angeblich schon Aristoteles seine Schüler unterrichtet haben soll. Ein anderer Standort scheiterte am Protest von Anwohnern. 2009 dann gab die drei Jahrzehnte zuvor für den Erhalt der Sammlung gegründete Goulandris-Stiftung den Kauf eines neoklassizistischen Gebäudes im Viertel Eratosthenous im Vorort Pangrati mit immerhin noch 7000 Quadratmetern Fläche bekannt. Bis 2012 sollte dort das Goulandris-Museum entstehen. Es folgten die drohende griechische Staatspleite, drastische Sparmaßnahmen und Steuererhöhungen. Erst im Oktober 2019 wurde das Goulandris-Museum tatsächlich eröffnet. Nur mit einem Teil der ursprünglichen Sammlung allerdings: Manche Bilder waren in der Zwischenzeit verkauft worden.

Undurchsichtige Transaktionen

Eine Nichte des Sammlerpaares, Aspasia Zaimis, reichte deshalb in der Schweiz Klage ein, weil sie den letzten Willen vor allem ihrer Tante missachtet sah und befürchtete, dass Bilder unter der Hand verkauft worden sein könnten. Was von ihrem persönlichen Besitz nicht antik und nicht für ein Museum geeignet sei, so soll die kinderlose Elise Goulandris verfügt haben, sollten ihre Nichten und Neffen erhalten. Tatsächlich seien aber zahlreiche Werke verschwunden, beklagte Zaimis, der ein Sechstel des Nachlasses zustünde, gegenüber der Nachrichtenagentur *Bloomberg*. Zitiert wurde dort ein auf 1995 datierter Vertrag, nach dem Basil Goulandris 83 Werke an eine panamaische Firma namens Wilton Trading S.A. verkauft haben soll – für zusammen gerade einmal 31,7 Millionen Dollar, weit unter dem Marktwert also.

Die schon 1981 gegründete Wilton Trading S.A., für die aber erst 1995 Direktoren benannt wurden, habe formal Goulandris' 2005 gestorbener Schwägerin Maria gehört, bestätigte gegenüber dem Schweizer Gericht deren Sohn Peter John Goulandris. Sein Onkel habe Geld benötigt, um Schulden zu begleichen. Deshalb sei er mit dem Preis einverstanden gewesen. Außerdem habe Maria »Doda« Voridis zugestimmt, dass die verkauften Werke auch weiterhin im Chalet von Basil und Elise Goulandris in Gstaad hängen bleiben dürften. Teile des Konvoluts sollen Mitte 1992 in die im liechtensteinischen Vaduz registrierte Stiftung Sirina überführt worden sein. Dieser Darstellung widersprechen, aus Sicht der klagenden Aspasia Zaimis, verschiedene Fakten. So sei nach einem Gutachten der Lausanner Staatsanwaltschaft der Vertrag von 1985 auf einem Papier verfasst worden, das es vor 1988 nicht gegeben habe. Der an Parkinson erkrankte Basil Goulandris sei 1988 auch nicht mehr in der Lage gewesen, eine Unterschrift zu leisten. *Bloomberg* berichtete, dass in den Versicherungsunterlagen für das 1993 ans Museum of Modern Art in New York ausgeliehene Miró-Gemälde *Paysage (La Sauterelle)* Basil Goulandris als Besitzer genannt sei – und nicht Wilton Trading, die es angeblich acht Jahre zuvor gekauft haben soll. Und auch bei der Ausstellung im Jahr 1999 auf Andros, bei der Werke von Bacon, Balthus, Bonnard, Braque, Cézanne, Ernst, Gauguin, Giacometti, van Gogh, Kandinsky, Klee, Léger, Miró, Monet, Picasso, Pollock, Rodin, Toulouse-Lautrec und ein Exemplar der Degas-Skulptur *Tänzerin von 14 Jahren* gezeigt wurden, deutete nichts darauf hin, dass sie nicht Eigentum des Paars gewesen seien.

Zaimis' Miterben – ihre Schwester und vier weitere Nichten und Neffen – widersprachen ihrer Klage ausdrücklich über einen gemeinsamen Anwalt. Alles gehe mit rechten Dingen zu, entgegnete auch Elise Goulandris' Testamentsvollstrecker Kyriakos Koutsomallis, gegen den die Schweizer Behörden wegen des Verdachts auf Vortäuschung falscher Besitzverhältnisse und Weitergabe gefälschter Dokumente ermittelten. Auch Peter John Goulandris, einer der Miterben, ließ über seinen Anwalt mitteilen: »Es gibt ein Grundstück für das Museum und fortgeschrittene Pläne und Vorbereitungen für seinen Bau. Die Gemälde, um die es geht, waren Teil einer privaten Transaktion zwischen Basil Goulandris und Wilton Trading S.A., etwa zehn Jahre vor seinem Tod.«

Tatsächlich wurden allerdings auch noch nach dem Tod von Basil und Elise Goulandris Werke verkauft, die zwar nicht antik, dafür aber so museal sind, dass jeder Museumsdirektor für sie sofort eine Wand freiräumen würde. Vincent van Goghs kurz vor seinem Tod 1890 entstandenes Doppelbildnis *Zwei Kinder* zum Beispiel vermittelte der New Yorker Kunsthändler Alexander Apsis im Januar 2002 an den Inhaber der Investmentfirma Perpetual Corporation, Joseph Albritton, in Washington. Der verdankt sein Vermögen unter anderem Geschäften mit dem Regime des chilenischen Diktators Augusto Pinochet. Der kolportierte Kaufpreis lag bei siebzehn Millionen Dollar. Apsis vermittelte auch van Goghs spätes Blumenstillleben *Vase mit Zinnien* aus der Sammlung Goulandris an eine Privatsammlung. Weitere Gemälde tauchen in den Panama Papers auf, weil auch sie über offenbar eigens in Überseestaaten gegründete Firmen verkauft wurden. Van Goghs *Stillleben mit Korb und Orangen* von 1888 fand demnach um 2005 über Alexander Apsis und die Galerie Heather James in Palm Desert den Weg nach

Kalifornien in die Sammlung eines Direktmarketing-Tycoons und seiner Frau. Verkäuferin war eine Firma mit Namen Jacob Portfolio Incorporated. Ebenfalls im Frühjahr 2005 wurden gleich mehrere Goulandris-Gemälde über Sotheby's angeboten. Einlieferer waren erneut unterschiedliche Unternehmen: für Pierre Bonnards Aktbild *Dans le cabinet de toilette* Tricorno Holdings, für Marc Chagalls *Les Comédiens* Heredia Holdings, für *Le Violoniste Bleu* desselben Künstlers Talara Holdings. Alle Firmen, so ergaben Recherchen des International Consortium of Investigative Journalists (ICIJ), waren erst kurz vor den Transaktionen gegründet und bald darauf wieder geschlossen worden. Gemeinsame Inhaberin aller vier Gesellschaften: Maria »Doda« Voridis.[150]

Kunst einkaufen wie Herr Low

Für Schlagzeilen sorgte im Sommer 2016 auch die eindrucksvolle Liste von Kunstwerken, die Eileen M. Decker, Staatsanwältin in Los Angeles, vorlegte. Noch eindrucksvoller waren die Preise, die dafür ein einzelner Kunde beim Auktionshaus Christie's bezahlt hatte – drei Jahre zuvor, innerhalb von gerade einmal sechs Monaten. Lange konnte sich jener Käufer an der Sammlung, die wohl von Anfang an allein als Investitionsobjekt zusammengekauft worden war, allerdings nicht erfreuen: Im Juli des Jahres beschlagnahmte die Schweizer Polizei Teile davon im Zollfreilager am Genfer Flughafen Cointrin. In Malaysia trugen diese Kunstkäufe danach maßgeblich zu einer Staatskrise bei. In der Schweiz ermittelte die Finanzmarktaufsicht gegen mehrere Banken, eine davon – die Tessiner Bank BSI – wurde im Mai 2017 von der Schweizer Finanzmarktaufsicht aufgelöst.[151]

Der anonyme Käufer, von dem zunächst nur bekannt geworden war, dass er aus Asien komme, ließ es im Mai 2013 noch eher bescheiden angehen, mit vergleichsweise preiswerten Einkäufen auf der Benefizauktion »11th Hour« zugunsten von

Leonardo DiCaprios Umweltstiftung LDF. Für Mark Rydens *Bienenkönigin* bezahlte der Unbekannte damals 717000, für das Textbild *Bliss Bucket* von Ed Ruscha 367500 Dollar. Außerdem wurden ihm zwei Plastiken von Alexander Calder zugeschlagen: ein *Standing Mobile* für 5,4 und die Arbeit *Tic Tac Toe* für drei Millionen Dollar. Zwei Tage später belastete er das Kundenkonto Nr. XXX7644, das er erst wenige Tage zuvor im Namen einer Tanore Finance Corporation bei Christie's eröffnet hatte, dann so richtig: Bei der New Yorker Auktion mit zeitgenössischer Kunst, die sich am Ende mit dem bis dahin höchsten Gesamtumsatz einer Einzelauktion, nämlich 495 Millionen Dollar, in die Kunstmarktgeschichte einschreiben sollte, ließ er sich allein zwei Mobiles von Alexander Calder für 5,3 und für drei Millionen Dollar und das Gemälde *Dustheads* von Jean-Michel Basquiat für den damaligen Rekordpreis von 48,8 Millionen Dollar zuschlagen. Sechs Wochen später, am 28. Juni, folgten per Direktkauf bei Christie's ein *Concetto Spaziale, Attese* von Lucio Fontana und das Farbfeldbild *Untitled (Yellow and Blue)* von Mark Rothko für zusammen 79,5 Millionen Dollar.

Geld stammt nicht aus Familienvermögen

Und es ging munter weiter: Mit Millionenverkäufen für die New Yorker Impressionisten-Auktion in der ersten Novemberwoche 2013 ließ sich der Topkunde dann rechtzeitig eine diskrete Skybox für zwölf Personen im Rockefeller Center reservieren, zu der ein Christie's-Mitarbeiter einem Kollegen per E-Mail mitteilte: »Es sollte innen besser aussehen als im [Las-Vegas-Kasino] Caesars Palace. Die Box ist für den Kunden mindestens so wichtig wie die Kunst.« Von der Privatlounge oberhalb des Auktionssaales aus ersteigerte der große Unbekannte van Goghs Rohrfederzeichnung des *Gelben Hauses* im südfranzösischen Arles für 5,5 Millionen Dollar. Mit Monets Venedig-Ansicht *Saint-Georges Majeur,* die er für 35 Millionen Dollar bei SNS

Fine Art, einer Tochterfirma der Kunsthändlerfamilie Nahmad, kaufte, schloss er dann eine Woche vor Weihnachten die New Yorker Einkaufstour ab. Das sonnendurchflutete Bild hatte zuvor im Art Institute of Chicago gehangen. Erst ein halbes Jahr später, im Juni 2014, folgte noch der Kauf des Seerosenbildes *Nymphéas avec Reflets de Hautes Herbes* von Monet bei Sotheby's in London für 33,8 Millionen Pfund. Auf mehr als eine Viertelmilliarde Dollar summierte sich damit der Gesamtwert der Kunstkäufe des vermutlichen Asiaten, der die meisten seiner Werke bald in ein Lagerhaus nach Genf bringen ließ. Die beiden Monets und die Van-Gogh-Zeichnung wurden dort jedenfalls im Juli 2016 beschlagnahmt.[152]

Nachdem in der Angelegenheit ermittelt wurde, stand für die Staatsanwaltschaft schnell fest, dass hinter der Tanore Finance Corporation der malaysische Investor und angebliche Milliardär Jho Low steckte, der in den vergangenen Jahren auch durch spektakuläre Kunst- und Immobilienkäufe in Beverly Hills und in New York Aufsehen erregt hatte. Das Geld dafür, so ergaben die Ermittlungen in den Vereinigten Staaten, stammte allerdings nicht aus seinem Privatvermögen, sondern aus einem milliardenschweren Staatsfonds mit dem Namen 1 Malaysia Development Bhd (1MDB). Eigentlich hatte ihn die malaysische Regierung mit staatlichen Mitteln gegründet, um Entwicklungsprojekte abzusichern. Inzwischen stellte sich aber heraus, dass Personen aus dem engsten Umfeld des Premierministers von Malaysia, Najib Razak, mehr als eine Milliarde Dollar aus dem Staatsfonds über Jahre hinweg durch fingierte Anteilskäufe abgezweigt haben sollen. Schon kurz nach den ersten 1MDB-Geschäften, so ergaben Ermittlungen, wurden mindestens 500 Millionen Dollar auf ein Konto transferiert, das Low kontrollierte. Von dort aus fanden Überweisungen auf andere Konten statt, die zum Teil Verwandten von Low gehörten.[153] Der Regierungschef selbst wurde ebenfalls beschuldigt: Seine Frau soll unter anderem eine Kette mit 22-karätigen Diamanten im Wert von annähernd 30 Millionen Dollar erhalten haben. Najib behauptete später, die hohen Summen auf seinen Konten seien ein Geschenk der saudi-arabischen Königsfamilie gewesen. Tatsächlich ließen sich Überweisungen bis zu Tanore zurückverfolgen – jener Gesellschaft, über die Jho Low veruntreute Staatsgelder verteilt hatte. Najib wurde im Mai 2018 abgewählt und zwei Monate später wegen des Verdachts auf Untreue und Geldwäsche in Haft genommen. In seinen Wohnsitzen wurden Kunstwerke, Luxusgüter und Bargeld im Wert von 300 Millionen Dollar sichergestellt. Weitere 700 Millionen Dollar fanden die Ermittler auf einem Bankkonto von Najib, gegen den inzwischen mehrere Prozesse laufen. Im Dezember 2019 bezeichnete er sich vor Gericht in Kuala Lumpur als unschuldig.

Auch die Kunstkäufe, die Jho Low später mit dem staatlichen Geld bezahlte, dienten den Ermittlungen zufolge keinem anderen Zweck als der Geldwäsche. Lows Aufgabe war es wohl, die veruntreuten Staatsgelder in möglichst großen Summen auszugeben. Dazu eignen sich nach übereinstimmenden Studien aus den vergangenen Jahren in der Schweiz, den USA, Brasilien und Deutschland neben Immobilien und teuren Jachten vor allem Kunstwerke. Schon 2012 warnte das Basel Institute on Governance, eine Non-Profit-Forschungseinrichtung, vor der großen Zahl illegaler und verdächtiger Transaktionen im Kunstsektor.[154] Die Schweizer Rechtsanwältin und Professorin für Compliance und Finanzmarktrecht an der Hochschule Luzern, Monika Roth, wurde zwei Jahre später konkreter als sie dokumentierte: »Es wurde festgestellt, dass Drogengeschäft, Waffenhandel, Geldwäscherei und Kunstverbrechen eng zusammenhängen.«[155] Die unabhängige Wissenschaftlerin benannte auch einen Grund für diese zunächst überraschende Nähe zwischen schmutzigen Geschäften und dem vermeintlich so edlen Geschäft mit dem Guten, Schönen, Wahren – der Kunst: »Der Schluss, dass Antiquitäten und Kunst für die Geldwäscherei geeignet sind, liegt nahe, zumal Barzahlungen selbst in großen Beträgen nichts Ungewöhnliches sind und irrationale Summen im Spiel sind.«[156]

Tatsächlich muss niemand begründen, warum sie oder er für eine Zeichnung von van Gogh oder ein Bild von Monet heute dreißigmal so viel bezahlt, wie das Werk noch vor fünf Jahren gekostet hatte: Der Markt hat sich eben verändert, und den Preis hat dann ein – natürlich anonymer – Gegenbieter in diese Höhe getrieben. Ob es den Konkurrenten jemals gegeben hat, kann niemand nachweisen. In den Auktionshäusern war auch jahrzehntelang das sogenannte »Chandelier Bidding« akzeptiert und üblich: Damit der finale Zuschlagpreis so hoch wie möglich ausfiel, wurde – nach einem unbestimmten Blick in den Chandelier, den Kronleuchter, im Saal – einfach behauptet, ganz hinten habe gerade jemand die Hand für ein neues Gebot gehoben.

Verkäufer und Käufer können in einer Auktion – über Strohleute – dieselbe Person sein. Manchmal genügen auch der schnelle Blick ins Versteigerungsbuch auf dem »Rostrum«, dem Auktionatorenpult, und die Ansage, dort sei ein vor der Auktion schriftlich eingereichtes Gebot verzeichnet, um den Preis künstlich hochzutreiben. Auch solche Behauptungen lassen sich bis heute von niemandem überprüfen. Noch unübersichtlicher wird es, wenn ein Verkauf nicht über eine Auktion, sondern im Rahmen eines privaten Geschäfts (»Private Sale«) stattfindet und angebliche konkurrierende Interessenten ins Spiel kommen. Für solche privaten Transaktionen haben viele Auktionshäuser längst eigene Abteilungen eingerichtet. Und wer nicht verkauft, setzt ein mit illegalem Geld gekauftes Kunstwerk als Sicherheit für einen Kredit ein und löst es anschließend nicht wieder aus. Auch dabei mag ein finanzieller Verlust entstehen. Selbst wer nur die Hälfte des Werts des Bildes oder der Skulptur erhält, hat anschließend aber saubergewaschenes Geld in der Hand.

Die angeblich auf Tradition beruhenden Gepflogenheiten wie

ein brancheneigenes »Geschäftsgeheimnis«, das es in dieser Form in keinem anderen Segment des internationalen Güterhandels gibt, und häufige Barzahlungen entsprechen auf optimale Weise den Bedürfnissen der individuellen wie der organisierten Kriminalität, fasst Monika Roth zusammen:

»Der Kunstmarkt lässt sich mit seiner von Diskretion und Intransparenz geprägten Kultur nur schwer kontrollieren. Die Identifikation der Kunstgegenstände ist schwierig. Aufgrund subjektiver Einflüsse lässt sich der Wert der Gegenstände nur schwer bestimmen.

Es sind erhebliche Summen im Spiel. Geldwäscherei beeinflusst den Wert der Gegenstände, wodurch es zu Marktmanipulationen kommt. Steuerbetrug ist in diesem Bereich gang und gäbe. Die Transaktionen lassen sich heimlich abwickeln. Die Geschäftspartner können anonym oder virtuell bleiben. Auktionen lassen sich leicht manipulieren.«[157]

Dass mit dieser Analyse nicht der Kunsthandel als solcher in die Nähe organisierter Kriminalität gerückt werden kann und soll, steht für die Wissenschaftlerin ebenfalls fest. Sie weiß aber: »Allerdings wird er von solchen Organisationen genutzt, und wer beispielsweise willig mit korrupten Potentaten, die ihr Geld niemals legal verdient haben können, Kunstmarktgeschäfte macht, muss sich den entsprechenden Vorwurf gefallen lassen, weil er eben die Hausaufgaben nicht gemacht und diese Baustelle ›nicht anständig zu Ende‹ gebracht hat. Denn nach wie vor gilt zum Kunstmarkt: ›Es gibt keine Aufseher, es fehlen Regeln, anders als auf den meisten Finanzmärkten herrscht auf dem Kunstmarkt nach wie vor Intransparenz (...).‹ Jeder macht so seine eigenen Regeln, nämlich so wie es ihm passt. Am liebsten keine.«[158]

Für den US-Kunstmarkt fasste die *New York Times* das jahrhundertealte Laissez-faire-Prinzip so zusammen: »Roll eine Leinwand zusammen, und sie kann leicht versteckt oder zwischen Ländern bewegt werden. Preise können im Moment eines Herzschlags um Millionen angehoben oder gesenkt werden. Und die Namen der Käufer und Verkäufer werden sorgfältig gehütet, während die Strafverfolgungsbehörden raten müssen, wer beteiligt war, woher das Geld kam und ob der Preis verdächtig war. In den Vereinigten Staaten gibt es Geldwäsche-Vorschriften für nahezu alle großen Vorgänge, durch die illegale Profite als legal getarnt werden sollen. Schmutziges Geld wird typischerweise durch den Kauf von zum Beispiel einem Penthouse gewaschen oder mit Einkünften aus rechtmäßigen Unternehmen wie einem Restaurant vermengt. Wenn Glücksspielgewinne oder Drogenerlöse entstehen, erscheinen sie als Immobilien- oder Unternehmensprofit. Sie sehen sauber aus.«[159]

In den meisten dieser Bereiche gibt es Kontrollen. Immobilientransaktionen und -urkunden verlangen wenigstens nach einem Namen. Hypothekenmakler, Börsenmakler, Kasinos, Banken und Western Union müssen verdächtige Finanzaktivitäten dem staatlichen Netzwerk für Finanzkriminalität melden, Banken alle Transaktionen von 10 000 Dollar oder mehr.

Insgesamt protokolliert dieses Netzwerk jährlich mehr als 15 Millionen Devisentransaktionen, die dazu dienen können, schmutziges Geld zu verfolgen, sagt sein Sprecher Steve Hudak. Dem Kunstmarkt fehlen diese Sicherungen.[160]

Fehlendes Bewusstsein

Dass ein Grund dafür fehlendes Bewusstsein für die Risiken der eigenen Branche sein könnte, lässt sich aus den Erhebungen von Professor Kai-D. Bussmann herauslesen. Der Jurist, der an der Martin-Luther-Universität in Wittenberg/Halle das interdisziplinäre Economy & Crime Research Center leitet, hat sich mit verschiedensten Aspekten der Geldwäsche auch im Nicht-Finanzsektor auseinandergesetzt. Auch er stellt in einer aktuellen Studie fest: »Ein sehr hohes Geldwäscherisiko besteht ebenfalls im Sektor Güterhandel mit hochwertigen Luxus- und Konsumgütern. Ein interessantes Segment ist der Handel mit Kunst und Antiquitäten, der 2015 ein Umsatzvolumen von über zwei Mrd.

Euro aufweist. Dieser Markt ist zwar deutlich kleiner als der Immobilienmarkt, aber für Geldwäsche außerordentlich attraktiv. Hochpreisige Kunstobjekte besitzen die Qualität einer leicht konvertierbaren Währung und Barzahlungen sind üblich und offenkundig gerne gesehen.«[161]

Das universitäre Economy & Crime Research Center begründet diese Einschätzung damit, dass die Risiken für Geldwäsche am höchsten seien, »wenn Investitionen mit inkriminierten Geldern möglichst viele der folgenden Kriterien erfüllen:

- Eigenschaften einer Währung, leicht konvertierbar und stabil.
- Unauffälligkeit beim Konvertieren großer Mengen bzw. Werte (Kauf und Verkauf).
- Hohe Transaktionsbeträge zum Erwerb des Gutes möglich (wie Immobilie oder Kunst).
- Hohe Wertsteigerungsraten möglich.
- Hohe Bargeldtransaktionen möglich (bspw. Bauobjekte betreut von Bauträgern, Architekten sowie in der Hotellerie und Gastronomie und speziell gegründeten Im- und Exportfirmen).«

Zu den Segmenten, in denen diese Kriterien nach Einschätzung der unabhängigen Wissenschaftlerinnen und Wissenschaftler vor allem erfüllt werden, zählt neben dem Geschäft mit Treuhand- und Anderkonten der rechtsberatenden oder vermögensverwaltenden Berufsgruppen, neben Hotellerie und Gastronomie und dem Immobilienhandel auch der Handel mit teuren Kunstobjekten und Antiquitäten.

Dazu kommt nach den statistischen Erhebungen aus Wittenberg/Halle, dass das Problembewusstsein im Kunsthandel nur sehr schwach ausgebildet ist. Danach gaben 27 Prozent der von der Universität befragten Händler von Kunstwerken oder Antiquitäten sowie von Auktionshäusern und Galerien an, dass sie häufig oder gelegentlich Bargeldzahlungen von über 15 000 Euro annehmen. Nur knapp zwei Drittel von ihnen (64 Prozent) identifizieren dabei ihren Vertragspartner oder den jeweils wirtschaftlich Berechtigten. Die anderen Geschäfte werden also mehr oder weniger per Handschlag abgeschlossen – und ohne dass der Händler oder die Auktionatorin wüsste, von wem er oder sie gerade große Bargeldbeträge entgegengenommen hat.[162]

Ebenfalls rund zwei Drittel der befragten Händler von Kunstwerken oder Antiquitäten, aus Auktionshäusern und Galerien (65 Prozent) gehen laut Umfrage ganz selbstverständlich sorglos davon aus, dass in ihrer Branche das Geldwäscherisiko gering oder nicht vorhanden sei.[163] Diese Selbsteinschätzung stimmt nach den Ergebnissen der wissenschaftlichen Studie mit der Realität allerdings keinesfalls überein: »Bei der Gruppe der Güterhändler dürfte das Geldwäschevolumen auch aufgrund der generell sehr geringen Awareness deutlich höher sein, als wir in dieser Studie schätzen konnten. Auch finden nur wenige Prüfungen statt, wodurch die Entdeckungswahrscheinlichkeit mangelnder Umsetzung der Sorgfaltspflichten gering ist. Innerhalb der Gruppe der Güterhändler erachten wir jedoch die mit Abstand höchsten Risiken im Bereich der Händler mit exquisiter Kunst und hochwertigen Antiquitäten. Das Problembewusstsein dieser Gruppe ist vollkommen unzureichend. Dies gilt auch für die Gruppe der Boots- und Yachthändler. Für eine nachhaltige Geldwäsche und auch als Drehscheibe für hohe Bargeldtransaktionen eignen sich jedoch vor allem hochwertige Kunst und Antiquitäten, da sie allen Kriterien für geldwäscheanfällige Güter entsprechen. Sie eignen sich nicht nur in besonderer Weise zur Bildung kulturellen bzw. sozialen Kapitals, sondern im Unterschied zu Konsum- und Luxusgütern besteht ihr Geldwäscherisiko in ihrer uneingeschränkten Eignung als Währungsäquivalent mit hoher globaler Mobilität, Wertstabilität und Unauffälligkeit.«[164]

Profiteurin: die organisierte Kriminalität

Vom offenbar wenig ausgeprägten Unrechtsbewusstsein und den fehlenden oder nicht angewendeten Kontrollmechanismen profitieren längst weltweit Verbrecher. Als die italienische Polizei im Herbst 2016 das Haus eines Drogendealers in der Camorra-Hochburg Castellammare di Stabia am Golf von Neapel durchsuchte, fand sie auch zwei Frühwerke von Vincent van Gogh, die Auftragsdiebe 2002 aus dem Van Gogh Museum in Amsterdam gestohlen hatten. In der Zwischenzeit hatten die Gemälde mehrfach den Besitzer gewechselt, zur Geldwäsche und als Zahlungsmittel im Drogenhandel gedient.

Das FBI vermutet, dass amerikanische Mafiosi hinter einem spektakulären Raubüberfall auf das Isabella Stewart Gardner Museum in Boston stecken, bei dem 1990 unter anderem Gemälde von Vermeer, Rembrandt, Manet und Degas gestohlen wurden. Auch hinter dem Raub von Edvard Munchs weltberühmtem Gemälde *Der Schrei* 2004 in Oslo steckten Drogengeschäfte und der Versuch, Schwarzgeld sauber zu waschen.

Das schmutzige Geschäft mit den Bildern funktioniert weltweit. Als Mitte der 1980er-Jahre die japanische Wirtschaft florierte, wirkte sich das auch auf den dortigen Kunstmarkt aus. 300 neue Galerien eröffneten allein im teuren Ginza-Distrikt von Tokio. Zwischen 1985 und 1990 verzwanzigfachte sich der Import westlicher Kunst. 40 Millionen Dollar für van Goghs *Sonnenblumen,* 82,5 Millionen Dollar für sein *Porträt des Dr. Gachet,* 78,1 Millionen Dollar für Renoirs *Moulin de la Galette:* Für insgesamt rund 3,6 Milliarden Dollar kauften in den fünf Jahren, bevor die Kunstblase platzte, japanische Unternehmen, Banken und Sammler Kunstwerke.[165]

Ein FBI-Report hielt 1992 fest, dass verschiedene Galerien fest mit der japanischen Verbrecherorganisation Yakuza verbunden waren. Kunstmarktexperten vermuteten zur selben Zeit, dass bis zu 90 Prozent des Geldes am japanischen Kunstmarkt aus zweifelhaften Quellen stammte. Der Unternehmer Yasumichi M. zum Beispiel, den japanische Medien als den »König des dunklen Geldes« bezeichneten, kaufte angeblich für rund eine Milliarde Dollar in New York Hunderte von impressionistischen und postimpressionistischen Gemälden – darunter mehr als zwanzig Renoirs und Werke von van Gogh, Monet, Degas, Vuillard, Gauguin und die beiden frühen Picassos *Maternité* und *Au Lapin agile*. Außerdem erwarb er einen 6,5-Prozent-Anteil am Auktionshaus Christie's.[166] Nach 1990 mussten sich viele japanische Käufer wieder von ihren Werken trennen, und die Bilder und Skulpturen kehrten diskret in die Galerien und Auktionshäuser zurück – zu deutlich niedrigeren Preisen.

In China sind die Preise für Kunst allein zwischen 2009 und 2011 um mehr als 300 Prozent gestiegen. Auffallend viele junge chinesische Sammlerinnen und Sammler interessieren sich auf Messen wie der Art Basel Hongkong für westliche Kunst.[167]

Die Hollywood-Connection

Im Fall des malaysischen Staatsfonds wurde Jho Low mit dem unterschlagenen Staatsgeld eine große Nummer an der amerikanischen Ost- wie an der Westküste. Er ließ sich mit Stars und Sternchen wie Paris Hilton und Leonardo DiCaprio, den er später in seine Kunstgeschäfte einbezog, sehen und erwarb Immobilien in New York und Los Angeles, deren Wert auf mehr als 60 Millionen Dollar geschätzt wurden. Er selbst lebte in einer Wohnung im Park Imperial an der 56. Straße in Manhattan, die 100 000 Dollar im Monat kostete. Seine Nachbarn in dem Luxus-Wohnhaus waren unter anderem James-Bond-Darsteller Daniel Craig und Rapper Sean »P. Diddy« Combs. Die Schauspielerin und Sängerin Lindsay Lohan soll Low zum 23. Geburtstag in einer Bar in New York 23 Flaschen Champagner spendiert haben.[168]

Nach Recherchen des *Wall Street Journal* war Lows Firma Jynwel Capital sowohl am Kauf des Musikkonzerns EMI Music Publishing 2011 durch Investoren für 2,2 Milliarden Dollar wie zwei Jahre später am Erwerb der kanadischen Firma Costal Energy für denselben Preis beteiligt. Nach dem Basquiat-Rekordkauf setzte ihn das New Yorker Kunstmagazin *ARTnews* im Sommer 2013 auf seine prestigeträchtige jährliche Liste der »200 Top Art Collectors«.

Das soziale und kulturelle Prestige hielt allerdings nicht lange. Als die Ermittlungen um den malaysischen Staatsfonds auch die USA erreichten, wurde Jho Low noch im selben Jahr sehr schnell vom gefeierten Käufer zum diskreten Verkäufer. Ab Februar 2015 sollen Werke aus seinem Besitz im Wert von 205 Millionen Dollar den Besitzer gewechselt haben – darunter mehrere Bilder von Pablo Picasso und Claude Monet, für die Low jeweils Preise akzeptierte, die unter den Schätzungen von Sotheby's lagen. Im Februar 2016 ließ er bei Christie's Claude Monets 1908 gemalte Venedig-Ansicht *Der Dogenpalast von San Giorgio Maggiore aus gesehen* versteigern – für 16,7 Millionen Dollar und damit weniger als den unteren Schätzpreis. Für Picassos *Frauenkopf* gab sich Low statt mit geschätzten 40 schon mit 27,5 Millionen Dollar zufrieden. Auch seinen einstigen Rekord-Basquiat *Dustheads,* der zwei Drogenabhängige zeigt, soll nach übereinstimmenden Quellen im April 2016 der Hedgefonds-Manager Daniel S. aus Connecticut für nur 35 Millionen Dollar übernommen haben – 13,8 Millionen weniger, als Low bezahlt hatte.[169] Freiwillige Verlustgeschäfte sind bei Geldwäsche-Geschäften aber durchaus üblich – Hauptsache, das verbleibende Geld gilt fortan als sauber und unverdächtig.

Marlon Brandos Oscar

Mit dem Verkauf der Werke, die angeblich Jho Low selbst gehörten, war es aber bei Weitem noch nicht getan. Der Skandal schlug Wellen und zog unter anderem einen der bekanntesten Hollywoodstars des 21. Jahrhunderts mit in die Schlagzeilen. Low hatte nämlich das ihm zur Verfügung gestellte Geld nicht nur in Kunstwerke, Immobilien, Plattenfirmen und Energiekonzerne gesteckt. Er hatte auch in ein Filmprojekt investiert, an dem der Regisseur Martin Scorsese und der Schauspieler Leonardo DiCaprio beteiligt waren.

Dass auch Hollywood-Produktionen über geliehenes Geld von Investoren finanziert werden, die bei guten Einspielergebnissen auf eine ansehnliche Rendite hoffen, kommt häufig vor. Also wunderte es auch niemanden, als 2013 die Produktionsfirma Red Granite Millionenbeträge in die drei Filme *Dumb and Dumber To*, *Daddy's Home* und –passenderweise – *The Wolf of Wall Street* steckte. Mitgegründet hatte das US-Unternehmen Riza Aziz, der Stiefsohn des malaysischen Premierministers Najib Razak. Low kannte DiCaprio angeblich schon vorher über gemeinsames Engagement bei Umweltschutzverbänden. Nun schlug er, wie er der *South China Morning Post* erzählte, angeblich den Schauspieler für die Hauptrolle in Scorseses Wall-Street-Film vor. Und er schenkte ihm Kunst: 3,2 Millionen Dollar war das Picasso-Gemälde *Stillleben mit Stierschädel* von 1939 wert, das Low seinem Freund DiCaprio zusammen mit einer Notiz schickte: »Lieber Leonardo DiCaprio: Happy Birthday nachträglich! Dieses Geschenk ist für Dich.«[170] Ein Sprecher des Schauspielers bestätigte später, dieser habe das Geschenk angenommen, um es bei einer Auktion für seine Leonardo DiCaprio Foundation (LDF) versteigern zu lassen. Auf einigen Auktionen der LDF erwarb dann wiederum Jho Low Kunstwerke: 2015 in Saint Tropez zum Beispiel Roy Lichtensteins Skulptur *Brushstroke* von 1982 für 600 000 Dollar, vorher bereits bei der erwähnten Christie's-Benefizauktion zugunsten der DiCaprio-Stiftung Gemälde von Ed Ruscha und Mark Ryden für zusammen 1,1 Millionen Dollar.

Im Frühjahr 2017 übertrug DiCaprio das Eigentum an dem Picasso-Bild dann an die US-Regierung. Er trennte sich auch von der Basquiat-Collage *Rad Man One* von 1982, die er ebenfalls von Low erhalten hatte. Außerdem gab DiCaprio den Oscar zurück, den Marlon Brando 1955 als bester Hauptdarsteller für *On the Waterfront* erhalten hatte. Die Auszeichnung hatten die beiden Red-Granite-Teilhaber Riza Aziz und Joey McFarland DiCaprio, der damals noch keinen eigenen Oscar besaß, zu seinem 38. Geburtstag im November 2012 geschenkt.[171] Der Memorabilia-Händler Ralph DeLuca hatte die Statuette im Herbst 2012 für 600 000 Dollar verkauft.[172] Aus Brandos Besitz war sie noch zu dessen Lebzeiten verschwunden.

Jho Low verpfändete im Rahmen eines Vergleichs mit dem US-Justizministerium Ende Oktober 2019 Vermögen im Wert von 700 Millionen Dollar an den Staat. Unter den Werten befand sich neben Kunstwerken von Basquiat, der Van-Gogh-Zeichnung des *Gelben Hauses* in Arles und dem Foto *Junge mit Handgranate im Central Park* von Diane Arbus auch das Picasso-Gemälde, das er einst Leonardo DiCaprio geschenkt hatte. Außerdem übergab der Malaysier Claude Monets Gemälde *Saint-Georges-Majeur* aus ehemaligem Nahmad-Besitz. Eine Schuldanerkenntnis, so ließ Low mitteilen, sei damit nicht verbunden.

Ein Prozent für Deutschland

Der deutsche Kunstmarkt ist bedeutend kleiner als der amerikanische. Nach dem aktuellen *Art Market Report 2019*, den die Schweizer Großbank UBS jedes Jahr im Frühsommer zur Kunstmesse Art Basel herausgibt, wurden 2018 am internationalen Kunstmarkt 67,4 Milliarden Dollar umgesetzt – Tendenz schon seit einigen Jahren: steigend. Mehr als vier Fünftel dieser Summe teilen drei Staaten unter sich auf: die Vereinigten Staaten mit einem 44-Prozent-Anteil, Großbritannien – vor dem geplanten Brexit – mit 21 und China mit 19 Prozent. Deutschland kann gerade einmal ein knappes Prozent für sich verbuchen und kommt auch innereuropäisch nur auf bescheidene vier Prozent. Dabei leben hier nach den USA und China die meisten Menschen, die über ein Vermögen von über 50 Millionen Dollar verfügen können.

Indem die Nationalsozialisten auch Tausende von – meist jüdischen – Kunstsammlerinnen und Kunstsammlern ihrer Schätze beraubten, deportierten und ermordeten oder ins Exil trieben, zerstörten sie auch große Teile des Kunstmarktes in Deutschland auf lange Sicht. An den geringen Umsätzen im Nachkriegsdeutschland sind allerdings auch die sehr nahen Steueroasen schuld, die schon bald nach 1945 zwar illegale, aber lukrative Möglichkeiten eröffneten. Wer Vermögen vor dem Staat verstecken wollte, kaufte Kunst statt in Hamburg, Köln oder München lieber diskret bei Galerien, Auktionshäusern oder Privathändlern mit offiziellem Firmensitz in Zürich oder Luxemburg, Monaco oder Liechtenstein. Dort boomte der Kunsthandel; in Deutschland hat er sich – auch durch die 44 Jahre währende Isolierung von Berlin – nie wieder richtig erholt. Nur selten kamen hier nach dem Krieg tatsächlich hochwertige Kunstwerke von internationalem Rang auf den Markt – sie wurden stattdessen für den Verkauf exportiert. So wie deutsche Künstler – von Ernst Ludwig Kirchner bis Martin Kippenberger – heute zu den Lieblingsnamen auf Auktionen in New York und London gelten, so zählen auch deutsche Sammler zu den häufigen Einlieferern in den dortigen Auktionshäusern. Auf dem Weltmarkt rangierte Deutschland 2018 hinter den USA, Großbritannien und Frankreich immerhin auf Platz vier der wichtigsten Nationen, aus denen nach Angaben des Kunsthandels dessen Käufer kommen.

Die Händler und Auktionshäuser im eigenen Land profitieren davon aber kaum. Sie haben allerdings möglicherweise mit einem zu traditionellen, konservativen Angebot auch zu spät oder gar nicht auf den Geschmackswandel der schon lange global agierenden Sammlerschaft und auf die Interessen eine sich stetig entwickelnden jüngeren Klientel reagiert.

Der deutsche Kunsthandel klagt stattdessen, ohne die historischen Gründe zu benennen, schon seit vielen Jahren lieber über angebliche Wettbewerbsnachteile. Gesetzliche Regelungen wie das Kulturgutschutzgesetz, die Folgerechtsabgabe, nach der Künstlerinnen und Künstler oder deren Erben beim Verkauf ihrer Werke durch den Handel seit 2006 mit bis zu vier Prozent am Erlös beteiligt werden müssen, oder hohe Umsatzsteuersätze schreckten Kunstfreunde angeblich davon ab, Gemälde und Zeichnungen, Skulpturen und Druckgrafiken in Deutschland zu kaufen – oder zu verkaufen: Wer einen Caspar David Friedrich, einen Ernst Ludwig Kirchner oder einen Gerhard Richter verkaufen wolle, wende sich deshalb lieber an Unternehmen im Ausland.

Dass die Bundesregierung mit vielen dieser Regulierungen nur ihrer Verpflichtung nachkam, europäische Vorgaben in nationales Recht umzusetzen, wird dabei gern übersehen. Auch, dass beispielsweise beim Kulturgutschutz die Verpflichtungen für deutsche Sammlerinnen und Sammler, Händlerinnen und Händler deutlich großzügiger gestaltet wurden als in zahlreichen anderen EU-Ländern – und der bürokratische Aufwand deutlich geringer ausfällt, als es die deutschen Kunsthandelsverbände vor Inkrafttreten des Gesetzes an die Wand gemalt hatten. Das Kulturgutschutzgesetz, so hatte Bernd Schultz, Mitgründer des umsatzstarken Auktionshauses Grisebach in Berlin, vor Inkrafttreten behauptet, sei die »Guillotine des Kunsthandels«[173]. Der Vorstandsvorsitzende des Axel Springer Verlages, Matthias Döpfner – selbst ein Kunstsammler –, bezeichnete den Gesetzentwurf als »DDR in jeder Hinsicht«[174]. Anders als behauptet, brachen die Ergebnisse der deutschen

Auktionshäuser nach der Gesetzeinführung jedoch nicht eklatant ein: Sie blieben auf im Vergleich zu Großbritannien und den USA niedrigen Niveau weitgehend stabil.

Widerstand gegen mehr Kontrolle

Die Anschläge von Paris im November 2015 und Brüssel im März 2016 und die Frage, wie die dafür verantwortlichen Terrorgruppen sich finanziert hatten, führten dazu, dass die Europäische Union 2018 eine neue Richtlinie zum Thema Geldwäsche beschloss. Der Skandal um die Panama Papers trug zusätzlich zu dieser Entwicklung bei. Überall in Europa waren damit die Mitgliedsregierungen verpflichtet, diese neue Vorgabe in nationales Recht umzusetzen.

Als deshalb im Spätsommer 2019 das Bundesfinanzministerium in Berlin den »Entwurf eines Gesetzes zur Umsetzung der Änderungsrichtlinie zur Vierten EU-Geldwäscherichtlinie« vorlegte, lauteten die Argumente des Kunsthandels ähnlich wie gegen das Kulturgutschutzgesetz. Mit der neuen Richtlinie wird der bisherige Anwendungsbereich des Geldwäschegesetzes um einige Berufsgruppen erweitert, die ebenfalls ein Risikomanagement einrichten, Sorgfalts- und Identifizierungspflichten erfüllen und gegebenenfalls auch Verdachtsmeldungen an die Strafverfolgungsbehörden abgeben müssen. Im Nicht-Finanzsektor betrifft diese Änderung unter anderem über die schon vorher betroffenen Kunsthändler hinaus »auch Kunstvermittler und Lagerer von Kunst (letztere nur in Freihäfen) ab einem Transaktionswert i.H.v. 10 000 EUR«.

Künftig greifen die vorgesehenen Sicherheitsvorkehrungen also nicht mehr nur noch bei Bargeldgeschäften, sondern auch bei Transaktionen mit Kreditkarten, über Bezahlsysteme wie PayPal oder über Bankkonten. Auch hier seien Geldflüsse durch die zunehmende Digitalisierung des Zahlungsverkehrs, so der Gesetzgeber, im Verdachtsfall nicht mehr so einfach nachzuvollziehen wie noch vor wenigen Jahren: »Insbesondere die Pseudonymität bzw. Anonymität von vielen Kryptowerten ermöglicht ihren Missbrauch für kriminelle und terroristische Zwecke. So haben sich die G20 dafür ausgesprochen, ›virtual assets‹ zum Zwecke der Bekämpfung von Geldwäsche und Terrorismusfinanzierung zu regulieren.«[175]

Auch in den USA ergab sich aus den Entwicklungen in Europa eine neue Debatte über das Thema »Kunst und Geldwäsche«.[176] Bei einer Tagung im Oktober 2018 in New York tauschten sich Juristen und Geldwäsche-Experten über den »Bank Secrecy Act« aus, der auch in den USA striktere Regeln für den Kunsthandel bedeutet. Am Schluss standen die Erkenntnis, dass »weitere regulatorische Beschränkungen auf dem Kunstmarkt letztlich benötigt werden«[177] – und eine nahezu unglaubliche Zahl: Auch wegen der Restriktionen in anderen Wirtschaftsbereichen werden Sammlerinnen und Sammler, Investorinnen und Investoren bis zum Jahr 2026 weltweit 2,7 Billionen Dollar in Kunst angelegt haben.[178]

In Deutschland ließ der Protest aus der Branche nicht lange auf sich warten. Im Kunstmagazin *monopol* fasste der Münchner Rechtsanwalt Gerd Seeliger die möglichen strukturellen Auswirkungen des neuen Gesetzes noch einigermaßen abgewogen zusammen: »Fakt ist: Kunsthändler, Galeristen und Auktionatoren müssen in Zukunft nicht nur ihre Kunden identifizieren; sie müssen auch eine interne Risikoanalyse durchführen, diese dokumentieren und – unabhängig vom Verkaufspreis – Verdachtsfälle melden. In der Praxis wird dies zu erheblichem organisatorischen und finanziellen Zusatzaufwand führen. Die Sorge ist daher nicht nur, dass sich das Kaufverhalten der Sammler ändern könnte, sondern auch die Struktur des Handels, weil kleinere Galeristen und Auktionshäuser aufgeben.«[179]

Seeliger wies darauf hin, dass auch bei Auktionen, bei denen bislang häufig eine Off-Shore-Firma, eine anonyme Bieternummer und der Nachweis einer ausreichenden Kontodeckung genügten, »bald sämtliche Teilnehmer eingangs erfasst werden, da ja nicht im Voraus absehbar ist, wer später welches Kunstwerk zu einem Preis über 10 000 Euro ersteigern wird.«[180] Befürchtungen im Hinblick auf einen zu erwartenden enormen bürokratischen Aufwand relativierte der Jurist: »Inwieweit die Sorgen berechtigt sind, bleibt abzuwarten. Gab es bei Einführung des Kulturgutgesetzes [sic] Befürchtungen, es könnten bis zu 100 000 Anträge auf Ausfuhrgenehmigung gestellt werden, so waren es im Jahr nach Einführung des Gesetzes nur knapp 1000. Die Mehrzahl der Kunstsammler wird kaum ein Problem haben, ihre Identität preiszugeben, zumal die Kunsthändler personenbezogene Daten ausschließlich für Zwecke der Geldwäscheprävention verwenden dürfen. Die Identifizierung wird auch kaum negativ auf die Kunsthändler zurückfallen, da sie stets darauf verweisen können, nur die gesetzlichen Vorgaben umzusetzen.«[181]

In der kunstmarktfreundlichen, weil auch von Marktteilnehmern durch Inserate finanzierten und durch Auslage vertriebenen *Kunstzeitung* focht der Jurist Peter Raue dagegen statt mit dem Florett mit dem Säbel gegen den Gesetzentwurf: »Der deutsche Gesetzgeber hält offensichtlich den Kunsthandel für einen Zusammenschluss von Geldwäschespezialisten, auf den mit gesetzgeberischen Maßnahmen scharf geschossen werden muss.« Der Rechtsanwalt, der in der Vergangenheit regelmäßig Kunstsammlerinnen und -sammler, Museen und Mitglieder des Kunsthandels vertreten hat, schreibt von einem »einen ganzen Berufsstand diskriminierenden Entwurf« und kommt in dessen Ablehnung zu dem polemischen Schluss: »Folgerecht, Künstlersozialabgabe, erhöhte Mehrwertsteuer für Kunsthändler, Kulturgutschutzgesetz und jetzt verschärfte Geldwäsche – kann der deutsche Gesetzgeber nicht endlich die Tatsache zur Kenntnis nehmen, dass der Kunsthandel nicht die Quelle der Terrorfinanzierung und der Geldwäsche ist, auf solche geradezu schikanösen Maßnahmen verzichten und stattdessen vielleicht das Augenmerk auf die arabischen Clans in Berlin lenken? Die kaufen aber keine Kunst, sondern Immobilien, Schmuck, Autos und werden deshalb von den geschuldeten Verpflichtungen freigestellt.«[182]

So pflaumt der Rechtsanwalt zielgruppenpopulistisch das Parlament an und verschweigt dabei nicht nur, was sein Kollege Seeliger ganz offen formuliert hatte: »Da tröstet es wenig, dass die 10 000-Euro-Grenze beim Kunsthandel in der fünften EU-Geldwäscherichtlinie ausdrücklich vorgegeben wird und der deutsche Gesetzgeber somit keine andere Wahl hat, als diese zu übernehmen.«[183] Tatsächlich beziehen die neuen deutschen Geldwäscheregelungen ausdrücklich auch Immobilien mit ein. So entlarvt Klientelpolemik sich selbst. Raues Argumentation ähnelt in vielen Punkten jener der deutschen Kunsthandelsverbände, die beklagen, ihre Mitglieder stünden nun unter Generalverdacht. Dem widersprach auf einer Tagung des Bundesverbandes Deutscher Galerien und Kunsthändler (BVDG) im Mai 2019 Irmgard Elhachoumi, die bei der Behörde für Wirtschaft, Verkehr und Innovation des Hamburger Senats das Referat Geldwäscheprävention leitet und damit zu jenen gehört, die die Einhaltung der neuen Vorschriften überwachen werden: »Es ist alles halb so schlimm. Man kann es wirklich schaffen. Wir gehen davon aus, dass die Kunsthändler Opfer [von Geldwäschern] werden und nicht Täter sind.« Der Kunsthandel stehe nicht am Pranger, zitierte sie das *Handelsblatt* – aber: »Der Händler muss wissen, an wen er verkauft.«[184]

Gesellschaftlicher Schaden

Der Handel verweist außerdem auf aktuelle Studien, die ergeben hätten, wie wenig die nach dem 11. September 2001 immer wieder behauptete Terrorfinanzierung gerade mit dem deutschen Kunstmarkt zu tun habe. Auch Peter Raue bezieht sich darauf, wenn er gegen die Notwendigkeit der beschlossenen neuen Vorschriften zu argumentieren versucht: »Die im Juli dieses Jahres veröffentlichte Illicid-Studie – ein unabhängiges, vom Bundesministerium für Forschung finanziertes Projekt, das den illegalen Handel mit Kulturgut in Deutschland untersuchen soll – hat festgestellt, dass die einst von der UNESCO aufgestellte Behauptung, es gäbe einen weltweit illegalen Handel mit Kunstwerken bei einem Umfang von rund 6 Milliarden Dollar, einer Überprüfung nicht standhält. Diese Studie schätzt den Umfang des legalen Kunsthandels mit antiken Kulturgütern in Deutschland auf lediglich 800 000 Euro jährlich! Zu illegalem Kunsthandel, geschweige Terrorfinanzierung gibt es keine Erkenntnisse.«[185]

Nun ist das aber auch gar nicht das eigentliche Problem. Bei der Finanzierung terroristischer Aktivitäten spielt der Handel mit Kunst womöglich nur eine untergeordnete Rolle (vgl. Kapitel 3). Beim neuen Gesetz, das der Kunsthandel durch seine Verbände ablehnt, geht es aber in der Hauptsache um die ganz regelmäßige Geldwäsche und Steuerhinterziehung: die täglich unter dem Deckmantel der vermeintlichen Legalität von biederen Staatsbürgerinnen und Staatsbürgern – nicht von furchterregenden Terroristen – begangen wird. Der materielle Schaden, den dieses asoziale Verhalten bereitet, der politische und gesellschaftliche Schaden, den diese Täterinnen und Täter mithilfe des Kunsthandels anrichten können, ist tatsächlich ungleich größer, als Sammlerkreise es gerne zugeben.

Internationale Expertinnen und Experten plädieren vehement für die Abschaffung von Sonderregelungen wie Handschlag- und Bargeldgeschäften und einem angeblich besonders notwendigem Geschäftsgeheimnis, die der Kunsthandel mit langen Traditionen und der besonderen kulturellen Bedeutung von Kunst begründet. Wie leicht dieses absurde Argument auch über einen langen Zeitraum hinweg kriminellen Aktivitäten Vorschub leistet, zeigen die anhaltende Debatte um das Eigentumsrecht an NS-Raubkunst oder der Skandal um die von dem Fälscher Wolfgang Beltracchi erfundene Sammlung Jägers, deren Provenienz angeblich auf keinen Fall bekannt werden durfte. Auch hier waren anonyme Briefkastenfirmen in Off-Shore-

Steuerparadiesen, derer sich zum Teil prominente Kunsthändler bedienten, in die Geschäfte mit den – wie sich später herausstellte – falschen Kunstwerken einbezogen. Auch hier verweigerten noch während des Prozesses in Köln vorgeladene Zeugen die Auskunft darüber, wer bestimmte Bilder gekauft hatte.

»Fragwürdige Praktiken wurden im Namen der Unabhängigkeit und der notwendigen Geheimhaltungspflicht der Branche erlaubt«, fasst der brasilianische Geldwäsche-Experte Fausto Martin de Sanctis diese mit Gewohnheitsrecht begründeten, tatsächlich aber juristisch nicht zu rechtfertigenden Gepflogenheiten zusammen. »Gleichzeitig legen Gerichtsverfahren, Berichte in der internationalen Presse und verschiedene Studien aber nahe, dass dahinter ein internationales, organisiertes, illegales Verhalten stecken könnte.«[186] Daraus folgert der Jurist, dass es klare und systematische Vorschriften zur Geldwäsche mit Kunst geben müsse, »um jede Möglichkeit des kriminellen Verhaltens auszuschließen. (…) Mehr Aufmerksamkeit für Bank- oder Nicht-Bank-Transaktionen, um Geldwäsche zu verhindern, erfolgt nicht im Hinblick auf das Geschäft in Galerien oder Auktionshäusern, die Zentren der kulturellen Diffusion und in hohem Maße soziale Institutionen geworden sind.«[187]

Kai-D. Bussmann von der Universität Wittenberg/Halle fordert ebenfalls, in der Wirtschaft sollte generell ein Höchstbetrag für die Bezahlung mit Bargeld eingeführt werden: »Zu erwägen ist ein Betrag unterhalb von 5000 Euro, das Gros der Konsumgüter wäre somit hiervon ausgenommen. (…) Generell scheint sich der Markt auch in Deutschland auf die Einführung vereinfachter bargeldloser Zahlungswege umzustellen, wie der mittlerweile intensive Wettbewerb um die Nutzung bargeldloser Zahlungswege zeigt, bspw. mittels Smart Telefone [sic]. Gleichwohl kann sich der Markt zwar weitgehend auf bargeldlosen Zahlungsverkehr umstellen, aber trotzdem die Praxis beibehalten, bei lukrativen Geschäften auch fünf- oder sechsstellige Bargeldbeträge zu akzeptieren, wie der Handel mit Immobilien, Kunst und Premiumfahrzeugen zeigt. Die Tore zur

Geldwäsche müssen wohl durch den Gesetzgeber geschlossen werden. In den meisten Ländern würde man andernfalls noch zu lange auf eine vom Markt durchgesetzte Höchstgrenze zu warten haben.«[188]

Und die amerikanische Rechtsanwältin Phoebe Kouvelos hat auch schon ein Raster mit »Red Flag Indicators« entwickelt, mit dem alle am Kunstmarkt Beteiligten überprüfen sollen, ob sie bei einer Transaktion in Geldwäsche-Versuche verwickelt werden:

- Der Preis des Kunstwerks liegt signifikant unter oder über dem Marktwert.
- Das Kunstwerk ist eine Antiquität und/oder das Herkunftsland war kürzlich in einen Konflikt verwickelt.
- Das Kunstwerk wird mit keiner oder nur sehr geringer Dokumentation vorgestellt.
- Der Käufer besteht darauf, große Summen bar zu bezahlen.
- Der Käufer besteht darauf, eine einzelne Transaktion mit gestückelten Kleinbeträgen zu bezahlen.
- Der Kunde verweigert es, ausreichende Informationen zu seiner Identität oder seinem Besitz zu geben.
- Vermittler agieren im Auftrag von unbekannten Käufern oder Verkäufern.
- Käufer und/oder Verkäufer wünschen, eine Zahlung über eine dritte Partei abzuwickeln.

Nicht jede dieser »Roten Flaggen« müsse unbedingt auf eine Geldwäsche-Absicht mithilfe von Kunstwerken hinweisen, ergänzt Phoebe Kouvelos: »Aber sie bedeuten, dass weitere Maßnahmen ergriffen werden müssen, um den Verdacht auszuschließen.«[189]

Freihäfen – die Dark Rooms des globalen Kunstbetriebs

Für die wirklich wertvolle Kunst nutzen Superreiche heute einen Tresor, der gar nicht erst versucht, unauffällig zu sein. Er hat die Größe einer mehrstöckigen Lagerhalle und strahlt nachts schon von Weitem. Die Architekten haben sich Mühe gegeben; grüne Scheinwerfer beleuchten die wie mit Tüchern bespannte Fassade des massiven Baus, der in direkter Nachbarschaft des Flughafens von Singapur liegt. Besucher müssen man gleich mehrere Sicherheitsschranken und Schleusen passieren und sich abschließend von einem bewaffneten Security-Mann durchleuchten lassen. Dann betreten sie ein großes Atrium, das von einer spektakulären Skulptur des Designers Ron Arad bestimmt wird. Eine Art Gitter aus spiegelndem Metall zieht sich in einer vielfach gekrümmten Schlaufe meterhoch durch den Raum. Arad hat der Skulptur einen vielsagenden Titel gegeben: *Käfig ohne Grenzen.*

Durch feuerfeste, mehrfach gesicherte Türen gelangt man nicht nur zu den Lagerräumen, sondern auch zu Laboren, in denen Kunstwerke untersucht, professionell fotografiert und restauriert werden können. Selbst eine Rahmenwerkstatt gibt es hier. Verschiedene Klimaanlagen sorgen für immer gleiche 20 Grad Celsius bei 55 Prozent relativer Luftfeuchtigkeit.

Kunden des Freeports können sogenannte Showrooms anmieten, um ihren Geschäftspartnern die eingelagerte Kunst zu zeigen oder zu verkaufen. In kleinen, elegant eingerichteten Büros kann das Geschäftliche geregelt werden – »diskret und sicher«, wie es auf der Internetseite heißt. Auf Wunsch könne man die im Freeport gelagerten Kunstwerke aber auch – ein spezieller

Service – in den Museen Singapurs zeigen, »frei von Zöllen, indirekten Steuern oder Kautionszahlungen«.

Der Hintereingang führt direkt zum Flughafengelände, die Ware kann vom Flugzeug aus ohne Umwege und, ohne gesehen zu werden, direkt ins Gebäude gebracht werden. Auch Sammler können sich von ihrem Flugzeug per Limousine in das zollrechtlich exterritoriale Gelände des Freeports bringen lassen. Bei einer Führung durch das Gebäude werden dem Besucher gigantische Röntgenapparate präsentiert, mit denen sogar große Transportkisten nach Sprengstoff oder anderen verbotenen Substanzen durchleuchtet werden können. Falsche Bilder, gefälschte Provenienzen oder Raubgut können diese Apparate selbstverständlich nicht erkennen.

Jahrelang wurde für diesen Riesentresor, der früher unter dem Namen »Singapore Freeport« firmierte und heute »Le Freeport« genannt wird, auf den größten Kunstmessen der Welt geworben. Er soll nicht nur vor Diebstählen, Naturgewalten und Klimaschwankungen schützen, sondern vor allem auch gegen den Zugriff von Steuerbehörden. Es gibt kaum etwas, was Reiche mehr zu fürchten scheinen als den Fiskus. Die Rede von den angeblich überhöhten Forderungen von Finanzämtern ist ein Lieblingsthema, wenn sich Kunstsammler auf Messen wie der Art Basel in Hongkong oder der Frieze in London in den VIP-Lounges oder den kostenlosen Shuttle-Limousinen treffen. Nicht ohne Grund werden viele erfolgreiche Kunstmessen deshalb gerade auch an solchen Orten veranstaltet, die für global agierende Superreiche Modelle der Steuervermeidung anbieten.

Freeports oder Freilager spielen dabei seit der Jahrtausendwende eine immer wichtigere Funktion. Sie sind die Duty-Free-Zonen und Dark Rooms des internationalen Kunstmarkts. Hier lassen sich legale Geschäfte machen, aber auch solche mit Geldern, deren Herkunft unklar ist. Man kann hier sogar Objekte mit heikler Provenienz vor den Ansprüchen von Nazi-Opfern oder vor Staaten verstecken, die von Raubgräbern heimgesucht wurden.

Die Freilager entwickelten sich in den Boomjahren des Kunstmarkts zu Bunkern für die Schönheit. Auch Meisterwerke der Kunst mit sauberer Herkunftsgeschichte gibt es hier, allerdings sicher verpackt, nur noch von den Überwachungskameras der Sicherheitsleute beschaut. Weil die Kunst als Geldanlage dient und sie so steuerlich und versicherungstechnisch günstiger ist. Der Spekulationswert scheint den Wert des täglichen visuellen Genusses und auch den symbolischen Wert, den man durch das Vorzeigen dieser Kunstwerke normalerweise gewinnt, zu übersteigen. Freihäfen sind dadurch allerdings auch integraler Bestandteil eines Systems, das die Kunst ihres wichtigsten Zwecks beraubt: gesehen zu werden. Sie dienen also nicht nur als Dark Rooms, in denen alles möglich ist und jeder anonym bleibt. Sie sind auch die schwarzen Löcher des Kunstsystems.

Geschichte der Freihäfen

Freihäfen und Freilager gibt es schon seit Langem in vielen großen Handelszentren und Hafenstädten der Welt; sie sind steuerrechtlich extraterritoriale Gelände. Ursprünglich sollten die Freihäfen dazu dienen, die für den Weitertransport gedachte Ware von Import- und Export-Geschäften kurzfristig zu lagern, ohne dass dafür bereits Einfuhrsteuern oder Zölle des jeweiligen Landes fällig werden. Diese Abgaben sollen erst bei Lieferung an den Kunden erhoben werden, nicht am neutralen Umschlagplatz. Doch im globalen Kunsthandel wurde das System, das den Händlern eigentlich nur eine bürokratisch einfache und steuerlich kostenneutrale Zwischenlagerung ermöglichen sollte, ausgenutzt und pervertiert: In den Freilagern der Schweiz, Luxemburgs und Singapurs werden jetzt Kunstwerke im Wert von Milliarden Dollar nicht nur für ein paar Tage oder Wochen, sondern für Jahre und Jahrzehnte gelagert. Etwa auch, um den Markt für einen Künstler wie Picasso oder Warhol künstlich zu verknappen – oder um bei Gerichtsverfahren Verjährungsfristen auszusitzen. Und nicht nur das: Die Kunst kann hier auch steuerfrei weiterverkauft werden. Oft werden diese Geschäfte von Briefkastenfirmen getätigt, die in Steueroasen wie Panama oder den British Virgin Islands registriert sind und so die wahren Eigentümer verschleiern.

Einige der berühmtesten Freilager der Welt befinden sich traditionell in der Schweiz, am Züricher Flughafen Kloten, in Basel Dreispitz oder auch in Genf La Praille. Laut Schätzungen aus der Schweiz sollen 2013 allein im Genfer Freihafen 1,2 Millionen Kunstwerke gelagert worden sein, dazu rund drei Millionen Flaschen Wein. Das Freilager sei der größte Weinkeller der Welt, hieß es vom dortigen Direktor.[190] Große Versicherungsunternehmen wiesen auf die schnell gestiegenen Deckungssummen hin, die den Bau von neuen Freilagern nötig machten.

Antiken aus Raubgrabungen und NS-Raubkunst im Genfer Freilager

Bis 2007 gehörten die Schweizer Freilager nicht einmal zu dem vom Zoll kontrollierten Gebiet. Die Eidgenössische Finanzkontrolle schrieb noch in einem Bericht aus dem Jahr 2014, dass die Zollfreilager sich »häufig als Grauzonen mit einem erhöhten Risiko für Warenschmuggel oder illegale Tätigkeiten« erwiesen hätten.[191]

Als die Schweizer Behörden dann im Rahmen von Ermittlungen genauer kontrollierten, tauchten Raubgüter auf. So wurden im Januar 2016 zwei etruskische Sarkophage, die im Genfer Freilager beschlagnahmt worden waren, an den italienischen Staat zurückgegeben. Rund 15 Jahre waren sie im Freilager zusammen mit Vasen und anderen Objekten deponiert gewesen. Ein britischer Antikenhändler hatte sie dorthin geschafft. Die Ermittlungen erhärteten den Verdacht, dass es sich um illegale Raubgrabungen handelte. Auch an die Türkei war 2015 ein an gleicher Stelle beschlagnahmter Sarkophag restituiert worden, dessen Provenienz verdächtig war.

Für große Aufmerksamkeit sorgte das Genfer Freilager, als dort im April 2016 ein Werk von Amedeo Modigliani im – konservativ – geschätzten Wert von 25 Millionen Dollar beschlagnahmt wurde. Das Gemälde *Homme assis* (um 1918) hatte einst dem jüdischen Galeristen und Sammler Oscar Stettiner gehört; auf seiner Flucht aus Paris musste er es 1939 zurücklassen. Die Nazis hatten das Gemälde dann im besetzten Paris mit Stettiners restlichem Eigentum versteigern lassen. Jahrzehnte später kam der *Sitzende Mann* über eine Auktion bei Christie's in den Besitz einer Off-Shore-Firma mit dem Namen International Art Center.

Darüber, wer sich hinter dieser Firma versteckte, war schon jahrelang spekuliert worden. Doch erst die Veröffentlichung der sogenannten Panama Papers – geheimer Unterlagen der auf die Gründung von Off-Shore-Firmen spezialisierten Anwaltskanzlei Mossack Fonseca – im Jahr 2016 brachte schließlich Gewissheit: David Nahmad, Spross einer der erfolgreichsten Kunsthändlerfamilien im internationalen Geschäft, war mit dem International Art Center eng verbunden.

Die Nahmads betreiben seit Jahrzehnten Kunsthandel in London, New York und Paris, auf den großen Auktionen bei Christie's und Sotheby's kann man sie immer wieder in den ersten Reihen sitzen und mitbieten sehen. Manchmal schienen die verschiedenen Familienmitglieder dabei sogar gegeneinander zu steigern. Von Künstlern wie Picasso, Braque oder Miró besitzen die Nahmads nicht ein paar Dutzend, sondern Hunderte von Werken. Wie viele genau und welche, ist nicht öffentlich bekannt.

Im Oktober 2011 bekam man einen seltenen Eindruck von der Qualität der Sammlung, als rund hundert ausgewählte Werke von Monet, Magritte, Gris, Kandinsky und vor allem Picasso im Kunsthaus Zürich ausgestellt wurden. Die Ausstellung war umstritten, denn die Unterscheidung zwischen Sammlung und

Warenbestand ist bei den Nahmads zumindest von außen nicht leicht. Das Museum solle zur Aufwertung von Handelsware missbraucht werden, hieß es von Kritikern. In einem Artikel zur Ausstellung in der *Neuen Zürcher Zeitung* wurde die Sammlung der Nahmads im Genfer Zollfreilager auf rund 5000 Werke im Wert von mehreren Milliarden Franken geschätzt, darunter allein 300 Werke von Picasso.[192] Nur die Familie Picasso selbst soll mehr Bilder des Künstlers besitzen.

Über die Klage eines Enkels von Oscar Stettiner vor einem New Yorker Gericht auf Herausgabe des Gemäldes *Homme assis* war während der Arbeit an diesem Buch noch nicht entschieden. Der Anwalt von David Nahmad argumentierte, dass es sich bei dem Modigliani im Besitz des International Art Center gar nicht um das Gemälde von Oscar Stettiner handle. Als sich die New Yorker Richterin im April 2018 für die Annahme der Klage entschied, sagte sie: »New York ist und soll kein sicherer Hafen für Kunst sein, die während des Genozids der Nazis geplündert wurde.«[193]

Der König der Freihäfen: Yves Bouvier

Der Mann, der das System der Freihäfen für die Kunst global erst richtig erfolgreich machte, ist eine der interessantesten Schattenfiguren des internationalen Kunstbetriebs. Der in der Schweiz geborene Yves Bouvier, Jahrgang 1963, war einer der Hauptmieter des Genfer Freilagers. Er ließ den oben beschriebenen Freeport in Singapur bauen und später noch eine Anlage in Luxemburg – und verdiente sich so den Beinamen »König der Freihäfen«. Die Erfolgsgeschichte nahm am 26. Februar 2015 eine erstaunliche Wendung, als Bouvier in Monaco auf dem Weg zu einem seiner besten Kunden verhaftet wurde.

Angefangen hatte Bouvier seine Karriere im Familienbetrieb, der in Genf beheimateten Spedition Natural Le Coultre. Die

Leitung des Geschäfts übernahm er 1997 von seinem Vater, und in den folgenden Jahren entwickelte er es zu einem der wichtigsten Logistik-Unternehmen für den Kunstbetrieb. Die Objekte wurden nicht mehr nur transportiert, sondern auch gelagert, restauriert, fotografiert.

Freihäfen seien keine Schmuggler-Höhlen, beteuerte Bouvier 2013 in einem Gespräch mit J. Emil Sennewald für die *ZEIT:* »Nur Dummköpfe versuchen noch, hier Drogen in Kunstwerken oder Diebesgut zu verstecken. Das wird entdeckt, denn alles, was hinein- und hinausgeht, wird genau registriert und durchleuchtet. Wir tragen sogar zur Aufklärung von Kunstdiebstählen bei.«[194]

Im Schweizer Handelsregister tauchte Bouviers Name außer beim Familienunternehmen bei einem Dutzend weiterer Firmen auf, die ebenfalls an Kunstgeschäften beteiligt waren. Mit einer dieser Firmen organisierte er zwischenzeitlich auch Kunstmessen in Moskau und Salzburg, und er besaß zahlreiche Wohnungen in verschiedenen Ländern. Doch seine Expansionspläne zielten noch weiter: Freihäfen sollten auch in Shanghai und Peking eingerichtet werden – und in der Nähe von Paris eine ganze Kunstinsel entstehen.

Auf der Île Seguin, wo zuvor schon der Milliardär François Pinault seine Kunstsammlung zeigen wollte, bevor er sich nach Venedig und in die Pariser Innenstadt umorientierte, plante Bouvier ein Kunstzentrum auf 28000 Quadratmetern Land. Jean Nouvel sollte die Architektur für das sogenannte »Hub« liefern, mit viel Platz für Ateliers, Stipendiatenwohnungen, Ausstellungsflächen, Lagerräumen und Auktionssälen. Die Kosten für das Projekt mit dem Namen R4 wurden auf rund 100 Millionen Euro geschätzt. »Es soll eine Art Disneyland werden, in dem alles erlebbar ist, was die Kunst bewegt«, sagte Bouvier 2013.[195]

Drei Jahre später, als Bouvier bereits in mehrere Prozesse verstrickt war, wurde das Grundstück mit dem Projekt an den Sammler Laurent Dumas verkauft – der bald neue Architekten und neue Nutzungspläne präsentierte.

Bouviers Off-Shore-Firma und die Beltracchi-Fälschung

Als der Kunstfälscher Wolfgang Beltracchi verhaftet und verurteilt wurde, weil er mit seiner Frau Helene und anderen Komplizen über drei Jahrzehnte Dutzende vermeintliche Meisterwerke in den internationalen Kunstmarkt geschmuggelt und damit einen mindestens zweistelligen Millionenschaden angerichtet hatte, tauchte in den Akten auch ein Bild auf, an dem sich die sonst geheimen Geschäfte in den dunklen Sphären des Kunstmarktes gut nachverfolgen ließen.

Im März 2004 hatte der bis dahin anerkannte Kunstexperte Werner Spies die Max-Ernst-Fälschung *La Forêt* auf Beltracchis Landsitz in Südfrankreich begutachtet. Er befand das Gemälde für echt, erhielt für Expertise und Hilfe bei der Vermittlung von mehreren Bildern nach eigenen Aussagen insgesamt 400 000 Euro allein von den Beltracchis. Sie überwiesen ihm das Geld auf sein Schweizer Konto mit dem Namen Imperia – ein an sich schon unerhörter Vorgang für einen Kunsthistoriker, dessen Ruf auf seiner Kenntnis wie auf seiner Unabhängigkeit beruhen sollte.

Nun nahm das Bild einen Weg, der in seiner durchaus verwirrenden Vielzahl von Stationen typisch ist für den heutigen Kunstmarkt: Kurz nach dem Kunstexperten Spies besuchte der Genfer Galerist Marc Blondeau den Landsitz der Beltracchis und kaufte das Ernst-Gemälde für 1,7 Millionen Euro. Das Bild ging auf eine gut zweijährige Reise, machte Station im Freihafen von Genf und in der Pariser Galerie Cazeau-Béraudière, wurde im Max Ernst Museum in Brühl und auf einer Kunstmesse in Paris durch Ausstellungen geadelt, gehörte anonymen Firmen wie der Salomon Trading LLC im US-amerikanischen Wyoming und der in Panama registrierten Lontel Trading S.A. Schließlich wurde es am 29. September 2006 über die auf der Britischen Jungferninsel Tortola ansässige Firma Diva Fine Arts S.A. für inzwischen sieben Millionen Dollar an die Gesellschaft Hanna Graham Associates Inc. auf den Bahamas verkauft. Über sie gelangte die Fälschung nach New York, in die Sammlung eines französischen Ex-Verlegers. Ob für diese Geschäfte, bei denen sich der Wert des Gemäldes innerhalb zweier Jahre auf sagenhafte Weise mehr als verdreifachte, irgendwelche Steuern fällig und auch gezahlt wurden, ist nicht bekannt.

Was verbindet diesen Fall mit dem Transportunternehmer und Freihafenbetreiber aus Genf? Das Bild *La Forêt* wurde nicht nur mehrfach von der Firma Natural Le Coultre transportiert – zeitweise gehörte es wohl auch Yves Bouvier. Lange fragten sich nicht nur die Ermittler im Fall Beltracchi, sondern auch Experten überall auf der Welt, wer hinter der Firma Diva Fine Arts S.A. steckte. In Prozessakten zu einem vom Beltracchi-Fall völlig losgelösten New Yorker Zivilverfahren wurden die Autoren dieses Buches dann fündig: Schon auf der Rechnung für das falsche Max-Ernst-Gemälde war als europäische Bürorepräsentanz der Firma die Adresse Avenue de Sécheron Nummer 6 in Genf vermerkt – der Sitz von Natural Le Coultre. In dem New Yorker Prozess, in dem es nicht um Fälschungen ging, sondern unter anderem um die Beschlagnahmung eines Gemäldes von Willem de Kooning, schaltete sich Yves Bouvier im Dezember 2011 mit einer eidesstattlichen Versicherung ein, die den Autoren vorliegt. Er gab darin an, dass der de Kooning einst der Firma Diva Fine Arts S.A. gehörte – und er selbst der einzige Direktor und Eigentümer dieser Firma gewesen sei. Nachdem Bouvier die Firma im November 2011 liquidieren ließ, sei all deren Besitz in sein Eigentum übergegangen. Das Geschäft mit Diva Fine Arts steuerte er auch über die von ihm kontrollierte Firma New City in Hongkong. Diva Fine Arts besaß zeitweilig auch das Max-Ernst-Bild *Tremblement de terre,* das im November 2009 bei Sotheby's in New York für 1142500 Dollar versteigert wurde – und später ebenfalls als Beltracchi-Fälschung entlarvt wurde.

Nach Zeugenaussage eines Galeristen im Rahmen der Beltracchi-Ermittlungen soll Bouvier auch in die Vermittlung von zwei weiteren Bildern von Max Ernst und Heinrich Campendonk verwickelt gewesen sein. Beide Bilder waren, wie sich erst später herausstellen sollte, ebenfalls Fälschungen. Auf ein Rechtshilfeersuchen der gegen Beltracchi ermittelnden deutschen Polizisten antwortete die Genfer Staatsanwaltschaft im März 2011, man könne Bouvier nicht anhören – dieser sei nicht mehr in der Schweiz ansässig. Der umtriebige Kunstspediteur war inzwischen Staatsbürger von Singapur geworden. Yves Bouvier sei ein Opfer des Fälschers Beltracchi gewesen, den er niemals kennengelernt und mit dem er auch nicht gehandelt habe, teilte sein Sprecher 2019 mit. Er habe die Fälschungen von anderen Händlern gekauft, später seine Kunden in den fraglichen Geschäften entschädigt – und sei auch selbst entschädigt worden.

Bouvier schien mit dem Galeristen Béraudière eng verbandelt zu sein, so gründete er im Juli 2008 bei einem Genfer Notar die Firma Galerie Jacques de la Béraudière S.A. – in Béraudières und in seinem eigenen Namen. Béraudière gab in dem New Yorker Verfahren an, dass er sich mit Bouvier bei Kunstkäufen berate; dieser kaufe Kunst vor allem zum Zweck der Vermögensanlage. Weitere Akten belegen, dass Bouvier auch an anderen sogenannten Briefkastenfirmen wie der Arrow Fine Art LLC im steuergünstigen US-Staat Wyoming beteiligt war. Er hatte also nicht nur ein Netzwerk für den Transport und die steuerfreie Lagerung von Kunst aufgebaut, sondern auch eine Off-Shore-Struktur an Firmen, mit denen Kunstkäufe verdeckt finanziert und abgewickelt worden sein könnten. Bouvier war ein überall fleißig involvierter Dienstleister – und er nutzte sein so angesammeltes Wissen über die geheimen Wege der Bilder auch, um einige der größten Deals auf dem globalen Kunstmarkt einzufädeln. Bis sie ihm zum Problem wurden.

Festnahme in Monaco

Als Yves Bouvier am 26. Februar 2015 im Fürstentum Monaco seinen wahrscheinlich besten Kunden treffen wollte, wurde er festgenommen. Er hatte mit ihm über den Kauf eines Gemäldes von Mark Rothko für 140 Millionen Dollar sprechen wollen. Was Bouvier zu diesem Zeitpunkt nicht wusste: Dieser Kunde, der kunstsammelnde Milliardär Dmitri Rybolowlew, hatte schon Wochen zuvor Anzeige gegen ihn erstattet. Bouvier habe ihn, so der Vorwurf, betrogen und ihm über die Jahre Dutzende Bilder zu überhöhten Preisen verkauft.

Yves Bouviers Kunde Rybolowlew war in fabulöser Kauflaune, es ging um Kunst von van Gogh, Gauguin, Modigliani, Picasso und Rothko. Der Skandal spielt zwischen Monaco und Zypern, Genf und New York, Hongkong und Singapur. Die Summe, um die Bouvier den Russen Rybolowlew angeblich betrogen haben soll: rund eine Milliarde Dollar. Zwischenzeitlich wurden deshalb die Vermögenswerte des »Königs der Freihäfen« in mehreren Staaten per Gerichtsbeschluss eingefroren. Yves Bouvier lässt durch einen Sprecher alle Vorwürfe bestreiten: Sie seien unbegründet und verleumderisch. Er habe immer legal und den Verträgen entsprechend gehandelt. Aber auch Rybolowlew und seine Anwältin sollten später ins Visier von Ermittlungen in Monaco geraten.

Der erste Verdacht, dass er vielleicht das Opfer eines großen Kunstbetrugs geworden sein könnte, kam Dmitri Rybolowlew angeblich Silvester 2014 auf der kleinen Karibikinsel St. Barths. Der Milliardär, ein unter anderem in Monaco lebender Geschäftsmann russischer Herkunft und Mehrheitseigner des Fußballvereins AS Monaco, unterhielt sich dort bei einem Essen mit dem US-Kunstberater Sandy Heller. Rybolowlew erzählte von einem seiner Kunstkäufe, einem Gemälde von Modigliani, das eine auf einem blauen Kissen liegende nackte Frau zeigt: *Nu couché au coussin bleu* von 1916. Das Meisterwerk aus dem Besitz des US-amerikanischen Hedgefonds-Managers und Megasammlers Steven Cohen, erzählte der Russe, habe ihn immerhin 118 Millionen Dollar gekostet. Sandy Heller zeigte sich über den hohen Preis erstaunt: Weil er als Berater die Sammlung Cohen betreue, wisse er, dass der Verkäufer für das Gemälde der leicht erröteten Nackten damals nur rund 93 Millionen Dollar bekommen habe.

Daraus ergab sich für Rybolowlew, dass Bouvier als Vermittler des Bildes, von dem er sich jahrelang gut beraten fühlte, allein beim Verkauf des Modigliani einen Gewinn von rund 20 Millionen Dollar gemacht hatte: ein sensationeller Aufschlag, von dem Rybolowlew nichts gewusst haben will. Der Milliardär war nämlich nach eigenen Angaben davon ausgegangen, dass er die Kunstwerke zum Einkaufspreis erhalte und darauf eine Provision von zumeist zwei Prozent an Bouvier für dessen Vermittlungsdienste zahle. Ein gutes Millionen-Geschäft auch für Bouvier – bei einzelnen Preisen im teilweise neunstelligen Dollar-Bereich und einer Gesamtsumme von rund zwei Milliarden Dollar. Der Schweizer hatte den Russen über die Frau von dessen Zahnarzt kennengelernt, als der Oligarch eine Expertise für ein Chagall-Gemälde suchte.

Rybolowlew ließ sofort die weiteren Kunstgeschäfte überprüfen, die er mit Yves Bouvier gemacht hatte, und fand seine Vermutung noch in den ersten Januartagen 2015 bestätigt: Auch beim Kauf des umstrittenen, erst wenige Jahre zuvor aufgetauchten und Leonardo da Vinci zugeschriebenen Gemäldes *Salvator Mundi* hatte Bouvier ein Vermögen verdient.

Die Geschichte des Salvator Mundi: *ein Kunstwrack für 450 Millionen Dollar*

Jesus hatte zwei Daumen an seiner rechten Hand. Das war einer zu viel, schon deshalb konnte dieses Gemälde auf einer Platte aus Walnussholz nicht als das Werk eines großen Renaissance-Künstlers durchgehen. Im Italien um 1500 glaubte man zwar üblicherweise an Christi wundersame Vermehrung der Brotlaibe, doch von multiplen Daumen stand in den heiligen Schriften nichts. Die Restauratorin Dianne Modestini griff deshalb fünf Jahrhunderte später zum Pinsel und übermalte jenen Daumen, von dem sie glaubte, dass der Maler ihn einst selbst verworfen und deshalb ein zweites Mal gemalt hatte.

Der Schöpfer dieses segnenden Christus, der eine Glaskugel in der linken Hand hält, da war sich Modestini irgendwann sicher, konnte nur Leonardo da Vinci heißen. Das Bild war ihrer Meinung nach ein sogenannter »Schläfer«, ein bisher unerkanntes Werk des größten Meisters aller Zeiten, das Modestini in ihrer Werkstatt nun in mühsamer, kleinteiliger Arbeit wieder freilegte. Beziehungsweise zum Teil ganz neu nachmalte, wie später einige Kritiker anmerkten. Ihre Arbeit war jedenfalls so perfekt, dass dieses nur 65 mal 45 Zentimeter große Gemälde schließlich 450 Millionen Dollar kostete – und sofort zu einer Ikone wurde. Nicht für viele Kunsthistoriker, aber für den Kunstbetrieb des 21. Jahrhunderts, in dem wirkliche Meisterwerke langsam rar werden. Die Odyssee dieses sogenannten »letzten Leonardos« erzählt erstaunlich viel über die Sehnsüchte, Zwänge und Abgründe von Sammlern, Händlern, Wissenschaftlern und Museumsdirektoren in der angeblich so aufgeklärt-nüchternen Gegenwart. Die sagenhafte Entdeckungsgeschichte dieses teuersten Kunstwerks aller Zeiten hat das Bild selbst längst in den Schatten gestellt.

Alles fing damit an, dass der Kunsthändler Robert Simon und sein auch noch die Kataloge der kleinsten Auktionshäuser durchsuchender Kollege Alex Parish im Mai 2005 in der St. Charles Gallery in New Orleans ein Gemälde aus einem Nachlass ersteigerten, das sie nur von den Abbildungen kannten. Die beiden zahlten dafür, so hat der Autor Ben Lewis für sein Buch *The Last Leonardo*[196] recherchiert, 1175 Dollar. Das Bild war Schrott. Die Holzplatte war beschädigt und gespalten, einige dilettantische Übermalungen stammten womöglich von einem ehemaligen Eigentümer, der das Bild aus religiösen Gründen bei sich daheim aufgehängt haben soll. Es zierte sein schmales Treppenhaus, das belegt ein Foto. Das letzte Mal hatte das Bild zuvor 1958 bei Sotheby's in London öffentlich den Eigentümer gewechselt – für 45 Pfund. Ein Kunsthistoriker, der das Bild damals in der Auktion sah, notierte sich nur ein Wort dazu: »wreck« – ein Kunstwrack also.

Jesus habe auf dem Gemälde ein »Clownsgesicht« gehabt, berichtete Modestini später mehreren Medien. Sie hat sich in den vergangenen Jahrzehnten als Restauratorin einen gewissen Ruf erarbeitet, lehrt als Professorin an der New York University, bis Mitte der Achtzigerjahre war sie am Metropolitan Museum in New York angestellt. Robert Simon hatte das Gemälde ihr und ihrem inzwischen verstorbenen, ebenfalls als Restaurator tätigen Mann Mario Modestini zur Bearbeitung überlassen. Nach der Behandlung durch die beiden sah Jesus dann aber wie ein androgynes Wesen mit Augenleiden aus. So als hätte er Heuschnupfen gehabt – oder einen fetten Joint geraucht, wie andere Kritiker anmerkten.

Das hielt die Verantwortlichen der National Gallery in London nicht davon ab, das frisch aufgehübschte Bild im November 2011 neben anderen, zweifellos authentischen Gemälden des Künstlers in einer der größten Leonardo-Ausstellungen der Kunstgeschichte zu zeigen. Der neu bestellte Direktor Nicholas Penny hatte seinen jungen Kurator Luke Syson drei Jahre zuvor eine Art Konklave mit fünf Leonardo-Experten im Museum veranstalten lassen, bei dem die Kenner ihr Votum abgeben sollten. Anders als später teilweise kommuniziert, so hat der akribisch arbeitende Ben Lewis herausgefunden, wollten damals nicht alle Experten das Bild Leonardo selbst zuschreiben. Nur zwei von ihnen – darunter der Oxford-Professor und Leonardo-Doyen Martin Kemp – sahen im Salvator Mundi das eigenhändige Werk des Großmeisters. Zwei Experten enthielten sich, eine Expertin stimmte dagegen. Einen Beitrag, da sind sich heute viele

Leonardo-Experten einig, hat der Meister zu dem Bild geleistet, sei es nur die Komposition oder doch die segnende Hand selbst. Hier kamen auch wieder die zwei Daumen ins Spiel: Sie gelten als Beleg dafür, dass ein echter Meister am Werk war. Denn nur die nach dem genialen Bild suchenden Schöpfer selbst irren, hadern und übermalen dann in ihren Gemälden. »Pentimenti« nennt man solche verworfenen Unterzeichnungen. Eine gute Kopie hingegen ist meist perfekt in einem Zug gearbeitet.

In der National Gallery wurde 2011 hinter die Zuschreibung an Leonardo dann kein Fragezeichen mehr gesetzt. Die Ausstellung in einem der wichtigsten Museen der Welt adelte das damals nur vorgeblich nicht zum Verkauf stehende Gemälde.

Kurze Zeit nach der Ausstellung verkauften Simon und Parish das Werk mit der Hilfe eines Dritten dann aber doch – für 80 Millionen Dollar, gut 45 000 mal so viel, wie sie ursprünglich gezahlt hatten. Nicht einmal mit dem Handel von Kokain oder illegalen Waffen lässt sich ein Einsatz so schnell vervierundfünfzigtausendfachen. Aber die richtig große Marketingshow um das Gemälde sollte erst einige Jahre später folgen.

Normalerweise, so sagen Kunstmarktanalysten, werfen die sogenannten großen Walfische unter den gehandelten Kunstwerken, also jene Werke, die acht- oder neunstellige Dollarsummen gekostet haben, keine schnelle Rendite ab. Zumindest keine finanzielle: Sie dienen eher der Akkumulation von sozialem und symbolischem Kapital. Der gezahlte Megapreis wird selbst zu einer Trophäe der maßlosen Verausgabung, zu einem Zeichen der unbegrenzten finanziellen Möglichkeiten seines Besitzers. Die symbolische Kraft dieses Akts wird durch die Unwahrscheinlichkeit eines Wiederverkaufs zum selben Preis sogar noch verstärkt.

Der *Salvator Mundi* brachte seinem Käufer entgegen dieser scheinbaren Gesetzmäßigkeit einen sehr schnellen und hohen Gewinn. Er ging auch kaum Risiko ein, denn er kannte schon seinen Abnehmer.

Obwohl Bouvier Rybolowlew vom Kauf des *Salvator Mundi*

zunächst abgeraten hatte, wollte der Oligarch das Jesus-Bild unbedingt besitzen. Also erwarb Bouvier mithilfe des Auktionshauses Sotheby's das Bild schließlich selbst für 80 Millionen Dollar von Simon, Parish und einem dritten Helfer – um es schon am folgenden Tag mit seiner in Hongkong gemeldeten Firma Mei Invest Limited für 127,5 Millionen Dollar an Rybolowlew weiterzuverkaufen. Selbst im globalen Geschäft mit den sogenannten Topwerken sind 50 Millionen Dollar Tageslohn eine abenteuerliche Summe.

So abenteuerlich, dass Rybolowlews Anwaltsteam schließlich an seinem Wohnsitz Monaco nicht nur ob dieser hohen Marge Strafanzeige gegen Bouvier wegen Betrugs erstattete. Die Polizei begann zu ermitteln, Bouvier bekam davon nichts mit. Entsprechend überrascht war er, als er im Februar 2015 vor dem Haus, in dem sich Rybolowlews Hunderte Millionen Euro teures Penthouse befindet, festgenommen wurde. Gegen die Zahlung einer Kaution im siebenstelligen Euro-Bereich wurde der »König der Freihäfen« später wieder freigelassen. Doch der juristische Krieg zwischen Rybolowlew und Bouvier sollte sich schon bald auf mehrere Kontinente ausweiten.

Ein titanischer Rechtsstreit auf drei Kontinenten

In mindestens sechs Staaten – Frankreich, Schweiz, Monaco, Singapur, Hongkong und USA – entspann sich seit 2015 der Streit zwischen dem schwerreichen Yves Bouvier und dem Milliardär Dmitri Rybolowlew und ihren Heerscharen an Anwälten. Jesse M. Furman, Richter am US District Court in New York, bezeichnete den Fall im Juni 2019 als eine »internationale Saga«. Eine Saga, die zahlreiche juristische Delikatessen für spezialisierte Anwälte bot. Offizielle Kläger vonseiten Rybolowlews sind wieder zwei Off-Shore-Firmen, deren Sitz diesmal auf den British Virgin Islands liegt: Accent Delight International Ltd. und Xitrans Finance Ltd.

Zu den strafrechtlichen Ermittlungen in Monaco kamen dort 2018 auch Ermittlungen gegen Rybolowlew selbst hinzu. Angeblich, so der Vorwurf, soll er monegassische Ermittler bis hinauf zum Justizminister durch Einladungen zu Fußballspielen oder Skiwochenenden in Gstaad und andere Annehmlichkeiten beeinflusst haben. Rybolowlew, ein studierter Arzt aus Perm, der durch Investitionen und gute Netzwerke nach dem Zusammenbruch der Sowjetunion schnell extrem reich wurde, hat durchaus eine schillernde Vergangenheit. Das Team des US-Sonderermittlers Robert Mueller forschte zu einem Immobiliendeal Rybolowlews mit Donald Trump 2008 in Florida, bei dem der spätere US-Präsident Gewinne von mehreren Dutzend Millionen Dollar erzielte – obwohl in den USA damals bereits die Immobilienkrise wütete. Rybolowlew und seine Sprecher bestreiten jede Schuld oder jedes Fehlverhalten.

So wie auch Yves Bouvier, der jegliche Betrugsvorwürfe von sich weist. Bouvier habe, so ein Sprecher, nie als Vermittler für Rybolowlew gehandelt. Der in Singapur lebende Schweizer sei immer ein Kunsthändler gewesen, der Werke auf eigenes Risiko gekauft und dafür Sammler gesucht habe. Er sei im Jahr 2014 womöglich sogar der erfolgreichste Kunsthändler der Welt gewesen. Die rund zwei Prozent des Kaufpreises, die Bouvier dem Russen jeweils in Rechnung stellte, seien nur die Kosten für die Abwicklung des Transports und anderer Dinge gewesen. Im Dezember 2019 erklärte ein Berufungsgericht in Monaco die strafrechtlichen Ermittlungen gegen Bouvier für nichtig, weil sie parteiisch geführt worden seien. Die Anwälte Rybolowlews wollten gegen diese Entscheidung Revision einlegen.

Die Liste der über die Jahre von Bouvier an Rybolowlew vermittelten Werke liest sich spektakulär. Es fing im Jahr 2004 mit dem Picasso-Gemälde *Les Noces de Pierrette* an. 2006 folgten Werke von Modigliani und wieder Picasso. So ging es munter weiter; die meisten Geschäfte wickelten die beiden im Jahr 2008 ab. Im Februar des Jahres kaufte Rybolowlew Modiglianis *Nu dolent,* im April zwei Bilder von Picasso und Degas, im Juni das Tahiti-Bild *Te Fare* von Gauguin, im Juli eine *Venus* von Modigliani, Mitte August Mark Rothkos *No. 1 (Royal Red and Blue)* und schließlich am 12. September 2008 gleich zwei der gesuchten Seerosen-Gemälde von Monet. Das letzte von Bouvier an Rybolowlew vermittelte Gemälde war im September 2013 Mark Rothkos Großformat *No. 6 (Violet, Green and Red)*. Die gesamte Einkaufsliste umfasst mindestens 38 Positionen im Wert von rund zwei Milliarden Dollar.

Bouvier sollte bei den Kunstgeschäften als Agent einen guten Preis für ihn aushandeln, sagt hingegen Rybolowlew; dafür habe er ihm jeweils die rund zwei Prozent vom Kaufpreis bezahlt. Als Beleg legten die Anwälte von Rybolowlew unter anderem E-Mails und Nachrichten vom 10. April 2013 vor, mit denen Bouvier Rybolowlew und dessen Mitarbeiter am Fortschritt der Kaufverhandlungen im Fall des Leonardo zugeschriebenen *Salvator Mundi* scheinbar teilhaben ließ: Ein Angebot von 100 Millionen Dollar habe der ungenannte Verkäufer, »ohne zu zögern«, abgelehnt. »Ein echt harter Kerl, ich kämpfe und nehme mir die Zeit, die es braucht«, schrieb Bouvier. Am selben Tag ließ er den Russen wissen, dass er dem angeblichen Verkäufer nun 120, dann 125 Millionen Dollar geboten habe. Schließlich meldete Bouvier einen Kauf für 127,5 Millionen Dollar – und stellte das als Erfolg dar: »Schrecklich schwierig. Aber es ist ein guter Deal für Leonardos einzigartiges Meisterwerk.« Und verschwieg dabei, dass die Verkäufer der Leonardo zugeschriebenen Tafel an eben dem Tag in Wahrheit einem Preis von 80 Millionen Dollar zugestimmt hatten. Bouvier verteidigt sein Vorgehen als übliches Geschäftsgebaren bei einem Verkauf: Das sei völlig normal und legal, schrieb sein Sprecher, Bouvier habe kommerzielle Argumente benutzt, um einen guten Preis zu finden. Die E-Mails hätten beim Verkauf im Übrigen gar keine Rolle gespielt, das habe auch ein Gericht in Singapur anerkannt.

Ähnlich liefen andere von ihm arrangierte Käufe ab, die in den Klageschriften von Rybolowlews Anwaltsteam aufgeführt werden. Etwa im September 2012, als es um einen anderen der teuersten Privatverkäufe der Kunstmarktgeschichte ging: Sotheby's bot Gustav Klimts *Wasserschlangen II* an, Bouvier und einer seiner Geschäftspartner besichtigten es in Wien. Auf dem Gemälde sind nackte Frauenkörper zu sehen, die durch ein Gewässer voll bunter Fische und Wasserpflanzen schweben.

Am 11. September 2012 unterzeichnete Bouvier einen Kaufvertrag über 126 Millionen Dollar für das hoch erotische Gemälde. Am selben Tag noch schrieb Bouvier Rybolowlew in einer E-Mail, dass er in Verhandlungen mit hohem Einsatz sei: »Sie halten es zurück für 180 und sind am Bruchpunkt; ich glaube für 190 sind sie bereit. Aber ich sollte es schaffen, sie auf 185 herunterzuschrauben mit einer Anzahlung und der Restsumme in 30 Tagen. Was sollen wir machen???« Später behauptete Bouvier, sich mit den Anbietern auf 183,8 Millionen Dollar geeinigt zu haben. Rybolowlew überwies die Kaufsumme sowie die zusätzliche Provision für Bouviers Leistungen von 3,67 Millionen Dollar. Mit diesem Geschäft hatte Bouvier also rund 60 Millionen Dollar an einem Tag verdient.

Die beiden Rybolowlew-Firmen verklagen inzwischen auch Sotheby's in New York, eines der mächtigsten Kunstunternehmen der Welt. Der Vorwurf: Das Auktionshaus habe in vierzehn Fällen Bouvier beim Besorgen der Ware geholfen, die dann mit hohen Schätzpreisen des Hauses an Rybolowlew weitergegeben wurden. Das Auktionshaus habe Rybolowlew dabei verschwiegen, dass Bouvier die Kunstwerke zu weitaus niedrigeren Preisen erworben hatte.[197] Sotheby's habe Dutzende Millionen Dollar an den Bouvier-Geschäften verdient, so der Vorwurf. Der Schweizer sei einer der wichtigsten Geschäftspartner des Hauses gewesen, vor allem wenn es um die diskreten »Private Sales« ging, also Geschäfte abseits der öffentlichen Auktionen. Im Jahr 2013 sollen die Verkäufe an Yves Bouvier mehr als ein Drittel der weltweiten Privatverkäufe von Sotheby's ausgemacht haben. Auf eine Anfrage zu der Klage antwortete Sotheby's nicht.

Verlorene Bilder von Picassos Stieftochter

Einige der insgesamt sieben an den Oligarchen verkauften Werke von Picasso führten später auch zu Strafermittlungen in Frankreich: Cathérine Hutin-Blay, die Tochter von Picassos letzter Ehefrau Jacqueline, beschuldigte ihre Kunstspediteure, Werke verkauft zu haben, die ihr aus einem Lagerhaus im Pariser Vorort Gennevilliers gestohlen worden seien. Am 13. März 2015 erstattete sie in Paris Anzeige wegen zweier Gemälde und insgesamt 58 Zeichnungen, die aus drei Skizzenbüchern von 1955 stammen sollen.

Käufer der Picasso-Arbeiten war, vermittelt von Yves Bouvier, ebenfalls Dmitri Rybolowlew, der für die beiden Gemälde, Porträts von Jacqueline Picasso, 27 Millionen und für die Zeichnungen 9 Millionen Euro bezahlte. Die Anwältin des Sammlers übermittelte den französischen Ermittlungsbehörden Unterlagen zu allen Picasso-Werken in der Sammlung Rybolowlew und erklärte, man werde diese an den Eigentümer zurückgeben, wenn sich der Diebstahl bewahrheite. Bouvier ließ 2015 seinen Sprecher ausrichten, dass er die Bilder von einem Händler gekauft habe, dessen Namen er aus Gründen der Vertraulichkeit nicht nennen wolle. Für alle Bilder habe er damals eine Unbedenklichkeitsbescheinigung vom Londoner Art Loss Register bekommen, einer weltweit agierenden kommerziellen Datenbank für gestohlene Kunstwerke. Einige Jahre später berichteten französische Medien, die fraglichen Werke seien Hutin-Blay doch nicht gestohlen, sondern ganz legal an den Geschäftspartner Bouviers verkauft worden – über eine Liechtensteiner Stiftung der Picasso-Erbin. Hutin-Blay wies diese Behauptungen zurück und erwirkte Gegendarstellungen: Angebliche Belege bezögen sich nachweisbar auf frühere Geschäfte, die mit dem Diebstahl aus dem Lager nichts zu tun hätten.

Die Ermittlungen gegen Bouvier und seinen Geschäftspartner

dauern bei Drucklegung des Buches auch in diesem Verfahren noch an. Gegen Bouvier sei keine Anklage erhoben worden, so der Sprecher von Bouvier, und die Summe der Kaution sei um 90 Prozent verringert worden.

Seine Schweizer Speditionsfirma Natural Le Coultre hat Bouvier inzwischen ebenso verkauft, wie seine Anteile am Genfer Freilager. Und auch der Freihafen in Singapur soll zum Verkauf angeboten werden, wie das Wirtschaftsmagazin *Bloomberg* 2019 berichtete: Die Auseinandersetzung mit Rybolowlew, so sagte Bouvier schon 2017, habe ihn beinahe eine Milliarde Dollar an geschäftlichen Einbußen gekostet.[198]

Er sei weiterhin Hauptanteilseigner der Freilager in Singapur und Luxemburg, die vollkommen transparent arbeiten würden, etwa auch mit Inventarlisten, in denen die wirtschaftlich Berechtigten des Lagerguts vermerkt seien, so sein Sprecher im Jahr 2019. Bouvier verbringe im Übrigen einen Großteil seiner Zeit mit einem Team von Anwälten, um für seine Unschuld zu kämpfen.

Das Schicksal einer Milliarden-Sammlung

Nicht nur das einstige Imperium von Yves Bouvier schrumpft inzwischen. Auch die mit seiner Hilfe zusammengetragene Kunstsammlung von Dmitri Rybolowlew, für die einst ein eigener Hochglanzkatalog in geringer Auflage gedruckt wurde, zerfällt langsam. Viele seiner Werke hat der Unternehmer bereits wieder verkaufen lassen – teilweise zu Preisen, die weit unter den zuvor an Bouvier gezahlten liegen. Gustav Klimts *Wasserschlangen II* veräußerte er Medienberichten zufolge schon im November 2015 mit rund 13 Millionen Dollar Verlust, eine Skulptur von Rodin, *L'Éternel Printemps,* mit etwa 28 Millionen Dollar Verlust. Vier Jahre nach dem Kauf, mitten in der juristischen Schlacht, beschloss der Oligarch Rybolowlew auch sein Leonardo zugeschriebenes Gemälde loszuschlagen.

Der *Salvator Mundi* wurde abermals zum phänomenalen Symbol eines Umbruchs im Kunstmarkt. Beim Auktionshaus Christie's nahm sich nämlich der junge Star des Hauses, der Schweizer Kunsthändler Loïc Gouzer, des Bildes an. Er hatte sich schon in den Jahren zuvor als eine Art Kurator inszeniert, der die Auktionslose nicht mehr einfach nur nach Epoche, Preis und vor allem Einlieferungsdatum sortierte, sondern Versteigerungen nach thematischen Ideen zusammenstellte. Ideen allerdings, die – mit Absicht oder unbewusst – sehr lose und intellektuell unangestrengt konzeptioniert waren.

Gouzers bisher größter Coup sollte die Auktion des *Salvator Mundi* werden. Er packte das Gemälde nicht in die traditionelle Auktion für Altmeistergemälde, sondern in jene für zeitgenössische Kunst. Nicht weil das Gemälde aufgrund der umfangreichen Restaurierungsmaßnahmen tatsächlich als ein Werk des 21. Jahrhunderts bezeichnet werden könnte, sondern weil in den Auktionen für die neueste Kunst schon seit einigen Jahren die höheren Millionensummen umgesetzt werden. Anders als die sogenannten Entdecker des Gemäldes setzte Gouzer nicht nur auf die kunsthistorische Expertise, sondern organisierte eine umfassende PR-Kampagne, die mehrere Millionen Dollar gekostet haben soll. So wurde ein pathetischer Werbefilm produziert, der quasi aus der Perspektive des Gemäldes allein die Gesichter jener Menschen zeigte, welche den angeblich »letzten Leonardo« bei der Besichtigung in New York bestaunten. Es sind die Gesichter von unbekannten Menschen, die zuvor in langen Schlangen auf diesen Anblick gewartet hatten und nun vor dem – von zwei Bodyguards bewachten – Werk in Tränen ausbrachen. Zwischendurch taucht in diesem Werbefilm auch das Gesicht des Schauspielers Leonardo DiCaprio auf, ein Freund Loïc Gouzers, der sich in den vergangenen Jahren als Kunstsammler hervortat (s. Kapitel 6).

Für 450 Millionen Dollar (inklusive der Auktionsgebühr von Christie's) ersteigerte das vielbestaunte Los 9b am 15. November 2017 nach einem 19-minütigen Bietergefecht schließlich ein saudischer Prinz, wie die *New York Times* später herausfand und die saudische Botschaft in Washington dann bestätigte. Angeblich agierte er für den saudischen Kronprinzen Mohammed bin Salman, doch schon wenig später vermeldete der Louvre-Ableger in Abu Dhabi, dass der *Salvator Mundi* dort in Zukunft ausgestellt werden soll. Die feierliche Vernissage war für den Herbst 2018 geplant, wurde aber ohne Nennung von Gründen abgesagt. Seither ist das Gemälde verschwunden. Auch bei der Eröffnung der großen Retrospektive des Pariser Louvre zum 500. Todestag Leonardos im Herbst 2019, für die der Direktor des Museums den *Salvator Mundi* als Leihgabe angefragt hatte, tauchte er nicht wieder auf – angeblich weil er dort nicht als eigenhändig bezeichnet werden sollte. Dabei hatte das Museum sogar eine Katalogvariante mit dem Werk druckreif vorbereitet. Und auf einem geleakten Hängeplan der Kuratoren war auch ein prominenter Platz dafür vorgesehen.

Das Bild soll sich zwischendurch in einem Lager in der Schweiz befunden haben, hieß es von Experten aus dem Hochpreissegment, die anonym bleiben wollen. Im Juni 2019 meldete sich der Kunsthändler Kenny Schachter mit der Information, das Gemälde befinde sich auf einer Luxusyacht des saudi-arabischen Kronprinzen Mohammed bin Salman. Eindeutige Belege dafür gab es nicht. Wem das Gemälde inzwischen gehört, ob ein Streit um die Autorschaft oder den restauratorischen Zustand schwelt – das alles bleibt unklar. So unklar wie der Zeitpunkt, an dem das Bild wieder der Öffentlichkeit gezeigt werden wird.

Es gebe keinerlei historische Quellen aus Leonardos Zeit – und den folgenden hundert Jahren –, die ein *Salvator-Mundi*-Gemälde von ihm belegen, darauf weisen Kunsthistoriker wie der Leipziger Leonardo-Experte Frank Zöllner, Autor des aktuellen Werkverzeichnisses, noch immer hin. Und dennoch ist diese bemalte Holztafel heute das wichtigste Kunstwerk, um der Verfasstheit des globalen Kunstmarkts, den Geschäften zwischen Oligarchen und ihren geheimnisvollen Beratern, den

Repräsentationsstrategien von arabischen Prinzen und den Sehnsüchten der kunstschauenden Massen auf die Spur zu kommen. Je ausführlicher sich kritische Experten und Künstler mit diesem Werk beschäftigen, desto klarer werden auch die ansonsten dunklen Seiten des Kunstbetriebs sichtbar. So klar wie die Glaskugel, die Jesus auf diesem Bild in seiner linken Hand hält. Das Gemälde selbst mag noch Jahre verschwunden bleiben. Seine Geschichte wird umso größer erzählt werden.

Und die Konsequenzen?

Zehn Fragen zu Kunst und Verbrechen

Am Ende dieses Buches bleiben zwangsläufig viele Fälle unerzählt – und Fragen offen. Allein in den letzten Tagen vor Drucklegung häuften sich die spektakulären Nachrichten aus der Welt der Kunst und des Verbrechens: In Dresden wurde Ende November 2019 in das Museum Grünes Gewölbe, die Schatzkammer des Stadtschlosses, eingebrochen und wertvolle Teile aus drei nicht nur wegen des verwendeten Goldes und Tausender eingesetzter Diamanten, Brillanten und Edelsteine, sondern vor allem auch wegen ihrer kunsthistorischen Bedeutung überaus wertvollen Schmuckgarnituren aus dem 18. Jahrhundert gestohlen. In Gotha kehrten fünf Altmeistergemälde zurück; die 1979 gestohlen worden waren.

Ebenfalls im Herbst 2019 nahmen die Carabinieri in Italien 23 Personen fest, denen die Strafverfolgungsbehörden vorwerfen, eine kriminelle Vereinigung gegründet, das archäologische Erbe des Landes geschädigt und in ganz Europa mit illegal ausgegrabenen Kulturgütern gehandelt zu haben. Verkauft werden sollten die Fundstücke dann auch im europäischen Ausland: Vasen und Öllampen, Juwelen und Münzen, Gewandschnallen und Krüge. Mehr als 10 000 Objekte wurden beschlagnahmt. Durchsuchungen fanden auch in England, Frankreich, Serbien und Deutschland statt. In einem vorher abgehörten Gespräch zwischen zwei Beteiligten heißt es mit Bezug auf den kalabrischen Ausgrabungsort Paludi: »Das Tal ist schon komplett ausgegraben, bald ist Paludi dran. Auch Paludi muss von den Postkarten verschwinden.«[199] Für ihre Funde benutzen sie Codewörter wie »weiße Trüffel«, »Salami« oder »Spargel«. Nur ein mutmaßlicher Komplize soll den Ermittlungen zufolge einem Mafia-Clan nahestehen. Wann der Fall vor Gericht kommt, ist noch nicht abzusehen.

Bestätigt wurde dagegen zur selben Zeit von einem Berufungsgericht in Lyon das Urteil gegen den ehemaligen Elektriker von Pablo Picasso und gegen die Ehefrau des Handwerkers. Beide waren bereits 2015 und 2016 zu jeweils zwei Jahren Haft auf Bewährung verurteilt worden, weil sie 271 Werke des spanischen Künstlers unterschlagen und jahrelang in ihrer Garage versteckt hatten. Kontakt hatte der Mann zu Picasso bekommen, als er in den frühen 1970er-Jahren in dessen Haus ausgerechnet Alarmanlagen installierte. Als das Ehepaar im September 2010 Picassos Sohn Claude darum bat, Echtheitsbescheinigungen für die nicht signierten Arbeiten auszustellen, wurde dieser misstrauisch und erstattete Anzeige. Vor Gericht sprachen der Elektriker und seine Frau von einem »wunderbaren Geschenk«, das sie von Picassos zweiter und letzter Frau Jacqueline erhalten hätten. Sie habe das Ehepaar 1973, nach dem Tod des Künstlers, gebeten, die in Müllsäcke verpackten Zeichnungen und andere Arbeiten – im geschätzten Gesamtwert von 60 Millionen Euro – aus den Jahren 1900 bis 1932 an sich zu nehmen; es gebe Probleme mit Claude, dem Sohn aus erster Ehe des Künstlers.[200]

Im gleichen Monat klagte eine in Bremen lebende Sammlerin darüber, dass in China 342 Arbeiten aus ihrem Besitz verschwunden seien. Sie hatte die Bilder und Plastiken einer Hamburger Firma zur Verfügung gestellt, die sie mithilfe deutscher Kuratoren in Peking, Shanghai und Wuhan ausstellte – und, mit Einverständnis der Eigentümerin, auch zum Verkauf anbot. Anselm Kiefer, neben Markus Lüpertz einer der betroffenen Künstler, hatte schon 2017 gegen ein solches Projekt protestiert, das ohne sein Einverständnis stattgefunden habe. Die Aussteller-Firma existiert zwar nicht mehr, ihr ehemaliger Eigentümer antwortet auf die gegen ihn gerichteten Betrugsvorwürfe aber, der mündlich abgeschlossene Leihvertrag gelte für zehn Jahre. Von 300 Millionen Euro ist, ohne dass es für diese Wertangabe einen Beleg gäbe, die Rede und davon, dass die chinesischen Behörden auf die schon im Juli 2019 gestellte Strafanzeige nicht reagiert hätten.[201]

Offen ist auch noch, was aus jener Geschichte eines prominenten Galeristen aus Berlin wird, gegen den im Herbst 2019 ein Haftbefehl erlassen wurde, weil er bei Geschäften mit Kunstwerken betrogen haben soll. Angeblich geht es dabei um mehrere Millionen Euro. Bei einem Sammler, der Kunde des Galeristen war, tauchte – unabhängig von den Ermittlungen, die zum Haftbefehl führten – statt eines Originals von Gerhard Richter, das der Galerist 2014 ausgestellt hatte, eine fast identische Kopie auf, die der Leiter des Archivs des Künstlers, Dietmar Elger, als Fälschung diagnostizierte. Wer die Kopie hergestellt hat und wer sie in Umlauf brachte, ist bislang unklar. Der Sammler soll allerdings einen Übergabebeleg quittiert haben, auf dem das echte Werk abgebildet war. Auch andere Sammler und Geschäftspartner des Kunsthändlers erheben inzwischen Vorwürfe. Der Verdächtige, der zeitweise auch Filialen in Fernost unterhielt und Bilder einmal als Aktien bezeichnete, reagierte bis zur Drucklegung trotz mehrfacher Kontaktversuche nicht auf Nachfragen. Für ihn gilt die Unschuldsvermutung.

In Florida wiederum reichte im Herbst 2019 eine deutsche Firma, die auf die Finanzierung von Kunstkäufen auch zu Anlagezwecken spezialisiert ist, Klage gegen einen anderen in Miami und London aktiven Galeristen ein. Es geht um die angebliche Unterschlagung von zeitgenössischer Kunst im Wert von mehreren Millionen Dollar.

Selbst die Suche nach dem Covermotiv für dieses Buch führte zufällig auf die Spur einer mutmaßlichen Fälschung. Das ursprünglich ausgewählte Dollarzeichen von Andy Warhol, als Original angeboten bei einer amerikanischen Internetauktion, löste bei der Warhol Foundation, die die Rechte des Künstlers verwaltet, Stirnrunzeln aus: Man kenne dieses Motiv nicht, hieß es von dort; wahrscheinlich handele es sich um eine Fälschung. Das Dollarzeichen, das jetzt auf dem Buchcover zu sehen ist, wurde von den Nachlassverwaltern dagegen als echt bestätigt.

Es gäbe noch unendlich viele weitere solcher Geschichten zu erzählen, die die enge Verflechtung der immer teurer gehandelten Kunst mit dem immer raffinierter agierenden Verbrechen dokumentieren. Sie alle lückenlos aufzuzählen ist aber weder möglich noch das Ziel dieses Buches. Es geht vielmehr darum, die strukturellen Gefahren aufzuzeigen, die in einem Markt entstehen, in dem die Kunst nicht mehr nur Kunst sein darf, sondern zum spekulativen Geschäft wird. Unabhängig von der Schuldfrage sind all diese Fälle symptomatisch für jenen tiefgreifenden Wandel im globalen Kunstmarkt, in dem neue Formen des Betrugs, der Unterschlagung und der Geldwäsche so gut gedeihen können. »Leute mit sehr viel Geld wollen durch Anlagen in Kunst noch mehr Geld«, hat der Künstler Daniel Richter diese Entwicklung in einem Interview einmal beschrieben: »Die Schönheit der Kunst, die Suche nach Wahrheit, das Befragen der Bilder, befreiendes Gelächter, Utopisches – all das findet da nicht statt. Statt die Besitzverhältnisse umzukehren, werden sie radikalisiert.«[202]

Viele Galeristen und Kunsthändlerinnen versuchen mit dem boomenden Markt Schritt zu halten, nehmen Schulden für den Kauf von Werken auf und beleihen diese. Sie passen sich dem wandelnden System des Markts an, an dem heute beim sogenannten »Flipping« viele Objekte innerhalb kürzester Zeit wiederverkauft werden. Der Kunstmarkt steht in dieser Hinsicht schon lange den Wertpapierbörsen mit ihren Warentermingeschäften und Put-Optionen in nichts nach. Was früher die Wochenendfahrt nach Luxemburg war, um im Séparée einer diskreten Bank Coupons von mit Schwarzgeld gekauften Aktien zu schneiden, ist heute der Besuch im nach wie vor nahezu unkontrollierten Zollfreilager in Basel, Zürich, Liechtenstein oder Singapur.

Besonders rentabel werden solche Deals, wenn sie als »Hebel-Geschäfte« arrangiert werden. Ein fiktives Beispiel: Für den Kauf eines Kunstwerks zum Preis von einer Million Euro setzt jemand selbst nur 100 000 ein – und vereinbart mit dem Verkäufer eine spätere Zahlung des Restpreises. Dann verkauft er das Werk möglichst innerhalb von Tagen, Wochen oder wenigen Monaten für 1,2 Millionen Euro weiter und zahlt dann erst die verbliebenen 900 000 Euro an den Vorbesitzer. Übrig bleiben 200 000 Euro schneller Gewinn auf einen Einsatz von 100 000 Euro: eine sagenhafte Rendite von 200 Prozent. Von diesen Geschäften träumen viele jener Investoren und Dienstleister, die in den vergangenen Jahren auf den Kunstmarkt strömten. Solche »Hebel-Geschäfte« sind auf dem Kunstmarkt jedoch noch riskanter als in der Finanzindustrie. Gibt es etwa ein konservatorisches oder ein eigentumsrechtliches Problem mit dem gehandelten Kunstwerk, oder führt ein plötzlicher Geschmackswandel oder Markteinbruch zum Ausfall von Abnehmern, wachsen die Schuldenberge schnell in gigantische Höhen.

Dass die meisten Beteiligten nach wie vor ehrenhaft und legal ihrem Beruf oder ihrer Sammelleidenschaft nachgehen, geht dabei meist unter: So spektakulär sind die Fälschungs-, Betrugs-, Geldwäsche-, Korruptionsfälle, so aufsehenerregend die jeweilige materielle Schadenshöhe, dass sich eben diese Geschichten im digitalen Zeitalter in Windeseile um die Welt verbreiten.

Dagegen hilft keine rückwärtsgewandte Lobbyarbeit mit vermeintlichen Argumenten wie Tradition, Gewohnheitsrecht oder

Besitzstandswahrung. Zu einem vernünftigen Umgang mit den beschriebenen neuen Herausforderungen tragen nur Regularien bei, die den Interessen aller Beteiligter gerecht zu werden versuchen.

Die internationalen Aktienmärkte werden von einer Börsen- und Finanzaufsicht kontrolliert, es gibt strikte Gesetze und Regeln, die beim Handeln mit den Anteilen eingehalten werden müssen. Dienstleister und Händler müssen Interessenskonflikte kenntlich machen, Insidergeschäfte sind verboten. Der Kunstmarkt aber ist in weiten Teilen noch immer unreguliert. Hier werden keine allzu komplizierten Verträge aufgesetzt, wenn es um Millionen-Dollar-Geschäfte geht. Hier gibt es – außer den allgemeinen Gesetzen – keine spezielle Aufsicht über den Markt.

Das neue Narrativ der Kunst sei die »Riesenrendite«, hat der Kritiker Georg Seeßlen in einem Interview zu seinem Pamphlet *Geld frisst Kunst. Kunst frisst Geld*[203] diagnostiziert: »Die Frage, was Kunst ist, wird immer häufiger nur in Dollarzeichen beantwortet. Das Geld hat sich eine Definitionsmacht über die Kunst geschaffen. Dadurch geht die Kunst ausgerechnet jenen Menschen verloren, die diese gut brauchen könnten, um ein wenig Glück zu erfahren.«[204]

Zehn Fragen zur Befreiung der Kunst

Wie aber lässt sich die Kunst wieder als Glückserfahrung für alle zurückgewinnen: für den anderen, das Bewusstsein erweiternden, ästhetischen Genuss bereitenden und im besten Falle aufklärerischen und emanzipatorischen Blick auf die Welt? Wie kann die Kunst von dem Zwang befreit werden, nur noch eine möglichst rentable und steuergünstige Finanzanlage zu sein? Wie ist die damit zusammenhängende zunehmende kriminelle Durchsetzung des Kunstbetriebs aufzuhalten?

Wissenschaftlich arbeitende, unabhängige Kunsthistorikerinnen müssen gestärkt, das Expertenwesen und der Kunstmarkt reguliert sein. Händler und Auktionshäuser sollten dazu verpflichtet werden, Kunstwerke, die ihnen angeboten werden und im Hinblick auf Echtheit oder Herkunft suspekt vorkommen, einzubehalten und die zuständigen Behörden über ihren Verdacht zu informieren. Fälschungen sollten beim Auftauchen verbindlich in Datenbanken gemeldet werden, die von unabhängigen öffentlichen Institutionen geführt werden – nicht, wie heute noch durchaus üblich, von privatwirtschaftlichen Unternehmen, an denen der Kunsthandel zum Teil finanziell beteiligt ist. Die UNESCO könnte gemeinsam mit Interpol, wo eine entsprechende Datenbank schon existiert, eine solche Institution sein. Auf diese Weise ließe sich auch verhindern, dass nationale Einrichtungen wie die in Deutschland von Bund und Ländern finanzierte Datenbank lostart.de nicht nur lücken- und fehlerhaft geführt wird, sondern in der Vergangenheit auch schon einknickte, wenn verdächtige Werke wegen Handelsinteressen wieder gelöscht werden sollten. Nur so kann die Kunst auf Dauer vor den Fälschern und Betrügern gerettet werden.

Sollen neue Vorschriften eingeführt werden, versuchen jedoch regelmäßig einige wirtschaftlich und politisch einflussreiche Kunsthandelsverbände und Sammler, lautstark mit überzogener Propaganda dagegen vorzugehen. So etwa gegen das im August 2016 in Kraft getretene Kulturgutschutzgesetz in Deutschland, das – wie die neue Geldwäscherichtlinie – nur der Verpflichtung nachkommt, EU-Beschlüsse in nationales Recht umzusetzen. Es waren vor allem auch die durch diese Regularien gesteigerten Sorgfaltspflichten, die Händler auf die Barrikaden trieben, denn nun müssen sie etwa die Namen der Verkäufer und der Käufer dokumentieren und 30 Jahre lang aufbewahren. Zahlreiche Fälschungsfälle hätten schneller und gründlicher aufgeklärt werden können, hätte es diese Dokumentationspflicht schon früher gegeben. Erfolgreich arbeitende Händler bewahren ihre Geschäftsunterlagen sowieso lange auf, ist doch das Wissen um den Verbleib von Kunstwerken auf dem Kunstmarkt für zukünftige Geschäfte viel wert. Dennoch wehrten sich die Händler und Sammler vehement gegen entsprechende verbindliche neue Regeln, und zwar nicht nur mit Artikeln und Leserbriefen: Ein eigens gegründetes »Aktionsbündnis Kulturgutschutz« mit dem erklärten Ziel, »Vorstöße gegen das geplante Kulturgutschutzrecht zu bündeln und ihnen dadurch das notwendige Gewicht zu verleihen«, verfasste im Februar 2016 sogar einen Bittbrief, mit dem um finanzielle Unterstützung für die Bezahlung eines Juristen gebeten wurde. Ein Kunsthandelsverband, so heißt es in dem zweiseitigen Schreiben, habe bereits eine fünfstellige Eurosumme gezahlt, damit dieser eine Stellungnahme zum Gesetz erstellte.

Derselbe Anwalt, der im Sinne des Lobbyverbandes tätig wurde, trat in der Öffentlichkeit und in Medien als quasi unabhängiger Experte zu Themen wie dem Kulturgutschutzgesetz oder der Geldwäscherichtlinie in Erscheinung – und argumentierte im Sinne des Handels gegen diese neuen Regelungen. Dabei könnten genau solche Regeln, wie sie im Kulturgutschutzgesetz und den neuen Geldwäscherichtlinien formuliert werden, helfen, den Kunstmarkt – und damit auch lukrative Geschäfte – gegen Diebe, Betrüger und Fälscher abzusichern.

Viel gewonnen wäre schon, wenn sich alle am Kunstmarkt Beteiligten – Händlerinnen und Händler, Sammlerinnen und Sammler, Vermittlerinnen und Vermittler – vor jedem Geschäft die folgenden zehn Fragen stellen würden:

1. Kann ich die zweifelsfreie Herkunft der mir angebotenen Kunstwerke und Kulturgüter selbst überprüfen?

2. Liegt der Preis der mir angebotenen Ware signifikant unter dem üblichen Marktwert?

3. Kann ich die Identität des Verkäufers oder der Käuferin überprüfen?

4. Wer sind bei Geschäften mit Vermittlern oder Kunstberaterinnen die wahren Eigentümer der Kunst, wer die wirtschaftlich Berechtigten des Geschäfts?

5. Ist die Herkunft der Gelder, mit denen bezahlt werden soll, klar und sind die Transfers belegbar, was bei Bargeld, Kryptowährungen oder Online-Bezahlsystemen nicht der Fall ist?

6. Haben unabhängige und unumstrittene Experten und Wissenschaftlerinnen die Echtheit der angebotenen Werke bestätigt?

7. Kommt das angebotene Kulturgut aus einem Krisen- oder Kriegsgebiet?

8. Hat das angebotene Kulturgut eine vorgeschriebene und gültige Exportlizenz seines Herkunftslandes?

9. Ist die Provenienz des Kunstwerks oder Kulturguts in der Zeit des NS-Terrors belegbar unbedenklich?

10. Ist die Provenienz des Kulturguts während der Kolonialzeit im Herkunftsland nachweislich unbedenklich?

Wer sich diese Fragen beim Kaufen, Handeln und Ausstellen von Kunst und Antiken stellt und dabei ins Zweifeln gerät, sollte weiter nachforschen. Das Erkunden der Provenienzen bringt häufig sogar Geschichten hervor, die ein Werk noch interessanter, bedeutsamer und damit auch wertvoller werden lassen.

Vor allem aber sollten die Künstlerinnen, Galeristen, Kuratoren und Auktionatorinnen viel stärker unterstützt und gefeiert werden, die sauber arbeiten, sich um Transparenz bemühen und noch immer die Kunst selbst, ihre Schönheit, ihre kritische Kraft, ihren Witz in den Mittelpunkt ihrer Arbeit stellen.

Sie sind nach wie vor die Mehrheit.

Bildnachweis

Leonardo da Vinci *Salvator Mundi* (Seite 1): gemeinfrei; Diebstahl in der Sammlung Bührle (Seite 2 oben): © Marko Djurica/ picture alliance/REUTERS; Vom BKA beschlagnahmte Bilder (Seite 2 unten): © picture alliance/dpa; Imelda Marcos vor ihren Bildern (Seite 3 oben): © Romeo Cacad/AFP via Getty Images; Raubgrabungsfeld (Seite 3 unten): © Comando Carabinieri per la Tutela del Patrimonio Culturale; Goldmünze (Seite 4 oben) © picture alliance/REUTERS; *America* (2016) von Maurizio Cattelan (Seite 4 unten): © Photograph by Tom Lindboe, courtesy of Blenheim Art Foundation, 2019, nach dem Raub: © Photograph by Pete Seaward, courtesy of Blenheim Art Foundation, 2019; angebliches Hitler-Telefon (Seite 6): © Patrick Semansky/picture alliance/AP Photo; angebliche Hitlersignaturen (Seite 7) © Christof Stache/AFP via Getty Images; Titelblatt des gefälschten Sidereus Nuncius mit gefälschtem Autograf Galineo Galilei (Seite 8) © Barbara Herrenkind

Dank

Einige der Geschichten, die wir erzählen, beruhen auf Recherchen aus den vergangenen Jahren und für verschiedene Medien, für die wir gearbeitet haben: *Deutschlandfunk* und *ZEIT, Frankfurter Allgemeine Zeitung, Süddeutsche Zeitung, die tageszeitung, Die Welt, art, monopol.* Wir haben für dieses Buch die alten Spuren wieder aufgenommen, zitiert und durch neue Erkenntnisse, Gespräche und Recherchen aktualisiert.

Wir danken:
Georgina Adam, René Allonge, Konstantin Akinsha, Andres Bautista, Marc-Oliver Boger, Elke Buhr, James Butterwick, Bart FM Droog, Matthies van Eendenburg, Sebastian Frenzel, Christian Fuchs, Olga Grimm-Weissert, Markus Hilgert, Charles Hill, Silke Hohmann, Wolfgang Hörner, Lisa Kaiser, Olivia Kuderewski, Stephan Lebert, Ben Lewis, Daniel Müller, Michael Müller-Karpe, Yassin Musharbash, Jörg Nabert, Vincent Noce, Hanno Rauterberg, Marc Restellini, Florian Ringwald, Elmer Schialer, Wolfgang Schönleber, J. Emil Sennewald, Adam Soboczynski, Holger Stark, Daniel Völzke, Oscar White Muscarella, Nick Wilding, Lisa Zeitz, Fritz Zimmermann, Frank Zöllner sowie vielen wichtigen Gesprächspartnerinnen und -partnern, die anonym bleiben wollten.

Stefan Koldehoff dankt:
allen, die er liebt.

Tobias Timm dankt:
Jasmin, Dagmar, Uwe, Jacob und Philipp Timm, Sabine Müller-Stoy.

Anmerkungen

1 »Mein Leben war eine Materialschlacht«, Interview mit Helge Achenbach, von Sebastian Späth, *Spiegel Online*, 30. Oktober 2019, (https://www.spiegel.de/kultur/gesellschaft/helge-achenbach-ich-bin-in-der-lage-rueberzubringen-dass-ich-bereue-a-1293685.html).

2 »Old Master fake scandal« von Vincent Noce, *The Art Newspaper*, 13. September 2019, (https://www.theartnewspaper.com/news/giuliano-ruffini).

3 Nairne, Sandy: *Die leere Wand. Museumsdiebstahl: Der Fall der zwei Turner-Bilder*, Bern/Wien 2013.

4 Vgl. »Familienbande« von Oliver Hollenstein, Yassin Musharbash, Holger Stark, Tobias Timm, Fritz Zimmermann, *DIE ZEIT*, Nr. 28, 5. Juli 2018.

5 »Ziemlich leichte Beute« von Tobias Timm, *DIE ZEIT*, Nr. 3, 10. Januar 2019.

6 »Mystery of the stolen Moore solved« von Mark Townsend und Caroline Davies, *The Guardian*, 17. Mai 2009, (https://www.theguardian.com/artanddesign/2009/may/17/henry-moore-sculpture-theft-reclining-figure).

7 »Von Kunst zu Schrott« von Kerstin Gehrke und Helena Davenport, *Der Tagesspiegel*, 17. Januar 2019.

8 »Zwei Skulpturen von Ohlsdorfer Friedhof gestohlen« von André Zand-Vakili, *Hamburger Abendblatt*, 8. April 2014.

9 vgl. Kluge, Bernd: *Das Münzkabinett.* Museum und Wissenschaftsinstitut, Berlin: 2005, 2. Auflage, S. 91.

10 »Sind die Diebe vielleicht Künstler« von Tobias Timm, *DIE ZEIT*, Nr. 39, 19. September 2019.

11 Urteil des Landgerichts Wiesbaden im Fall 1 KLs – 4423 Js 39160/12 vom 15. März 2018.

12 Vgl. auch für die weiteren Ausführungen: Urteil des Landgerichts Wiesbaden im Fall 1 KLs – 4423 Js 39160/12 vom 15. März 2018.

13 »Radikal erfindungsreich« von Tobias Timm, *DIE ZEIT,* Nr. 26, 20. Juni 2013.

14 »Es roch nach frischer Farbe« von Stefan Koldehoff und Tobias Timm, *DIE ZEIT,* Nr. 43, 16. Oktober 2014.

15 »Radikal erfindungsreich« von Tobias Timm, *DIE ZEIT,* Nr. 26, 20. Juni 2013.

16 http://www.modigliani1909.com/index2.html

17 Rea, Naomi: Italian Police May Have Solved the Mystery of Who Was Behind an Exhibition of Fake Modigliani Paintings in Geno. *Artnet.com,* March 14, 2019 (https://news.artnet.com/art-world/fake-modigliani-paintings-1488106).

18 Vgl. Green, Nicholas: Dealing in temperaments: economic transformation of the artistic field in France during the second half of the 19th century. In: *Art History 10* (March 1987). Jensen, Robert: The avant-garde and the trade in art. In: *Art Journal* (Winter 1988).

19 Jensen, Robert: *Marketing Modernism in Fin-de-Siècle Europe.* Princeton, 1994, p. 3 (»To market modernism artists, their dealers, critics, and historians required above all to establish its historical legitimacy. The historiographic enterprise was as much a part of merchandising Impressionism as the increasingly refined practices of art dealers to promote not only individual paintings but whole careers, and to do so not only through conventional publicity, but through carefully constructed exhibitions and a mode of personal persuasions that variously appealed to the speculative and/or connoisseurship skills of the potential client, the *amateur.*«)

20 Koldehoff, Stefan: *Van Gogh – Mensch und Mythos.* Köln 2003.

21 Zit. und übersetzt nach: NN: Un document sensationel et inédit: l'enterrement de Vincent van Gogh, par le peintre Émile Bernard. In: *Art-Documents,* 29 (1953), Februar 1953, S. 1 f.

22 Vgl. Réunion des Musées Nationaux (Hg.): *Orangerie des Tuileries – Collection Jean Walter – Paul Guillaume.* Paris 1966 (Neuauflage 1991).

23 Paris, Musée de l'Orangerie.

24 Für den Hinweis danke ich Susanne Kleine, Bonn.

25 Vallier, Dora: *Kunst und Zeugnis.* Zürich 1961. S. 50f.

26 Vgl. Fondation de l'Hermitage (Hg.): *Les Peintres de Zborowski – Modigliani, Utrillo, Soutine et leurs amis.* Ausstellungskatalog, Lausanne 1994.

27 *Moderne Kunst aus Deutschen Museen.* Galerie Fischer, Luzern, 30. Juni 1939.

28 Jeuthe, Gesa: Die Moderne unter dem Hammer – Zur »Verwertung« der »Entarteten Kunst« durch die Luzerner Galerie Fischer 1939. In: Fleckner, Uwe: *Angriff auf die Avantgarde – Kunst und Kunstpolitik im Nationalsozialismus,* Berlin 2007. S. 278 (= Schriften der Forschungsstelle »Entartete Kunst«, Band 1).

29 Clifford, Irving: *FAKE! – The Story of Elmyr De Hory, The Greatest Art Forger of Our Time.* New York 1969 (deutsch: *Gefälscht. Das abenteuerliche Leben des größten Kunstfälschers unserer Zeit.* Stuttgart 1970).

30 *F for Fake.* Frankreich/Iran/Deutschland 1973 (deutsch: *F wie Fälschung*).

31 Ein Vergleich mit dem maßgeblich von den Künstlererben mitverursachten Fälschungsskandal um Alexej von Jawlensky, der 1998 für das Folkwang-Museum in Essen zu einer nachhaltigen Blamage wurde, wäre an dieser Stelle aufschlussreich, würde aber den Rahmen sprengen.

32 Pfannstiel, Arthur: *Modigliani – L'art et la vie.* Paris 1929.

33 Pfannstiel, Arthur: *Dessins de Modigliani.* Lausanne 1958.

34 Koldehoff 2003 (wie Note 3).

35 Ceroni, Ambrogio: *Amedeo Modigliani. Peintre. Suivi des »Souvenirs« de Lunia Czechowska.* Mailand 1958.

36 In: *The Art Newspaper,* May 2002.

37 Lanthemann, Joseph: *Modigliani 1884–1920. Catalogue raisonné. Sa vie, son œuvre complet, son art.* Barcelona 1970.

38 Patani, Osvaldo: *Modigliani. Catalogo generale – Dipinti.* Mailand 1991.

39 Patani, Osvaldo: *Modigliani. Catalogo generale – Sculture e disegni 1909–1914.* Mailand 1992.

40 Patani, Osvaldo: *Modigliani. Catalogo generale – Disegni 1906–1920,*

con i disegni provenienti dalla collezione Paul Alexandre (1906–1914). Mailand 1994.

41 Zit. nach: Alexandre, Noël: *Der unbekannte Modigliani. Unveröffentlichte Zeichnungen, Papiere und Dokumente aus der ehemaligen Sammlung Paul Alexandre.* Antwerpen 1993.

42 Zit. nach: Adam, Georgina: Fake Modiglianis Poison Art Market. In: *The Art Newspaper*, May 2002.

43 http://www.modigliani-amedeo.com/

44 Spiegler, Marc: A Clouded Legacy. In: *ARTnews,* Summer 2007. S. 82–85.

45 Wallis, Stephen: The Modigliani Mess. In: *Art & Auction,* April 2001, S. 44.

46 Fondazione Giorgio Cini (Hg.): *Modigliani e i suoi.* Borgaro Torinese 2000.

47 Spiegler 2007 (wie Note 34).

48 Ebd.

49 Prodanovic, Ksenija: Unknown Modigliani painting surfaces in Serbia. *Reuters News Agency,* 25.9.2007, 10:22 a.m., (http://www.reuters.com/article/entertainmentNews/idUSL2576382620070925).

50 Parisot 1996, S. 40 f. (wie Note 33).

51 Zit. nach: Spiegler, Marc: Modigliani – The Experts Battle. In: *ARTnews,* January 2004, S. 124–129.

52 Wallis, Stephen: Dealers Battle Over Modigliani – Or Is It? In: *Art & Auction,* Januar 2000, S. 20–24.

53 Ebd.

54 Spiegler 2007 (wie Note 34).

55 Ebd.

56 https://en.wikipedia.org/wiki/Wildenstein_Institute

57 Wallis 2001, S. 46 (wie Note 35).

58 Spiegler 2004 (wie Note 37).

59 *Le Figaro,* 20.7.2002.

60 Wallis 2001, S. 39 (wie Note 35).

61 Ebd.

62 Alle zit. nach: Adam 2002 (wie Note 31).

63 Zit. nach Spiegler 2004 (wie Note 34).

64 https://www.dw.com/en/hitler-phone-a-fake-german-phone-expert/a-37713206

65 http://www.droog-mag.nl/hitler/2019/rivett/index.html

66 Name wird im Originaltext hier und an weiteren Stellen genannt.

67 Allonge, René: Die Auffindung von Hitlers Bronzeskulpturen – Eine deutsch-deutsche Kriminalgeschichte. In: *der kriminalist,* Heft 4/2017, Berlin 2017, S. 6–14.

68 Ebd.

69 Ebd.

70 Brigitte Zander: Braune Nostalgie. In: *DIE ZEIT,* 8. Dezember 1978 (https://www.zeit.de/1978/50/braune-nostalgie).

71 *De Volkskrant,* 19.8.1969, S. 9 (https://www.delpher.nl/nl/kranten/view?coll=ddd&identifier=ABCDDD:010847894:mpeg21:a0153).

72 Zit. nach Gumbrecht, Hans Ulrich: Adolf Hitler verehrte Filme wie *Schneewittchen* oder *Bambi.* In: *Neue Zürcher Zeitung,* 26.9.2018 (https://www.nzz.ch/feuilleton/adolf-hitler-verehrte-filme-wie-schneewittchen-oder-bambi-von-walt-disney-wer-den-grund-dieser-faszination-kennt-versteht-mehr-von-unserer-reaktionaeren-gegenwart-ld.1422529).

73 NN: Frühe Hitlers. In: *Der Spiegel,* Heft 23/1960, S. 60.

74 Ebd.

75 Kellerhoff, Sven Felix: Hitlers künstlerisches »Werk« soll bis zu 3000 Bilder umfasst haben. In: *Die Welt,* 30.1.2019 (https://www.welt.de/geschichte/article187933434/Kunstmarkt-Mythen-Hitler-soll-bis-zu-3000-Bilder-gemalt-haben.html).

76 Österreichisches Staatsarchiv (Allgemeines Verwaltungsarchiv), E 1719 Nachlass Lohmann. Mappe 116: Gedächtnisprotokolle, Korrespondenzen: Brief von Dr. Ernst Schulte-Strathaus (Stab des Stellvertreters des Führers) an Dr. Walter Lohmann, 22.7.1938. Zitiert nach: Franz Josef Gangelmayer: *Das Parteiarchivwesen der NSDAP. Rekonstruktionsversuch des Gauarchivs der NSDAP-*

Wien. Dissertation Universität Wien, 2010 (http://othes.univie.ac.at/12247/1/2010-10-09_0300622.pdf).

77 Ebd.

78 Bredekamp, Horst: Die Geschichte von Galileos O – Ein Forschungsbericht zum Sidereus Nuncius. In: *Sterne und Weltraum,* Januar 2012, S. 48 (https://www.spektrum.de/magazin/die-geschichte-von-galileos-o/1133262).

79 Ebd., S. 45.

80 Schmidle, Nicholas: A very rare book. The mystery surrounding Galileo's pivotal treatise. In: *The New Yorker,* 16. Dezember 2013, S. 63.

81 Bredekamp 2012, S. 42 (wie Note 1).

82 Bredekamp, Horst: *Galilei der Künstler. Die Zeichnung, der Mond, die Sonne.* München: Oldenbourg Wissenschaftsverlag, 2007.

83 Brückle, Irene / Hahn, Oliver, Needham, Paul: *Galileo's O, Vol. I & II*. Berlin: De Gruyter, 2011.

84 Schmidle 2013, S. 65 (wie Note 3).

85 Bredekamp, Horst / de Padova, Thomas: »Es traf uns wie ein Blitz« (Interview). In: *Der Tagesspiegel,* 12. Februar 2014 (https://www.tagesspiegel.de/wissen/gefaelschte-galilei-zeichnungen-es-traf-uns-wie-ein-blitz/9466754-all.html).

86 Rauterberg, Hanno: Der gefälschte Mond. In: *DIE ZEIT,* 27. Dezember 2013 (https://www.zeit.de/2014/01/faelschung-zeichnungen-galileo-galilei-horst-bredekamp/komplettansicht).

87 Schmidle 2013, S. 67 (wie Note 3).

88 Ebd., S. 68.

89 Sachs, Brita: Ohne Beweisführung. In: *Frankfurter Allgemeine Zeitung,* 20. Juni 2014 (https://www.faz.net/aktuell/fuenf-jahre-haft-fuer-herbert-schauer-ohne-beweisfuehrung-13000869.html).

90 Schmidle 2013, S. 71 (wie Note 3).

91 Ebd., S. 72.

92 Bayerische Staatsbibliothek – Kulturstiftung der Länder (Hg.): Globensegmente von Martin Waldseemüller – AMERICA. Das frühe Bild der Neuen Welt. Berlin: Kulturstiftung der Länder, 1992 (= Patrimonia 38).

93 *Fine Books and Manuscripts including Americana.* New York: Sotheby's, 30. November 2005, Los 44 (ill.).

94 Schmidle 2013, S. 69 (wie Note 3).

95 Bredekamp, Horst / Brückle, Irenet / Needham, Paul: *A Galileo Forgery. Unmasking the New York Sidereus Nuncius.* Berlin: De Gruyter 2014, S. 95.

96 Kronsteiner, Olga: Illegaler Antikenhandel – Die Mär von der Terrorismusfinanzierung. In: *Der Standard,* 30. Juni 2018 (https://www.derstandard.at/story/2000082486099/illegaler-antikenhandel-die-maer-von-der-terrorismusfinanzierung).

97 https://web.archive.org/web/20040206042450/http://www.ifar.org/tragedy.htm

98 Wessel, Günther: *Das schmutzige Geschäft mit der Antike.* Berlin: Ch. Links Verlag, 2015, S. 44.

99 Ebd., S. 45.

100 *Katholische Nachrichtenagentur,* KNA 45, 8. Oktober 2019.

101 Wessel 2015 (Note 3), S. 45.

102 Zick, Michael: Das Milliardengeschäft der Raubgräber. In: *Der Tagesspiegel,* 6. Juli 2011 (https://www.tagesspiegel.de/wissen/handel-mit-kunstschaetzen-das-milliardengeschaeft-der-raubgraeber/4365476.html).

103 https://www.heise.de/tp/features/Tor-auf-fuer-Raubgrabungsgueter-oder-Schutz-des-Kulturerbes-3407179.html

104 https://www.gesis.org/forschung/drittmittelprojekte/archiv/illicid-illegaler-handel-mit-kulturgut-in-deutschland

105 http://interessengemeinschaftdeutscherkunsthandel.de/2019/07/03/pressemitteilung-freispruch-fuer-den-kunsthandel/

106 https://archaeologik.blogspot.com/2019/08/der-abschlussbericht-von-illicid-und.html

107 Ebd.

108 Ebd.

109 Ebd.

110 Ebd.

111 Schmälzle, Christoph: Die Sache mit den Ausfuhrpapieren. In: *Frankfurter Allgemeine Zeitung,* 5. August 2019 (https://www.faz.net/aktuell/feuilleton/debatten/studie-ueber-illegalen-kunsthandel-alles-nicht-so-dramatisch-16317786.html).

112 https://www.heise.de/tp/features/Tor-auf-fuer-Raubgrabungsgueter-oder-Schutz-des-Kulturerbes-3407179.html

113 http://oi-archive.uchicago.edu/OI/IRAQ/iraq.html

114 NN: Bewährungsstrafen wegen Hehlerei mit Himmelsscheibe von Nebra. In: *Frankfurter Allgemeine Zeitung,* 19. September 2003 (https://www.faz.net/aktuell/gesellschaft/urteil-bewaehrungsstrafen-wegen-hehlerei-mit-himmelsscheibe-von-nebra-174134.html).

115 Kratzer, Hans: Bayerns geplünderte Schatzkammer. In: *Süddeutsche Zeitung,* 19. September 2012 (https://www.sueddeutsche.de/bayern/bullenheimer-berg-in-unterfranken-bayerns-gepluenderte-schatz kammer-1.1471545).

116 http://content.time.com/time/magazine/article/0,9171,963620,00.html

117 https://anywhereiwander.com/2011/06/24/%E2%80%9Cthe-marcoses-the-missing-filipino-millions%E2%80%9D/

118 »Noch nie dagewesene Plünderung einer Nation«. *Der Spiegel,* 7.4.1986, S. 157ff.

119 Jeanie Kasindorf, Stepping out – The Elusive Adnan Kashoggi, On the Town and in The Dock, *New York Magazine*, 18 December 1989, S. 37ff.

120 https://www.vanityfair.com/magazine/1989/09/dunne198909 – https://books.google.de/books?id=NugCAAAAMBAJ&pg=PA40&lpg=PA40&dq=khashoggi+marcos+art&source=bl&ots=DGvPF6S-Hn&sig=gGp8R-03RxTKHOE1JJOgJ2rj-SQ&hl=de&sa=X&ved=0ahUKEwiIkoXUvMHZAhWMZlAKHV5YC84Q6AEIXTAK#v=onepage&q=khashoggi%20marcos%20art&f=false

121 http://www.telegraph.co.uk/news/worldnews/northamerica/usa/9694017/Imelda-Marcos-secretary-tried-to-sell-missing-32-million-Monet-painting.html

122 http://www.thesmokinggun.com/documents/billionaire-bought-hot-monet-painting-687432

123 http://www.telegraph.co.uk/news/worldnews/northamerica/usa/

10418395/British-billionaire-pays-10-million-to-avert-legal-claim-on-his-Monet-painting.html

124 https://www.bloomberg.com/news/articles/2017-01-13/shoe-queen-imelda-owned-art-too-and-her-country-wants-it-back

125 https://www.icij.org/investigations/offshore/ferdinand-marcos-daughter-tied-offshore-trust-caribbean/

126 Garcia, Myles C. , *Thirty years later … – Catching Up with the Marcos-Era Crimes.* San Francisco, 2016, S. 84

127 https://kurier.at/chronik/weltchronik/schweiz-autos-des-diktatoren sohns-in-genf-beschlagnahmt/228.771.822

128 https://www.huffingtonpost.com/artinfo/terrifying-taste-21-despo_b_2535030.html

129 https://www.finews.ch/news/banken/23793-1mdb-usa-fbi-fin ma-mas-najib-razak-jho-low-khadem-al-qubaisi-bsi-ubs-falcon

130 https://news.artnet.com/art-world/documents-show-jho-low-tktkt-567875
https://www.justice.gov/opa/pr/united-states-seeks-recover-more-1-billion-obtained-corruption-involving-malaysian-sovereign

131 Vgl. Ullrich, Wolfgang: *Mit dem Rücken zur Wand. Die neuen Statussymbole der Macht,* Berlin 2000, S. 19.

132 Achenbach, Helge: *Vom Saulus zum Paulus. Kunst- und Architekturberatung,* Regensburg 1995.

133 Achenbach, Helge: *Der Kunstanstifter – Vom Sammeln und Jagen* (hrsg. v. Christiane Hoffmans), Ostfildern 2013.

134 Achenbach, Helge: *Selbstzerstörung. Bekenntnisse eines Kunsthändlers.* München 2019, S. 66.

135 »Und ein Picasso für den Aldi-Erben« von Tobias Timm, *DIE ZEIT,* Nr. 51, 11. Dezember 2014.

136 Achenbach (2019): S. 163.

137 »Utopie der Moderne«, Interview mit Martin Winterkorn und Klaus Biesenbach von Cornelius Tittel, *Welt am Sonntag* Nr. 22, 29.5.2011.

138 »VW rockt das MoMA«, *Bunte,* Nr. 23, 31.5.2011.

139 Presseinformation der Berenberg Art Advice vom 29.9.2011.

140 Zitiert in: »Auf der Suche nach dem Interessenten« von Tobias Timm, *DIE ZEIT*, Nr. 31, 25. Juli 2013.

141 Achenbach (2013): S. 229.

142 Achenbach (2019): S. 185.

143 Vgl. »Trübe Collagen« von Tobias Timm, *DIE ZEIT*, Nr. 8, 19. Februar 2015.

144 Bussmann, Kai-D.: *Geldwäsche-Prävention im Markt – Funktionen, Chancen und Defizite.* Berlin: Springer-Verlag, 2018, S. 97.

145 De Sanctis, Fausto Martin: *Money Laundering Through Art – A Criminal Justice Perspective.* Cham/Heidelberg: Springer-Verlag, 2013, S. 3.

146 Cohen, Patricia: Valuable as Art, but Priceless as a Tool to Launder Money. In: *The New York Times*, 12. Mai 2013.

147 Kinsella, Eileen: UK Art Dealer Matthew Green Charged in a 9 $ Million Picasso Money Laundering Scheme, *artnet.com*, 6.3.2018 (https://news.artnet.com/art-world/matthew-green-charged-money-laundering-us-1236929).

148 Ralph, Alex: Art dealer Matthew Green embroiled in Beaufort securities fraud made bankrupt. In: *The Times*, 13.5.2019 (https://www.thetimes.co.uk/article/art-dealer-embroiled-in-beaufort-securities-fraud-made-bankrupt-hqrmmdxlp).

149 Kuls, Norbert: Fast so dreist wie Bernie Madoff. In: *Frankfurter Allgemeine Zeitung*, 11.7.2009 (https://www.faz.net/aktuell/wirtschaft/marc-dreier-fast-so-dreist-wie-bernie-madoff-1827893.html).

150 Bernstein, Jake: The Panama Papers – The Art of Secrecy. Icij.org, 7.4.2016 (https://www.icij.org/investigations/panama-papers/20160407-art-secrecy-offshore/).

151 NN: Leonardo DiCaprio muss seinen Picasso abgeben. In: *Bilanz*, 16.6.2017 (https://www.bilanz.ch/people/leonardo-dicaprio-muss-seinen-picasso-abgeben-889248).

152 https://news.artnet.com/art-world/documents-show-jho-low-tktkt-567875

153 Crow, Kelly/Hope, Bradley: 1MDB Figure Who Made a Splash in Art Market Becomes a Seller. In: *Wall Street Journal*, 19. Mai 2016 (https://www.wsj.com/articles/1mdb-figure-who-made-a-splash-in-art-market-becomes-a-seller-1463695018).

154 Cohen 2013 (wie Note 145).

155 Roth, Monika: Geldwäscherei im Kunsthandel, Referat bei der Tagung »Kunst & Recht 2014«, Universität Basel, 20. Juni 2014. Online: Roth-Monika_Auszug_Tagung_Kunst_und_Recht_150312.pdf (S. 49 f.).

156 Ebd., S. 54.

157 Roth, Monika: Geldwäscherei im Kunsthandel: die richtigen Fragen stellen. In: *Kunst und Recht*, Heft 2/2016, Berlin 2016, S. 35–40.

158 Ebd., S. 35.

159 Cohen 2013 (wie Note 145).

160 Ebd.

161 Bussmann 2018 (wie Note 143), S. 97.

162 Ebd.

163 Ebd., S. 124.

164 Ebd., S. 125.

165 Kaplan, David E./Dubro, Alec: *Yakuza – Japan's Criminal Underworld.* Berkeley: University of California Press, 2012, S. 183.

166 Ebd., S. 184.

167 Ankenbrand, Hendrik: Chinas Kunstmarkt ist eine Spielwiese für Geldwäsche. In: *Frankfurter Allgemeine Zeitung,* 28.3.2019 (https://www.faz.net/aktuell/finanzen/meine-finanzen/chinas-kunstmarkt-ist-eine-spielwiese-fuer-geldwaesche-16113447.html).

168 Shih, To Han: Jho Low and the Wolf of Wall Street: how Malaysian businessman ›hooked up DiCaprio‹. In: *South China Morning Post,* 12. Mai 2015 (https://www.scmp.com/business/article/1735821/jho-low-and-wolf-wall-street-how-malaysian-businessman-hooked-dicaprio).

169 Crow/Hope 2016 (wie Note 152).

170 NN 2017 (wie Note 150).

171 Ebd.

172 Baum, Gary: Leonardo DiCaprio, the Malaysians and Marlon Brando's Missing Oscar. In: *Hollywood Reporter,* 21. September 2016 (https://www.hollywoodreporter.com/features/leonardo-dicaprio-malaysians-marlon-brandos-931040).

173 Karich, Swantje/Tittel, Cornelius: »Der Kunsthandel sollte sich zentral organisieren«. In: *Die Welt,* 1. Juni 2015 (https://portal03.deutschlandradio.de/kultur/article141743893/,DanaInfo=www.welt.de,SSL+Der-Kunsthandel-sollte-sich-zentral-organisieren.html#).

174 Döpfner, Mathias: Die Kunst gehört der ganzen Welt. In: *Blau-Magazin,* 1. Juli 2015.

175 *Non-Paper zum Regierungsentwurf zur Umsetzung der neuen EU-Geldwäschelinie.* Berlin: Bundesministerium der Finanzen, 2019.

176 Vgl. Dagirmanjian, Allesandra: Laundering the Art Market – A Proposal for Regulating Money Laundering Through Art in the United States. In: *Fordham Intellectual Property, Media & Entertainment Law Journal,* Vol. XXIX, No. 2 (2019). New York: Fordham University, 2019 (https://ir.lawnet.fordham.edu/iplj/vol29/iss2/7/).

177 Small, Zachary: Does the Art World Have a Money Laundering Problem? hyperallergic.com, 18. Oktober 2018 (https://hyperallergic.com/465736/does-the-art-world-have-a-money-laundering-problem/).

178 https://www2.deloitte.com/lu/en/pages/art-finance/articles/art-finance-report.html

179 Seeliger, Gerd: Bedroht das neue Geldwäschegesetz den Kunsthandel? In: *monopol-magazin.de,* 30.7.2019 (https://www.monopol-magazin.de/bedroht-das-neue-geldwaeschegesetz-den-kunsthandel).

180 Ebd.

181 Ebd.

182 Raue, Peter: Mit Kanonen auf Spatzen. In: *Kunstzeitung,* September 2019, S. 3.

183 Seeliger 2019 (wie Note 178).

184 Fricke, Christiane: »Ihren Ausweis bitte!« – Kunsthändler müssen künftig die Identität der Kunden nachweisen. In: *Handelsblatt,* 4. Juli 2019 (https://www.handelsblatt.com/arts_und_style/kunstmarkt/geldwaeschegesetz-ihren-ausweis-bitte-kunsthaendler-muessen-kuenftig-die-identitaet-der-kunden-nachweisen/24517294.html?ticket=ST-31668449-bIgvf1tOr3qjIUAsa9P3-ap3).

185 Raue 2019 (wie Note 181).

186 De Sanctis, Fausto Martin: Self-Regulation in the Art World and the Need to Prevent Money Laundering. In: *Business and Economics*

Journal, Volume 5, Issue 3 (2014), S. 7 (https://www.omicsonline.org/open-access/business-and-economics-journal-2151-6219.1000108.php?aid=31714).

187 Ebd.

188 Bussmann 2018 (wie Note 143), S. 61 f.

189 https://www.privateartinvestor.com/art-business/money-laundering-through-art-what-all-stakeholders-must-know823/

190 https://www.swissinfo.ch/ger/wirtschaft/die-diskreten-bunker-der-superreichen/40485786

191 Eidgenössische Finanzkontrolle: Ports francs et entrepôts douaniers ouverts. Evaluation des autorisations et des activités de contrôle, 28. Januar 2014, (https://www.efk.admin.ch/images/stories/efk_dokumente/publikationen/evaluationen/Evaluationen%20(45)/12490BE_Entrepots_douaniers_PUBLICATION_RAPORT_FINAL.pdf).

192 Meier, Philipp: Geburtsstunde einer Sammlung, *Neue Zürcher Zeitung,* 21.10.2011.

193 Gilbert, Laura: Legal battle over Modigliani painting rumbles on, *The Art Newspaper online,* 20. April 2018, (https://www.theartnewspaper.com/news/legal-battle-over-modigliani-painting-rumbles-on).

194 Ebd.

195 Sennewald, J. Emil / Timm, Tobias: Im Bunker der Schönheit, *DIE ZEIT,* Nr. 18, 25. April 2013.

196 Lewis, Ben: *The Last Leonardo. The Secret Lives of the World's Most Expensive Painting,* London 2019.

197 United States District Court Southern District of New York, Accent Delight International Ltd, et al., vs Sotheby's, et al., Case 18-CV-9011 (JMF).

198 *Bloomberg Online,* 17. Juli 2019, https://www.bloomberg.com/news/articles/2019-07-17/asia-s-fort-knox-said-to-be-up-for-sale-as-owner-fights-tycoon

199 »Italiens geraubte Schätze« von Margherita Bettoni und Floriana Bulfon, *Süddeutsche Zeitung,* 21. November 2019, (https://www.sueddeutsche.de/kultur/operation-achei-italien-europol-schmuggel-archaeologie-1.4691210).

200 https://www.npr.org/2010/11/29/131664254/staggering-cache-of-picassos-turns-up-in-france?t=1574523817055

201 https://www.tagesschau.de/ausland/verschwundene-kunstwerke-in-china-luepertz-101.html

202 »Wenn es nach mir ginge, würden sich die Bilder von selbst malen.« Interview mit Daniel Richter von Sven Michaelsen, *Süddeutsche Zeitung Magazin*, Nr. 37, 16. September 2015. (https://sz-magazin.sueddeutsche.de/kunst/wenn-es-nach-mir-ginge-wuerden-sich-die-bilder-selber-malen-81648).

203 Metz, Markus / Seeßlen, Georg: Geld frisst Kunst. Kunst frisst Geld. Ein Pamphlet, Berlin 2014.

204 »Eine Revolte für die Kunst.« Interview mit Georg Seeßlen von Tobias Timm, *DIE ZEIT*, Nr. 35, 21. August 2014, (https://www.zeit.de/2014/35/georg-seesslen-kunstmarkt).